玩转200词汇 搞定四级考试

王烨 梁媛 等◎编

内 容 提 要

本书立足于衍生和联想式的记忆方法，运用形象的树状结构，精选了200个核心词汇作为“根词”，然后按照同义、反义、形似等词汇间的某种联系，对这一“根词”进行衍生，由1个单词衍生出2个，再由2个衍生出4个、8个……这样就能形成“倍增效果”，强化记忆，加深印象。

本书的选词范围，充分考虑到大中专院校非英语专业学生的需要，选词合理，够用不偏。在每一组词汇后面设置了“给力短语”、“混淆词语辨析”和“单词大考验”三个项目，以帮助读者更好地学习和领会。

本书适用于参加大学英语四级考试的读者。

图书在版编目（CIP）数据

玩转200词汇搞定四级考试 / 王烨等编. -- 北京 : 中国水利水电出版社, 2012.4
ISBN 978-7-5084-9682-5

Ⅰ. ①玩… Ⅱ. ①王… Ⅲ. ①大学英语水平考试一词汇一自学参考资料 Ⅳ. ①H313

中国版本图书馆CIP数据核字(2012)第077965号

书　　名	**玩转200词汇搞定四级考试**
作　　者	王烨　梁媛　等　编
出版发行	中国水利水电出版社 (北京市海淀区玉渊潭南路1号D座　100038) 网址：www.waterpub.com.cn E-mail：sales@waterpub.com.cn 电话:(010) 68367658（发行部）
经　　售	北京科水图书销售中心（零售） 电话：(010) 88383994、63202643、68545874 全国各地新华书店和相关出版物销售网点
排　　版	贵艺图文设计中心
印　　刷	三河市鑫金马印装有限公司
规　　格	145mm×210mm　32开本　12.75印张　435千字
版　　次	2012年4月第1版　2012年4月第1次印刷
印　　数	0001—4000册
定　　价	**38.00**元

凡购买我社图书，如有缺页、倒页、脱页的，本社发行部负责调换

前　言

很多想学好英语的人，都苦于单词记得不够多，或是明明背过的单词，每到用时偏又怎么也想不起来。总感觉似乎花费了很大力气，却达不到理想效果。深入究其原因，大多是学习方法出了问题。旧式记单词的方式有一个特点，那就是机械式地把所有的单词拿来反复背诵。它的缺点是容易混淆，无法区分单词类型，同时，填鸭式的学习方法，由于缺乏有效应用，通常是背得快也忘得快！

有一首歌词这样写道：不是我不明白，这世界变化快。一切都在变，发展才是真理。英语中词义的变化也是这样，一切都在发展与衍生中丰富多彩。

“衍生记忆”和“联想记忆”在英语学习，尤其是词汇记忆上，一直倍受推崇。本书正是立足于衍生和联想式的记忆方法，并运用形象的蜂窝结构，精选了200个核心词汇作为“根词”，然后按照同义、反义、形似等词汇间的某种联系，对这一“根词”进行衍生，由1个单词衍生出2个，再由2个衍生出4个、8个……这样就能形成“倍增效果”，强化记忆，加深印象。

本书的选词范围，充分考虑到大中专院校非英语专业学生的需要，选词合理，够用不偏。在每一组词汇后面我们还设置了“给力短语”、“混淆词语辨析”和“单词大考验”三个项目，以帮助读者更好地学习和领会。

本书由王烨、梁媛主编，马云秀、王建军、王越、白云飞、刘梅、张世华、张红燕、李光全、李翔、李楚、陈仕奇、罗勇军、姜文琪、董敏、蒋卫华等同志参加了本书的编写。真诚希望本书能给大学英语四级考生朋友以些许帮助，也希望读者朋友对本书的不足之处批评指正。

编者

2012年2月

使用说明

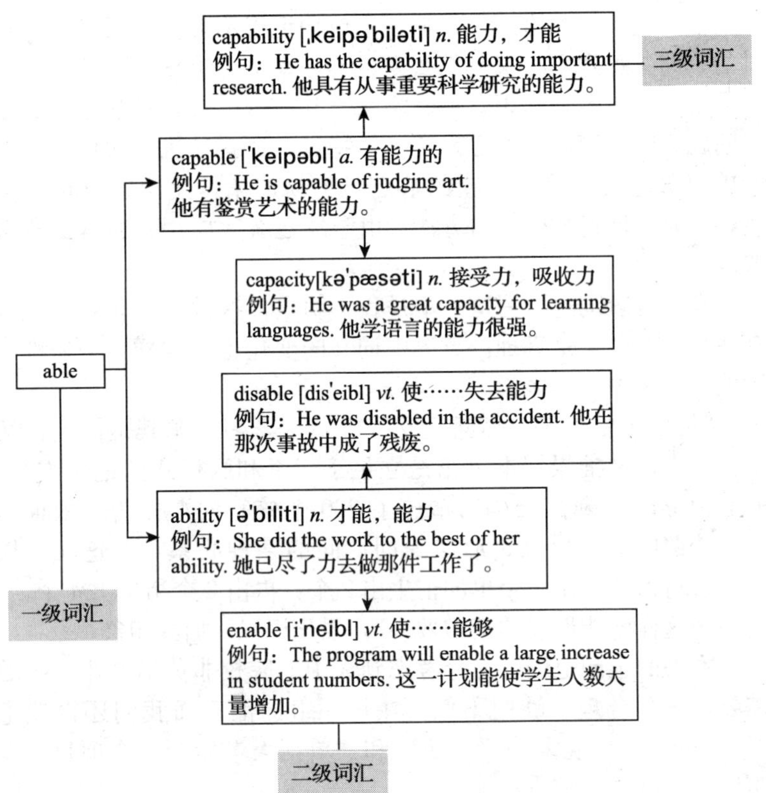

只要读者可以从一个单词中找出端倪，发现它的词性变化、形似、同义词、近义词或反义词，就能迅速衍生，达到记忆倍增的神奇功效，这就是本书的编创思路。

本书已经为读者进行了两级衍生，如上图所示，由 1 个一级词汇衍生出 2 个二级词汇，再由 2 个二级词汇衍生出 4 个三级词汇，读者如果能够继续发挥想象力，就能将 4 个单词衍生成 8 个、16 个、32 个……，这样就形成记忆倍增效果，而且由于经历了联想过程，印象更加深刻。

目 录

oasis
quit
desert
discard
cartoon
postcard
abandon

A

abandon /ə'bændən/ *vt*. 放弃，遗弃，沉溺

例句 The broken bike was found abandoned by the river side.
人们发现那辆损坏的自行车被扔在河边。

oasis

desert

discard

quit

cartoon

postcard

abandon *vt*. 放弃，遗弃，沉溺

— **desert** /'dezət/ *n*. 沙漠　*vt*. 放弃，遗弃

例句 All his friends have deserted him!
他所有的朋友都抛弃了他！

oasis /əu'eisis,'əuəsis/ *n*. 绿洲，舒适的地方

【例句】There is an oasis on the vast and bare expanse of the desert. 广漠的沙漠里有一片绿洲。

quit /kwit/ *v*. 离开，辞职，停止

【例句】If he doesn't pay his rent，he will receive notice to quit. 如果他不付房租，他将被通知搬出去。

— **discard** /dis'kɑːd/ *n*. 丢弃，扔掉　*vt*. 丢弃，抛弃

例句 You've got to discard before you can pick up another

card. 你得先打出一张牌，才能拿另一张牌。

cartoon /kɑːˈtuːn/ *n*. 动画片，漫画

【例句】This is one of the most vivid cartoons I have ever seen. 这是我所见到的最生动的漫画之一。

postcard /ˈpəustkɑːd/ *n*. 明信片

【例句】He sent me a postcard as a gift.

他送我一张明信片作为礼物。

给力短语

1. **abandon oneself to** 沉溺于，陷入
2. **be quit of** 摆脱，脱离，免除

混淆词语辨析

abandon/desert/quit 含有“放弃”、“遗弃”的意思。

abandon 强调“完全、永远地遗弃”，尤其是指遗弃以前感兴趣或负有责任的人或物；

desert 强调抛弃某种关系、职位或忠诚等，含责备之义；

quit 强调“突然或不经意地弃去”，常指“停止”。

单词大考验

Q: Due to bad weather, the police had to ________ the search for the missing boy.

A. resign B. abandon C. conduct D. release

答案：B

（由于这样糟糕的天气，警察不得不放弃了寻找丢失的小男孩的行动。）A“辞职”；B“放弃”；C“管理”；D“释放”。

A able /ˈeibl/ *a*. 能干的，有能力的

例句 Some good suggestions will be able to integrate the plan.
好建议可以使计划得到完善。

capability
capable
ability
capacity
disable
enable

able *a*. 能干的，有能力的

— **capable** /ˈkeipəbl/ *a*. 有能力的

例句 He is capable of judging art.
他有鉴赏艺术的能力。

capability /ˌkeipəˈbiləti/ *n*. 能力，才能

【例句】He has the capability of doing important research.
他具有从事重要研究的能力。

capacity /kəˈpæsəti/ *n*. 接受力，吸收力

【例句】He has a great capacity for learning languages.
他学语言的能力很强。

— **ability** /əˈbiliti/ *n*. 才能，能力

例句 She did the work to the best of her ability.

她已尽力去做那件工作了。

disable /dis'eibl/ *vt*. 使……失去能力

【例句】He was disabled in the accident.

他在那次事故中成了残废。

enable /i'neibl/ *vt*. 使……能够

【例句】The program will enable a large increase in student numbers. 这一计划能使学生数大量增加。

给力短语

1. **be able to** 能够……
2. **be disabled from doing...** 被剥夺做……的能力
3. **enable sb. to do...** 使某人能够做……
4. **be capable of**（指人）有……的能力；有……的倾向；（指物）易于

混淆词语辨析

able/capable/competent 都含"有能力的"的意思。

able 一般指人，表示"现在有做某事的能力"，有时意味着"高超的能力或技艺"；

capable 指人或物均可，表示有"潜在的或能达到一般要求的能力"；

competent 指具有"胜任某一工作的条件"，强调对某项工作有足够的技能及其他所需的条件。

单词大考验

Q: He will ________ pass the exam if he studies hard.

A. can　B. is able to　C. be able to　D. could

答案：C

（如果他努力学习，就能够通过考试。）will 表示将来，后面要加 be 动词表示"可以，能够"。

A

abnormal /æbˈnɔːməl/ *a*. 反常的，不规则的

例句 An abnormal amount of snow fell here last week.
上周这里下了一场异常的大雪。

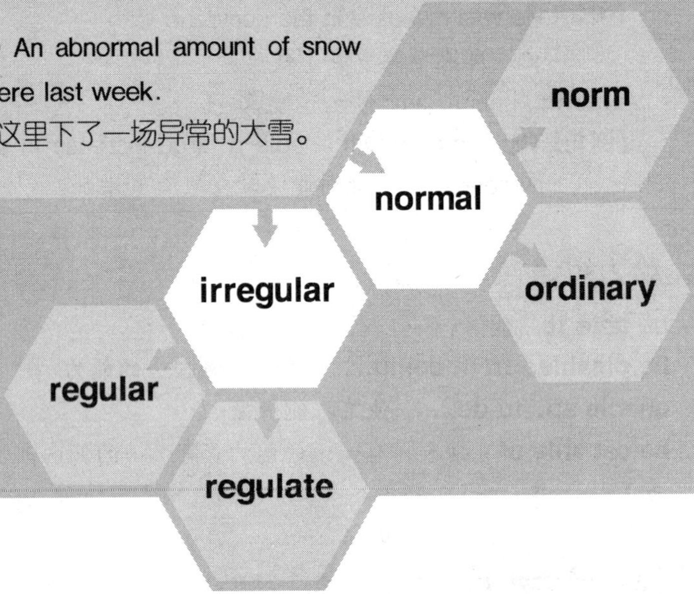

norm

normal

irregular

ordinary

regular

regulate

abnormal *a*. 反常的，不规则的

normal /ˈnɔːməl/ *a*. 正常的，正规的

例句 The doctor said the child's temperature was normal.
医生说孩子的体温是正常的。

norm /nɔːm/ *n*. 标准，规范；准则

【例句】 Students who fall below the norm should be encouraged to improve.
应该鼓励低于标准水平的学生提高成绩。

ordinary /ˈɔːdinəri,-neri-/ *a*. 平常的，平凡的 *n*. 普通

【例句】 The novel describes the way of life of the ordinary people there.
这部小说描写那里的普通人的生活方式。

irregular /iˈregjulə/ *a*. 不规则的，不合法的，不规整的

【例句】These procedures are highly irregular.
这些程序是很不合乎规则的。

regular /ˈregjulə/ *a*. 规律的，定期的，习惯的

【例句】He made a regular visit to his parents.
他定期看望他的父母。

regulate /ˈregjuleit/ *vt*. 管理，规定，调节

【例句】Regulating your habits is conducive to good health.
使生活习惯规律化有益于健康。

给力短语

1. **keep regular hours** 作息有规律
2. **regular meeting** 例会

混淆词语辨析

normal /ordinary /regular 都含“正常的”、“正规的”、“普通的”的意思。

normal 指“正常的”、“正规的”、“常态的”，如：**the normal temperature of the human body** 人的正常体温；

ordinary 强调“平常的”、“平淡无奇的”，常指人或事物不特殊；

regular 指“有规律的”、“正规的”、“定期的”，如：**He kept regular hours.** 他过着有规律的生活。

单词大考验

Q: High school or secondary school is ________ in many countries.

A. amazing　　B. optional

C. compulsory　　D. abnormal

答案：C

（在很多国家，中学或高中都是必修的。）A“令人吃惊的”；B“有选择性的”；C“义务的，必修的”；D“不规则的”。

A absolute /ˈæbsəluːt/ *a*. 绝对的，完全的

例句 I look upon this as an absolute necessity.

我认为这绝对是有必要的。

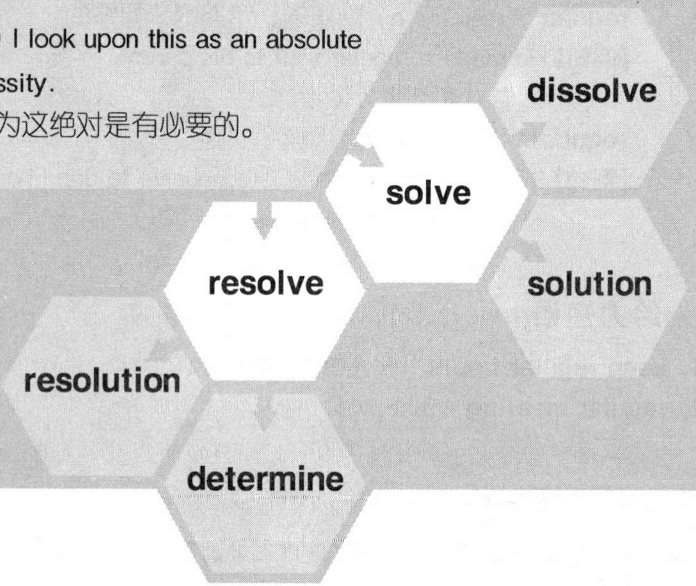

dissolve

solve

resolve

solution

resolution

determine

absolute *a*. 绝对的，完全的

solve /sɔlv/ *vt*. 解答，解决

例句 There is something new to solve this issue.

会有一些新政策来解决这一问题。

dissolve /diˈzɔlv/ *v*. 溶解；解除，解散

【例句】They dissolved their marriage.

他们解除了婚约。

solution /səˈluːʃən/ *n*. 解答，解决办法

【例句】The solution to the problem required many hours.

解决这个问题需要好几个小时。

resolve /riˈzɔlv/ *v*. 决定，解决，分解

例句 The discussion resolved itself into an argument.

讨论到后来变成了争论。

resolution /ˌrezəˈluːʃn/ *n*. 决心，决议，坚决

【例句】His speech ended on a note of resolution.

他演讲结束时语气很坚决。

determine /diˈtəːmin/ *vt*. 决定，确定，使下决心

【例句】He has determined to give up smoking.

他已决定戒烟。

给力短语

1. **dissolve into** 使融化，使溶解
2. **resolve to do sth. = resolve on doing sth.** 决定做某事
3. **determine to do sth.** 决心做某事
4. **resolve into** 分解

混淆词语辨析

decide/determine/resolve 都有“决定”的意思。

decide 指“经过询问、研讨和考虑之后，在几种可能的选择之中做出决定”；

determine 指“决心做某一件事而不动摇”，常常是指受外部的因素刺激而下决心或者一个人自己做出决定；

resolve 指“打定主意做某事或不做某事”。

单词大考验

Q: He is quite sure that it's ________ impossible for him to fulfill the task within two days.

A. absolutely B. separating C. fully D. roughly

答案：A（他很清楚在两天内完成这一任务是绝对不可能的。）副词辨析。absolutely 和 fully 都可以指“完全地”，但前者除用于修饰其他形容词外，还可以用来强调，表示“确实地，全然地”。

A

abstract /ˈæbstrækt/ *a*. 抽象的 *n*. 摘要，梗概 *vt*. 提取，抽取

例句 Talking about the crime in the abstract just isn't enough.
只是抽象地谈论犯罪问题是不够的。

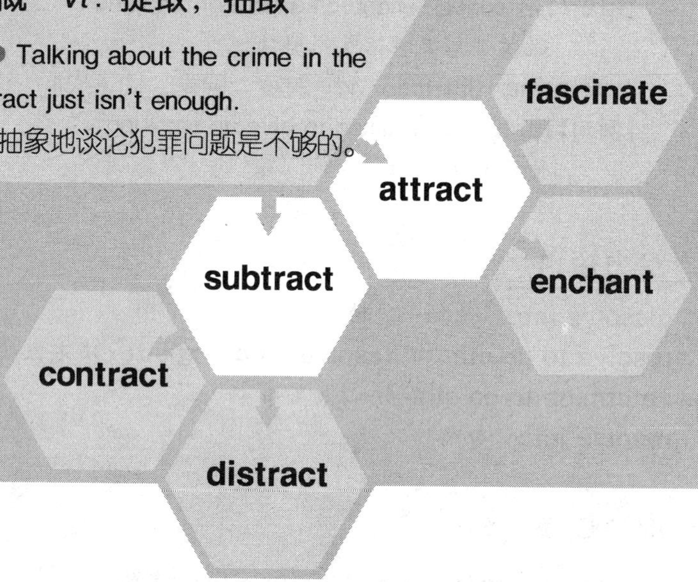

abstract *a*. 抽象的 *n*. 摘要，梗概 *vt*. 提取，抽取

— **attract** /əˈtrækt/ *vt*. 吸引 *vi*. 引人注目

例句 Her flirtatious manners are intended to attract.
她的轻浮举止是想引人注意。

fascinate /ˈfæsineit/ *v*. 令人入神，使……入迷

【例句】The child was fascinated with his new toy.
那孩子对他的新玩具着了迷。

enchant /inˈtʃɑːnt/ *v*. 使欣喜；使……迷惑

【例句】The family was enchanted with the cute little girl.
这一家子非常喜欢这个可爱的小姑娘。

— **subtract** /səbˈtrækt/ *v*. 减去，扣掉，减少

例句 Please subtract a quarter of the money for your own use. 请从中扣除四分之一作为你的零用钱。

contract /ˈkɔntrækt/ *n*. 合同，契约 *vi*. 缩小，收缩，订合同 *vt*. 染上（恶习），感染疾病

【例句】They've contracted an agreement.

他们缔结了一项协议。

distract /disˈtrækt/ *vt*. 转移，分心

【例句】He was distracted with an unhappy love affair.

他因失恋而心烦意乱。

给力短语

1. **contract a bad habit** 染上恶习
2. **enter into/ sign/ negotiate a contract** 达成/ 签订合同
3. **distract from** 使（人）分心，分散（注意力等）
4. **be distracted with** 被……搞得心烦意乱
5. **in the abstract** 抽象地，观念上，理论上

混淆词语辨析

attract/charm/enchant/fascinate 都含有"吸引"或"给人以喜悦之感"的意思。

attract 是普通用词，指客观上吸引人的注意力；
charm 侧重迷住某人或使之高兴；
enchant 着重指有能力引起被迷住者的欢乐或赞美；
fascinate 通常含使人无法拒绝、无法摆脱的意味。

单词大考验

Q: The author was required to submit an ________ of about 200 words together with his research paper.

A. edition B. editorial C. article D. abstract

答案：D
（这个作者被要求上交一篇大约 200 字的关于他的调查论文的摘要。）从题目中的 paper 就不难判断出是论文，其次是字数的限制，更加确定是关于"摘要"，而非社论或文章之类的。

A abundant /ə'bʌndənt/ *a.* 丰富的，充裕的

例句 China is abundant with natural resources. 中国自然资源丰富。

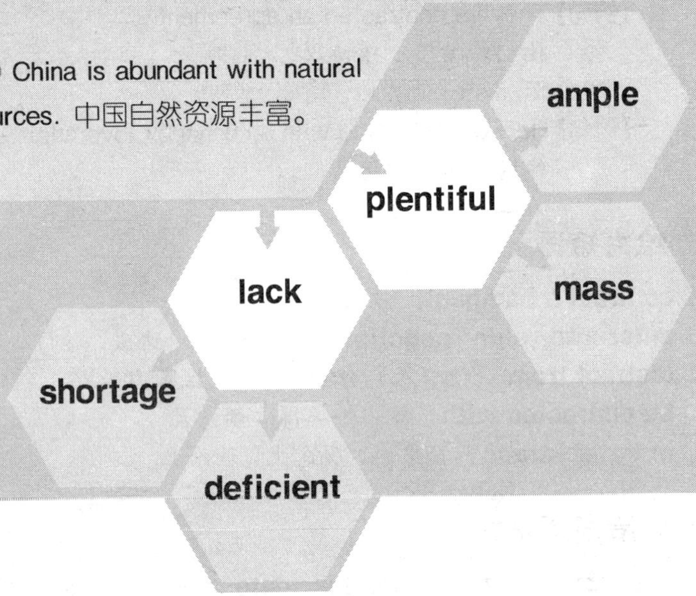

plentiful
ample
mass
lack
shortage
deficient

abundant *a.* 丰富的，充裕的

plentiful /'plentiful/ *a.* 丰富的，许多的

例句 Their family has a plentiful harvest this year.
他们家今年又丰收了。

ample /'æmpl/ *a.* 丰富的，足够的

【例句】Thirty dollars will be ample for the purpose.
有 30 美元足够用了。

mass /mæs/ *a.* 大规模的 *n.* 团，块，堆；群众，民众

【例句】The masses have boundless creative power.
群众有无限的创造力。

lack /læk/ *n.* 缺乏，不足 *v.* 缺乏，不足

例句 The lack of rain aggravated the serious lack of food.
由于干旱少雨，缺粮问题更加严重。

shortage /ˈʃɔːtidʒ/ *n*. 不足，缺少

【例句】There is a shortage of salt in this country.
这个国家缺少盐。

deficient /diˈfiʃənt/ *a*. 不足的，不充分的

【例句】A diet deficient in vitamin D may cause the disease rickets. 维生素D不足可能会导致软骨病。

给力短语

1. **be abundant in sth.** 富于……
2. **in the mass** 总体上，总的说来
3. **in mass** 整个的，全部的
4. **lack of** 缺乏，不足
5. **lack in** 在……上不足

混淆词语辨析

plentiful /abundant /ample 都含“丰富的”意思。

abundant 着重某物极为丰富或有大量的供应；

plentiful 普通用词，指某物的数量多得称心如意，不过剩，但较少用于描写抽象之物。例如：**Provisions are plentiful.** 粮食充足；

ample 指某物不仅满足了需要而且有余。例如：**ample food and clothing by working with our own hands** 自己动手，丰衣足食。

单词大考验

Q: She keeps a supply of candles in the house in case of power ________.

A. failure　　B. lack　　C. absence　　D. drop

答案：A

（她在家保存了大量的蜡烛以防停电。）A“失败，故障”；B“缺少，缺乏”；C“缺席”；D“下落，降落”。

A

abuse /ə'bjuːz/ *vt.* / *n.* 滥用，辱骂，虐待

例句 You are always abusing and offending people.
你总是出言不逊得罪人。

usage
utilize
utility
useful
available
durable

abuse *vt.* / *n.* 滥用，辱骂，虐待

— **usage** /'juːzidʒ/ *n.* 惯用法，使用，用法

例句 That phrase has come into usage.
那个短语已为大家所惯用。

utilize /juː'tilaiz/ *vt.* 利用，使用

【例句】You must utilize all available resources.
你必须利用一切可以得到的资源。

utility /juː'tiliti/ *n.* 公共设施，实用

【例句】A fur coat has more utility in winter than in autumn.
毛皮外衣在冬天比在秋天更有用。

— **useful** /'juːsful/ *a.* 有用的

例句 The computer is useful in processing data.

电子计算机在数据处理方面很有用。

available /ə'veiləbl/ *a*. 可用的，有效的

【例句】She is not available for the job.

她不适宜做这个工作。

durable /'djuərəbl/ *a*. 耐用的，持久的

【例句】This varnish provides a durable finish.

这种清漆可作耐久的罩面漆。

给力短语

1. **sth. be useful to sb.** 某事对于某人是有用的
2. **it is useful for sb. to do sth.** 对于某人来说做某事是有用的
3. **be available for** 有效……，对……有用
4. **be available to** 可用到……

混淆词语辨析

used to+ V/ be used to+ N/ doing / be used to+ V

used to+ V 表示过去常常做某事，而现在却不做了，**to** 后面接动词。

be used to+ N/doing 指习惯于做什么，**to** 后面接名词或动名词。

be used to+ V 指被用来……，**to** 后面接动词。

单词大考验

Q: It has been revealed that some government leaders ________ their authority and position to get illegal profits for themselves.

A. employ　B. take　C. abuse　D. overlook

答案：C

(据透露，一些政府领导人滥用他们的职权来为自己谋取不正当的利益。) A "雇佣"；B "带着，拿"；C "乱用，滥用"；D "忽略"。

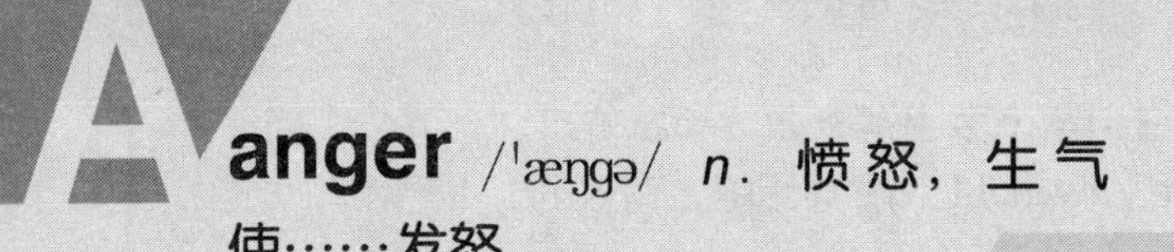

anger /ˈæŋɡə/ *n.* 愤怒，生气 *v.* 激怒，使……发怒

例句 His impolite words angered his teacher.
他出言不逊，激怒了他的老师。

fury
furious
indignant
rage
outrage
wrath

anger *n.* 愤怒，生气 *v.* 激怒，使……发怒

fury /ˈfjuəri/ *n.* 狂怒，暴怒；猛烈

例句 He flew into a fury and said that the whole thing was disgusting. 他勃然大怒，说这一切令人作呕。

furious /ˈfjuəriəs/ *a.* 狂暴的；强烈的

【例句】He'll be furious at being kept waiting.
如果让他久等，他会大发雷霆的。

indignant /inˈdignənt/ *a.* 愤怒的，愤慨的，义愤的

【例句】The indignant customer complained to the manager.
那个愤怒的顾客向经理投诉。

rage /reidʒ/ *n.* 愤怒，情绪激动，狂暴 *v.* 大发脾气，动怒

例句 The thought of the way she had been treated made her

rage. 她一想到她所受的待遇就生气。

outrage /ˈautreidʒ/ *n*. 暴行，侮辱，愤怒 *vt*. 引起……的义愤

【例句】When he heard the news he reacted with a sense of outrage. 他得悉此事时义愤填膺。

wrath /rɔːθ/ *n*. 暴怒，狂怒，愤慨

【例句】His silence marked his wrath.
他的沉默表明了他的愤怒。

给力短语

1. **in a fury** 在狂怒中
2. **be/get angry with sb.** 生某人的气
3. **be indignant at/about sth.** 对某事感到愤慨
4. **be all the rage** 风靡一时

混淆词语辨析

rage/ fury/ wrath 都含有"愤怒"、"生气"的意思。

rage 指"大怒"，强调"愤怒强烈到爆发而不能控制住"；

fury 语气比 **rage** 强，指"暴怒"；

wrath 是正式用语，指一种"强烈的义愤"，带有要给予惩罚或报复的意思。

单词大考验

Q: Micro-blog is all the ________ now.

A. rage B. outrage C. anger D. fury

答案：A
（微博现在超流行。）四个选项都有"愤怒"的意思，但是只有rage 有"流行"的意思，而 all the rage 是个固定搭配。

A ascent /əˈsent/ *n*. 上升，上坡路

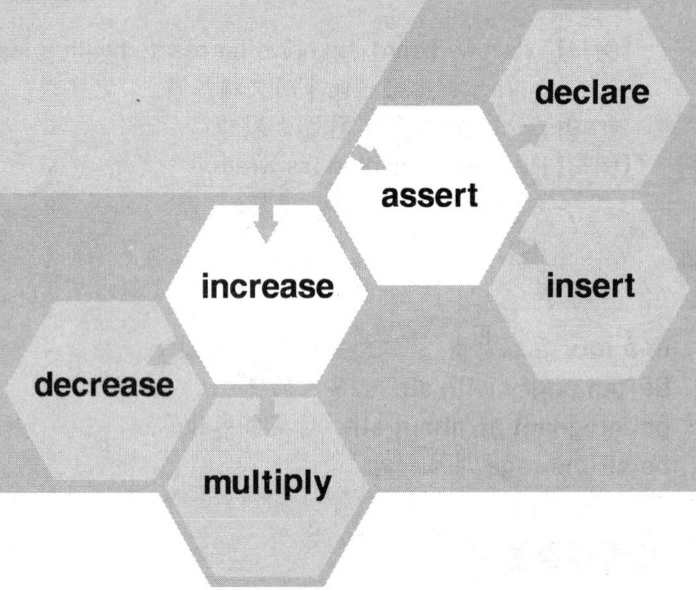

declare

assert

increase

insert

decrease

multiply

ascent *n*. 上升，上坡路

assert /əˈsəːt/ *vt*. 主张，声明，断言

例句 She asserted the charge to be incorrect.

她断言这起指控是不正确的。

declare /diˈklɛə/ *vt*. 宣布；断言 *vi*. 声明，宣布

【例句】I now declare this meeting open.

现在，我宣布会议开始。

insert /inˈsəːt/ *vt*. 插入；插（话），刊登（广告）

【例句】They inserted an advertisement in the newspaper.

他们在这家报纸上刊登了一则广告。

increase /inˈkriːs/ *n*. 增加，增强，提高 *v*. 增加，提高

例句 They have increased the price of petrol again.

他们又提高了汽油的价格。

decrease /diːˈkriːs/ *n*. 减少，减少之量 *v*. 减少

【例句】The traffic accidents in the city decreased last year.

该城市去年交通事故减少了。

multiply /ˈmʌltiplai/ *v*. 繁殖，乘，增加

【例句】His experience was multiplied as the years passed.

随着岁月的流逝，他的经验丰富了。

给力短语

1. **on the increase** 正在增加，正在增长
2. **decrease by** 减少了 ……
3. **declare that** 声称，郑重地说
4. **assert oneself** 坚持自己的权利

混淆词语辨析

increase/enlarge / multiply 都含“增加”、“增大”的意思。
increase 属于常用词，指“形状、大小、数量、程度等的增大”；
enlarge 主要指“大小、体积、范围、能力的增大”；
multiply 主要指“增加数量”、“通过繁殖来增加”。

单词大考验

Q: The government is trying to do something to ________ better understanding between the two countries.

A. raise　B. promote　C. heighten　D. increase

答案：B

（政府正努力做些事情来促进两国之间的相互理解。）近义词辨析题。raise 意为“提高”（但指人为的）；promote 意为“促进、增进，（友谊、理解）”等；heighten 意为“（对建筑物等）增高，加高”；increase 意为“增加（产量，收入）”。

A accompany /ə'kʌmpəni/ *vt*. 陪伴，带有；为……伴奏

例句 May we accompany you on your walk? 我们陪你一起散步好吗？

companion
company
comfort
corporation
console
comfortable

accompany *vt*. 陪伴，带有；为……伴奏

— **company** /'kʌmpəni/ *n*. 公司，陪伴 *v*. 陪伴

例句 People are judged by the company they keep.
根据某人结交的朋友便能判断其人了。

companion /kəm'pænjən/ *n*. 同伴，同事

【例句】Are you alone or with a companion?
你单独一人还是与朋友在一起？

corporation /ˌkɔːpə'reiʃən/ *n*. 公司，法人，社团

【例句】He landed a job in a large American corporation.
他在一家美国大公司谋得一职。

— **comfort** /'kʌmfət/ *n*. 舒适，安慰 *vt*. 安慰

例句 The old lady often comforts those who are in trouble.

这位老妇人经常安慰处于困境的人。

console /kən'səul/ *vt*. 安慰，慰藉

【例句】She consoled him with soft words.

她以温柔的话语安慰他。

comfortable /'kʌmfətəbl/ *a*. 舒适的

【例句】I feel comfortable talking with that nice girl.

和那个可爱的女孩谈话我感觉很好。

给力短语

1. **be accompanied with...** 带着，带有
2. **keep company with...** 与……交往，与……为伴
3. **corporate culture** 企业文化
4. **console sb. with sth.** 用某事安慰某人

混淆词语辨析

comfort/ cheer up 含“安慰”的意思。

comfort 是指宽慰，抚慰，安慰；

cheer up 是使人变得高兴，使人兴奋起来。

单词大考验

Q: Mary didn't feel like going shopping alone, so she asked me to ________ her to the market.

A. company B. march

C. complete D. accompany

答案：D

（玛丽不喜欢独自去逛街，所以她让我陪她去市场。）四个选项中只有accompany与to连用表示“陪伴”。

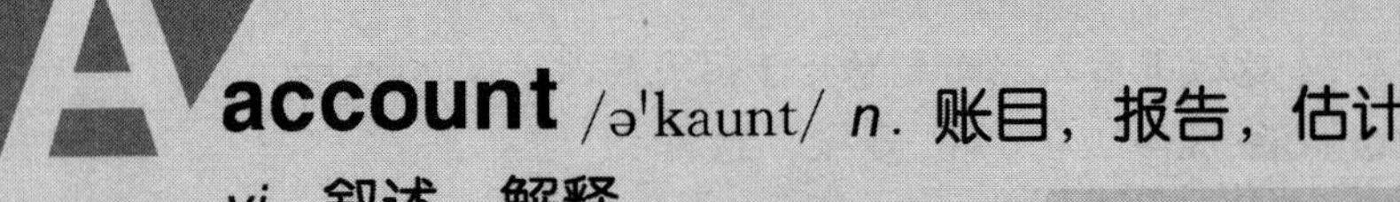

A account /ə'kaunt/ *n*. 账目，报告，估计 *vi*. 叙述，解释

【例句】All the accounts of firm were certified as correct.
公司所有账目被证明准确无误。

discount
count
accountant
relate
relative
relativity

account *n*. 账目，报告，估计　*vi*. 叙述，解释

— **count**/kaunt/ *v*. 计算，认为　*n*. 计数，总数

【例句】I count myself lucky to have passed the exam.
能通过考试我觉得是走运。

discount /'diskaunt/ *n*. 折扣　*v*. 打折扣；不考虑

【例句】In his plans he discounted the expense.
在他的计划中他没有考虑到费用。

accountant /ə'kauntənt/ *n*. 会计

【例句】A good accountant is a treasure to a company.
优秀的会计师是公司的宝贵财富。

— **relate** /ri'leit/ *v*. 叙述，使有联系，涉及

【例句】I can't relate what he does to what he says.
我不能把他做的和说的联系起来。

relative /'relətiv/ *a*. 相对的，比较的　*n*. 亲戚，亲属

【例句】Let's make a relative study of the two languages.
让我们将这两种语言作一下比较研究。

relativity /ˌreləˈtiviti/ *n*. 相对论；相关性

【例句】There is no relativity between the two matters.
这两件事毫无关系。

给力短语

1. **take an account of** 把……列表，把……记账
2. **take no account of** 对……不予考虑；对……不予重视
3. **on this account** 由于这个缘故
4. **at a discount** 打折扣
5. **relate to** 与……相关的，涉及
6. **count in** 把……算入
7. **count on/upon** 依靠，指望
8. **count up** 算出……的总数

混淆词语辨析

amount/ number 都是表示数量的词。

amount 一般是指不可数名词的数量，例如：**a large amount of money** 大量的钱；

number 一般是指可数名词的数量。

需要注意的是，**amount** 有时也与可数名词的复数连用，但意指整体概念，例如：**We didn't expect such a large amount of people.** 我们没有料到会有这么多的人。

单词大考验

Q: I'd ________ his reputation with other farmers and business people in the community, and then make a decision about whether or not to approve a loan.

A. take into account　　B. account for

C. make up for　　D. make out

答案：A

（我想要考虑到他与其他农民和商人在社区的信誉，然后做出决定是否同意贷款。）四个选项都是固定搭配。A "考虑"；B "说明的原因"；C "弥补"；"理解，辨认出"。

A

accurate /ˈækjurit/ *a*. 准确的，精确的

例句 He is always accurate in what he says and does.
他说的和做的总是正确无误。

secure

cure

exact

curious

exactly

precise

accurate *a*. 准确的，精确的

cure /kjuə/ *n.*/*vt*. 治疗，治愈

例句 She tried every means to cure her child of the bad habit. 她想尽一切办法试图改掉她孩子的这个恶习。

secure /siˈkjuə/ *a*. 无虑的，安心的，安全的 *vt*. 固定，获得，使……安全

【例句】He will secure that there will be no difficulty.
他将保证不再出现任何困难。

curious /ˈkjuəriəs/ *a*. 好奇的，古怪的

【例句】The boy was curious about everything he saw.
那男孩对所见的一切都感到好奇。

exact /igˈzækt/ *a*. 精确的，准确的，确切的

例句 His memory is very exact; he never makes mistakes.

他的记忆非常准确，从不出错。

exactly /igˈzæktli/ *adv*. 准确地，确切地

【例句】A TV playback showed exactly what had happened.

电视播放的录像原样显示了所发生的事。

precise /priˈsais/ *a*. 精确的，准确的

【例句】A scientist must be precise in making tests.

科学家做试验必须精确。

给力短语

1. **be curious about sth.** 对（某事物）感到好奇
2. **to be exact** 精确地说
3. **not exactly** 未必是，并不
4. **be secure of** 对……有把握，有信心

混淆词语辨析

accurate/correct /exact/ precise 均含“正确的”意思。

accurate 通过细心等主观努力避免差错，从而达到精确，常指钟表时间的准确或对事情叙述的确切；

correct 为一般用语，常指答案或回答正确；

exact 指“与事实完全相符”；

precise 准确程度比 **exact** 高，严格合乎规则或适当形式的，在实施或数量上准确的，常指仪器精密。

单词大考验

Q: The statistical figures in that report are not ________. You should not refer to them.

A. accurate　B. fixed　C. delicate　D. rigid

答案：**A**

本题为修饰语选择题。翻译用来说明数据的应该是 **accurate**。**fixed** 表示“固定的”，**delicate** 表示“精巧的，精致的，微妙的”，**rigid** 表示“刚性的，严格的”，都与话题不符。

A

accuse /əˈkjuːz/ *vt*. 责备，控告

例句 We accused him of taking bribes. 我们控告他受贿。

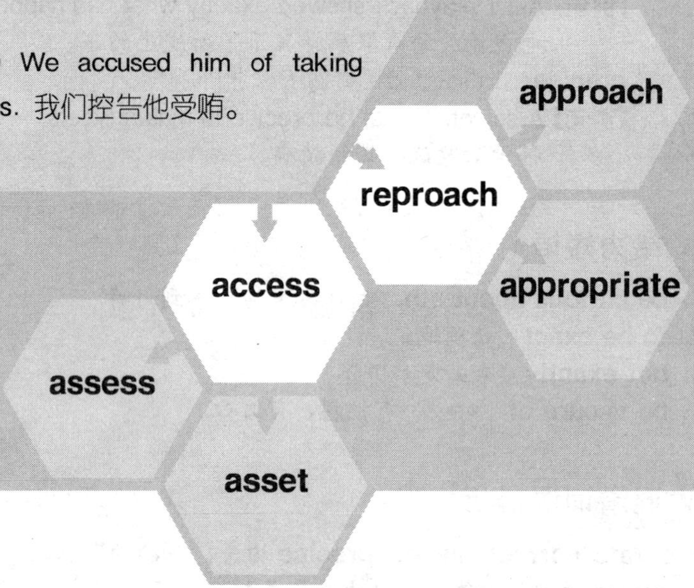

reproach
approach
appropriate
access
assess
asset

accuse *vt*. 责备，控告

reproach/riˈprəutʃ/ *n*./ *v*. 责备，耻辱

例句 Mother reproached me for being too clumsy.
母亲责备我笨手笨脚。

approach /əˈprəut/ *n*. 途径，方法 *v*. 靠近，接近；接洽，动手处理

【例句】He approached the new job with enthusiasm.
他满怀热情地去做新的工作。

appropriate/əˈprəupriət/ *a*. 适当的，合适的

【例句】It is appropriate that he should get the post.
由他担任这一职务是恰当的。

access /ˈækses/ *n*. 接近，进入；入口，通道

例句 There is no access to the street through that door.
那扇门不通向大街。

assess /ə'ses/ *vt*. 估定，评定

【例句】We should equitably assess historical figures.
我们应该公正地评价历史人物。

asset /'æset/ *n*. 资产，财产；优点，长处

【例句】He is a great asset to our company.
他是我们公司的宝贵财产。

给力短语

1. **at the approach of** 在……快到的时候
2. **approach to** 接近，近似
3. **appropriate to/for** 适于
4. **accuse sb. of...** 指控某人……
5. **have/gain/ get/ obtain access to** 接近……；会见……

混淆词语辨析

charge / accuse 都含"控告"、"谴责"的意思。

charge 是正式地声明某人有罪；

accuse 是相信某人是有罪的，多指当面指控或指责，不一定上诉法律。

单词大考验

Q: The shop assistant was dismissed as she was ________ of cheating customers.

A. accused B. charged C. scolded D. cursed

答案：A

（这个店员被解雇了，因为她被控诉欺骗顾客。）**be accused of...** 表示"被指控"的意思。

A accustom /ə'kʌstəm/ v. 使习惯于

例句 We had to accustom ourselves to cold weather.

我们必须使自己适应寒冷天气。

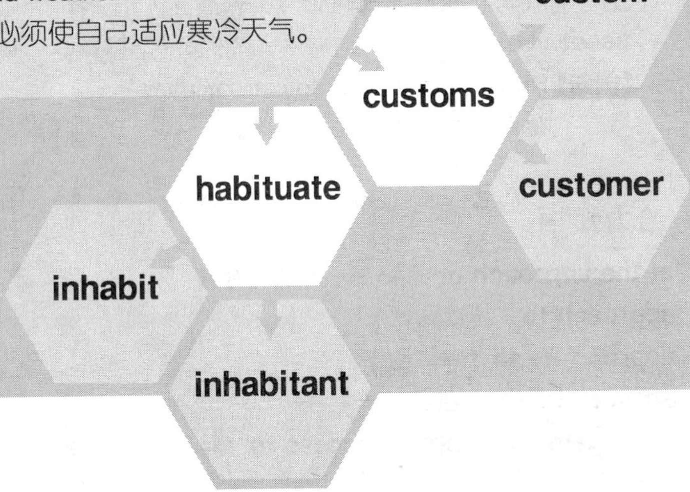

customs
custom
customer
habituate
inhabit
inhabitant

accustom *v*. 使习惯于

customs /'kʌstəmz/ *n*. 海关，关税

例句 Customs have made their biggest ever seizure of heroin.

海关查获了有史以来最大的一批海洛因。

custom /'kʌstəm/ *n*. 习惯，风俗，惯例

【例句】It is the custom of foreigners to do so.

这种做法是外国人的习惯。

customer /'kʌstəmə/ *n*. 顾客

【例句】 These goods enjoy growing favor among the customers.

这些货物越来越受顾客的欢迎。

habituate /hə'bitjueit/ *vt*. 使习惯于

例句 From his childhood, Jack has habituated himself to getting up early.
杰克从小就习惯于早起。

inhabit /in'hæbit/ *vt*. 居住于，栖息于

【例句】Woodpeckers inhabit hollow trees.
啄木鸟栖息在中空的树中。

inhabitant /in'hæbitənt/ *n*. 居民

【例句】The inhabitants of the island were friendly.
岛上的居民十分友好。

给力短语

1. **be accustomed to do sth. / doing sth. / sth.** 习惯于
2. **in the habit of** 有……的习惯
3. **out of habit** 出于习惯，潜意识地

混淆词语辨析

habit/custom 都含"习惯"的意思。

habit 指"个人由于自然条件、社会环境、爱好或经常接触而导致习以为常的行为或特性"；

custom 指"经过一段时期在某人、一个国家、一个地区或一个社会中形成的传统习惯或风俗"。

单词大考验

Q: Since he often travels on business, he can ________ himself to sleeping in any place he can find.

A. devote　B. accustom　C. force　D. reduce

答案：**B**
（由于他经常出差，所以他习惯了在任何地方睡觉。）固定搭配 **accustom onself to doing sth.** "习惯做某事"。

A acquire /ə'kwaiə/ *vt*. 获得，取得，学到

例句 We should acquire more first-hand information.
我们应当取得更多的第一手资料。

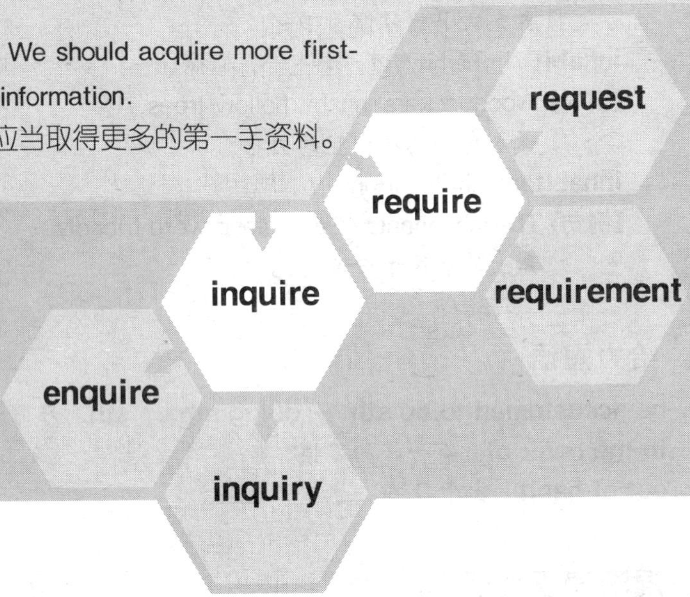

acquire *vt*. 获得，取得，学到

require /ri'kwaiə/ *vt*. 需要，要求，命令

例句 I required my two children to help me.
我请求我的两个孩子帮助我。

request /ri'kwest/ *n*. 要求，请求　*vt*. 请求，要求

【例句】Workers requested a raise in the wage.
工人们请求提高工资。

requirement /ri'kwaiəmənt/ *n*. 要求

【例句】Your requirement that she wait till next week is reasonable. 你的让她等到下周的要求是有道理的。

inquire /in'kwaiə/ *v*. 询问，问明，查究

例句 The boss inquired of me concerning our work.
老板向我们了解我们工作的情况。

enquire /in'kwaiə/ *v*. 询问，调查

【例句】I must enquire further into this matter.

我要进一步调查此事。

inquiry /in'kwaiəri/ *n*. 询问，调查，疑问

【例句】The bank clerk answered all my inquiries.

银行职员回答了我提出的所有问题。

给力短语

1. **require sb. to do sth.** 要求某人做某事
2. **require sth. of sb.** 对某人有……的要求
3. **make (a) request for** 请求，要求
4. **request sth. from sb.** 向某人要求某物
5. **inquire sth. of sb.** 向某人打听某事
6. **inquire into** 调查，追究

混淆词语辨析

get/obtain/acquire/gain 都含有“得到”、“获得”的意思。

get 是最常用、最口语化的词，可以指以任何方式得到某物（积极主动或消极被动），并不强调通过预先的或主观的努力，与具体名词和抽象名词均可搭配；

obtain 指通过自身的努力、技能或工作等而“获得、得到”，正式用语，用于口语或私人信函常令人感到不自然；

acquire 强调“经过漫长的努力过程而逐渐获得”；

gain 往往指“通过努力或有意识行动而获得某种有益或有利的东西”。

单词大考验

Q: If people feel hopeless, they don't bother to ________ the skills they need to succeed.

A. adopt B. acquire C. accumulate D. assemble

答案：B

（人们若感到无望时，就不会费心学习为获得成功而需要的技能。）A“采取，收养”；B“获取”；C“积累”；D“聚集”。

A adapt /əˈdæpt/ v. 使……适应；改编

例句 You should adapt yourself to the new environment.
你应该适应新的环境。

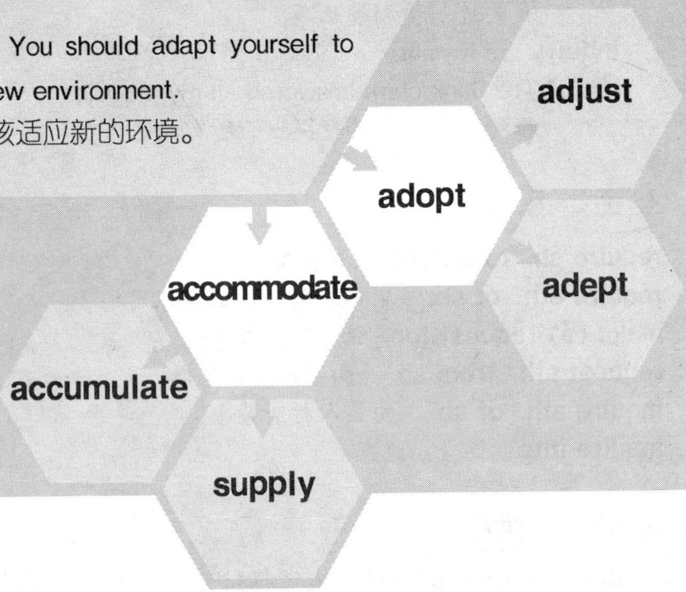

adjust
adopt
accommodate
adept
accumulate
supply

adapt v. 使……适应；改编

— **adopt** /əˈdɔpt/ vt. 采用，收养，通过

例句 Many childless couples adopt children.
许多无子女的夫妇收养孩子。

adjust /əˈdʒʌst/ v. 调整，使……适于

【例句】Astronauts in flight must adjust to weightlessness.
宇航员在飞行中得适应失重状态。

adept /ˈædept,əˈdept/ a. 熟练的，擅长的　n. 内行

【例句】He is adept at organization work.
他精于组织工作。

— **accommodate** /əˈkɔmədeit/ vt. 使适应；容纳，向……提供

例句 The bank will accommodate him with a loan.
银行将向他提供一笔贷款。

accumulate /əˈkjuːmjuleit/ *v*. 积聚，堆积

【例句】They set to work accumulating a huge mass of data.
他们开始积累大量的资料。

supply /səˈplai/ *vt*. 补给，提供 *n*. 供给，供应品

【例句】We can easily supply you with these goods.
我们可以毫不费力地给您提供这些货物。

给力短语

1. **accommodate oneself to** 使自己适应于
2. **accommodate（sb.）with** 向（某人）供应
3. **adapt oneself to** 使自己适应或习惯于某事
4. **adapt for** 使适合于，调整
5. **supply sth. for sb.** 把……供给
6. **supply sb. with sth.** 某人提供某物

混淆词语辨析

adapt/adjust/fit/suit/ accommodate 都含"适合"、"适应"的意思。

adapt 指人或物在原有情况下作某些改变以适应新的环境或不同的条件，强调改变的目的和重要性；

adjust 与 **adapt** 含义很接近，但 **adjust** 所改变的幅度要小一些，侧重过程，主要用于调整角度、高度、光点等；

fit 含义广，指人或物适合或适应某一目的或用途；

suit 指适合要求，从而使人满意、愉快；

accommodate 多指与某模式或规则相符，也引申指改变习惯等以适应新的环境。

单词大考验

Q: I suggested he should ________ himself to his new conditions.

A. adapt B. adopt C. regulate D. sui

答案：**A**
(我建议他应该适应他的新环境。)**adapt...to...** 意思是"使……适应……"，为固定搭配。

A

A

advance /ədˈvɑːns/ *v*. 推进，促进 *n*. 前进，进展

例句 She advanced greatly in her knowledge. 她在学识上大有进展。

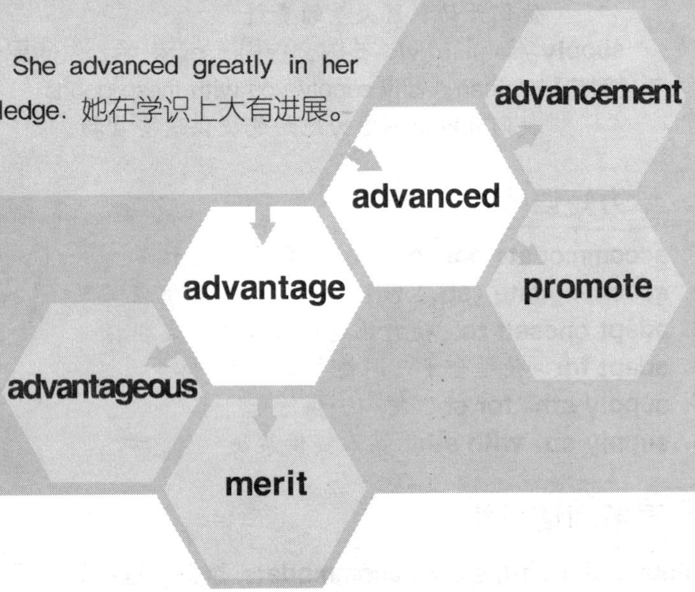

advancement

advanced

advantage

promote

advantageous

merit

advance *v*. 推进，促进 *n*. 前进，进展

— **advanced** /ədˈvɑːnst/ *a*. 高级的，先进的

例句 Ancient Greece was an advanced civilization.
古希腊是个先进的文明国家。

advancement /ədˈvɑːnsmənt/ *n*. 前进，进步，提升

【例句】His advancement to major came two years ago.
他于两年前被提升为少校。

promote /prəˈməut/ *vt*. 促进，提升，升迁

【例句】My father has been promoted to headmaster.
我父亲已被提升为校长了。

— **advantage** /ədˈvɑːntidʒ/ *n*. 优势，有利条件

例句 He had the advantage of a good education.
他具备受过良好教育的优势。

advantageous /ˌædvənˈteidʒəs/ *a*. 有利的，有益的

【例句】His decision is advantageous to us.

他的决定对我们很有利。

merit /ˈmerit/ *n*. 功绩，价值，功劳；长处，优点

【例句】The merits of your plan outweigh the defects.

你制定的计划其优点胜过缺点。

给力短语

1. **in advance** 预先，提前
2. **take advantage of** 利用，占某人的便宜
3. **promote to** 提升
4. **be advantageous to** 有助于……

混淆词语辨析

advance/promote/progress/proceed 都含有“前进”的意思。

advance 指“向某一目标或方向前进的运动或效果，并常强调前进的终点”；

promote 作“提升”，它强调“促使某种事业向前发展以达到预期的结果，并侧重于对该人或事物（尤指公开性质）的赞助和鼓励”；

progress 则指“稳定、经常的进步”，这种进步可能有间隔，常用于抽象事物；

proceed 多指“继续前进”。

单词大考验

Q: To carry out the plan successfully, we have to get well prepared ________.

A. in detail B. in turn C. in advance D. in force

答案：C

（为了成功执行这个计划，我们必须事先做好充分的准备。）固定搭配，in advance “事先，提前”；in turn “轮流”；in force “有效地”；in detail “详细地”。

A advise /əd'vaiz/ v. 劝告，通知，与……商量

例句 We advised him against acting in haste. 我们劝他不要匆忙行事。

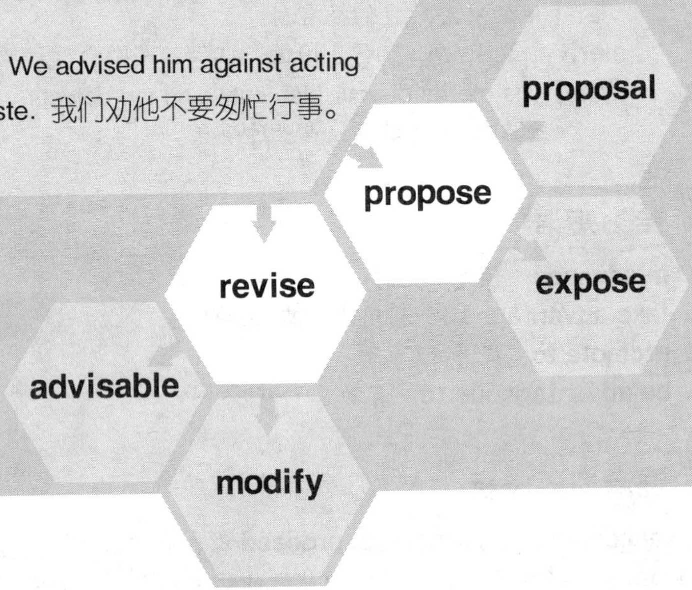

advise *v*. 劝告，通知，与……商量

— **propose** /prə'pəuz/ *v*. 计划，打算，向……提议

例句 I'm going to propose to my girlfriend this week.
我这周要向我的女友求婚。

proposal /prə'pəuzəl/ *n*. 求婚，提议，建议

【例句】They presented concrete proposals for improvement.
他们提出了具体的改进建议。

expose /iks'pəuz/ *vt*. 暴露，揭穿，陈列

【例句】Don't expose your skin to the sun for a long time.
不要把你的皮肤暴露在阳光下太长时间。

— **revise** /ri'vaiz/ *n*. 校订，修正　*vt*. 校订，修正，校正

例句 You should revise your opinion of him.

你应该纠正对他的看法。

advisable /əd'vaizəbl/ *a*. 明智的，可取的

【例句】It was advisable for you not to mention that.

你不提及那件事是明智的。

modify /'mɔdifai/ *v*. 修改，更正，修饰

【例句】We have to modify our plan a little bit.

我们得对我们的计划稍加修改。

给力短语

1. **advise sb. of** 把……通知某人
2. **advise sb. to do sth.** 建议某人做某事
3. **propose to do sth.** 提议做某事
4. **propose to sb.** 向某人求婚
5. **expose... to** 使……受到，使……接触……

混淆词语辨析

revise/ **modify** 都含有“修改，修订”的意思。

revise 是指因为有新的信息或想法而修改；

modify 是做细微修改使之更合适或者有效。

单词大考验

Q: In general, the amount that a student spends for housing should be held to one-fifth of the total ________ for living expenses.

A. acceptable　　B. available

C. advisable　　D. applicable

答案：B

（一般来说，一个学生住宿所花费的钱应该控制在所有生活费用的五分之一以内。）A“可接受的”；B“有效的，可利用的”；C“明智的”；D“适用的”。固定搭配 available for “可用于的，对有效的”。

A administer /əd'minstə/ *vt*. 管理，治理，执行

例句 They had the right to administer their own internal affairs.
他们有权料理自己的事务。

transmit
admit
commit
admittedly
commitment
omit

administer *vt*. 管理，治理，执行

admit /əd'mit/ *v*. 允许进入，承认；容许

例句 He was admitted into their fullest confidence.
他获得了他们的充分信任。

transmit /trænz'mit/ *vt*. 发射，传播，传送

【例句】I will transmit the money by special messenger.
我将专门派人送这笔钱。

admittedly /əd'mitidli/ *ad*. 公认地，无可否认地

【例句】Admittedly, he didn't know that at the time.
无可否认，他当时并不知道。

commit /kə'mit/ *vt*. 委托（托付）；犯罪；承担义务

例句 She committed herself to philanthropy.

她专心从事慈善事业。

commitment /kəˈmitmənt/ *n*. 委托，实行，承诺，保证

【例句】He made a commitment to pay the rent on time.

他保证按时付房租。

omit /əuˈmit/ *vt*. 省略，疏忽，遗漏

【例句】I have omitted all unnecessary details.

我把一切不必要的细节全都删除了。

给力短语

1. **admit of** 准许
2. **commit sth. to paper** 把某件事写下来

混淆词语辨析

admit/confess 都含“承认”的意思。

admit 通常指因外界压力、良心或判断而承认某事的存在或真实性，含“不情愿”之意；

confess 着重于承认自己的过错或罪恶，因此有“忏悔”、“坦白”的含意。

单词大考验

Q: As visiting scholars, they ________ willingly to the customs of the country they live in.

A. submit B. commit C. conform D. subject

答案：C

（作为访问学者，他们很乐意接受他们所居住国家的习俗。）

固定搭配 conform to “指遵从风俗习惯”。

A

affect /əˈfekt/ *v*. 影响；感染；感动

例句 The tax increases have affected us all.

加税已经影响到了我们所有的人。

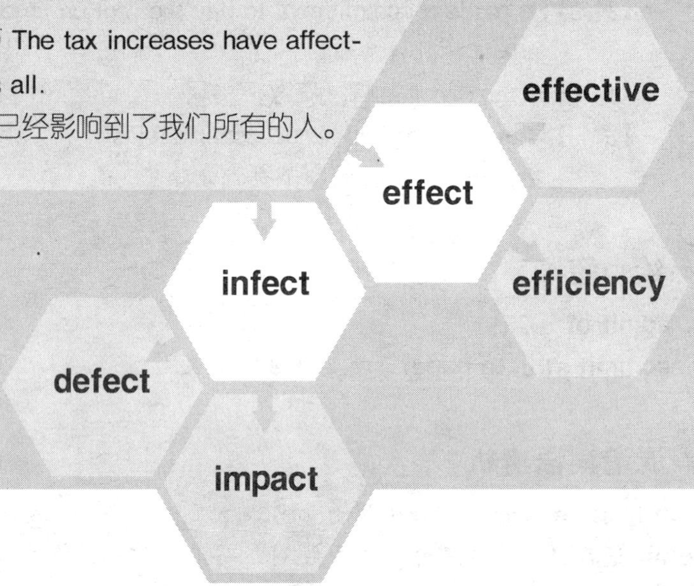

effective

effect

infect

efficiency

defect

impact

affect *v*. 影响；感染；感动

effect /iˈfekt/ *n*. 结果，影响，效果 *vt*. 实现，引起

例句 This had a great effect upon the future of you.

这对你将来的影响很大。

effective /iˈfektiv/ *a*. 有效的，有影响的

【例句】The book has a very effective closing chapter.

这本书的结尾一章给人印象极深。

efficiency /iˈfiʃənsi/ *n*. 效率；功效

【例句】These machines have increased our work efficiency many times.

这些机器使我们的工作效率提高了许多倍。

infect /inˈfekt/ *vt*. 传染，感染，影响

例句 Mary's high spirits infected all the girls in the class.

玛丽的兴致感染了全班的女孩。

defect /di'fekt/ *n*. 缺点

【例句】We must correct our defects as soon as possible.

我们必须尽快纠正我们的缺点。

impact /'impækt/ *v*. 对……发生影响 *n*. 影响，作用，冲击力

【例句】These costs will impact on our profitability.

这些费用会影响到我们的利润。

给力短语

1. **have an effect on** 对……有影响；对……起作用
2. **bring into effect** 实行，实施，使生效，实现
3. **in effect** 实际上
4. **take/give effect** 开始实行；开始生效
5. **be infected with** 感染，沾染上

混淆词语辨析

affect/effect/influence 都含“影响”的意思。

affect 指“产生的影响之大足以引起反应”，着重“影响”的动作，有时含有“对……产生不利影响”的意思；

effect 强调作用的结果或者是效果，常用作名词；

influence 指“通过说服、举例等对行动、思想、性格等产生潜移默化的影响”。

单词大考验

Q: Critics believe that the control of television by mass advertising has ________ the quality of the programs.

A. lessened　B. declined　C. affected　D. effected

答案：C

（评论家相信被大量的广告控制的电视已经影响了节目的质量。）选项AB都是“减少，下降”的意思，而C是“影响”，D是“产生，造成”。

A

agreeable /əˈgriəbl/ *a*. 愉快的；乐意的

例句 He was quite agreeable to accepting the plan.
他很乐意接受这项计划。

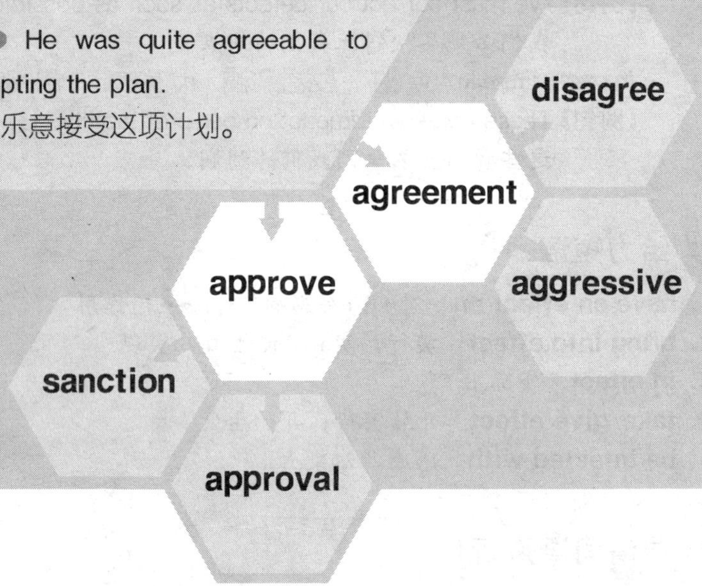

disagree

agreement

approve

aggressive

sanction

approval

agreeable *a*. 愉快的；乐意的

agreement /əˈgriːmənt/ *n*. 同意，一致，协议

例句 A signed agreement is not susceptible of change.
已签署的协议不可再改动。

disagree /ˌdisəˈgriː/ *vi*. 不一致，不同意

【例句】He likes to fight it out whenever others disagree with him.
当别人与他意见不一致时，他总喜欢争辩个明白。

aggressive /əˈgresiv/ *a*. 侵犯的，挑衅的

【例句】The dogs are trained to be aggressive.
这些狗被训练得具有攻击性。

approve /əˈpruːv/ *v*. 赞同，核准，证实

例句 I thought you would not approve of the plan.
我以为你会不同意这个计划。

sanction /ˈsæŋkʃən/ *n*. 批准，认同，同意

【例句】Official sanction has not yet been given.

尚未获得正式批准。

approval /əˈpruːvəl/ *n*. 批准，认可，同意

【例句】The new proposals have won the approval of the board. 新建议得到董事会的认可。

给力短语

1. **in agreement with** 符合……，(和) ……一致
2. **make an agreement with** 与……达成协议
3. **disagree with sb.** 不同意……的意见
4. **disagree on** 对……意见不一致
5. **give sanction to** 批准，同意
6. **approve of...** 赞成，赞同

混淆词语辨析

approval/sanction 含有“正式同意”或“支持”的意思。

approval 属常用词，表示“官方或正式批准”，用于上级对下级、长辈对晚辈；

sanction 比 **approval** 更正式，有时含“权威（机构）的批准”之意。

单词大考验

Q: In Africa, educational costs are very low for those who are ________ enough to get into universities.

A. ambitious　　B. fortunate

C. aggressive　　D. substantial

答案：B

（在非洲，对于那些有幸进入大学的人来说教育成本都是非常低的。）词义辨析。A“有雄心的，野心勃勃的”；B“幸运的”；C“侵略性的，好斗的”；D“大量的，实质的”。

A

alter /ˈɔːltə/ v. 改变，更改

例句 As times alter, men's affections change. 时过境迁。

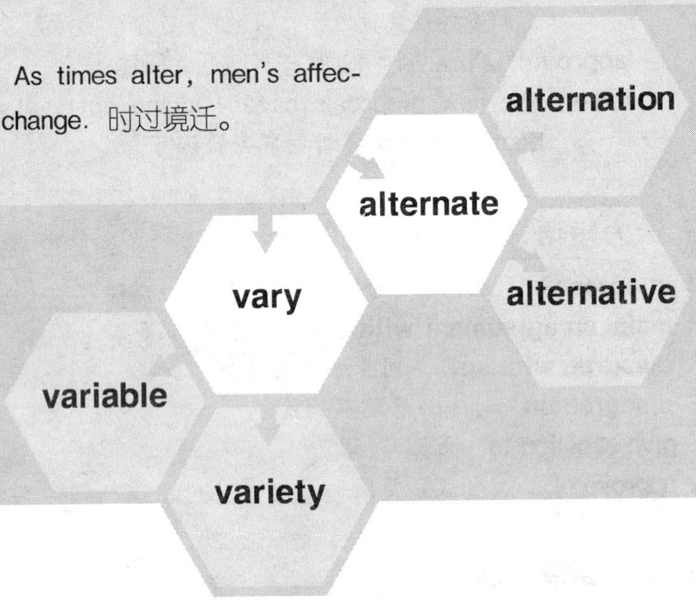

alternation

alternate

vary

alternative

variable

variety

alter v. 改变，更改

— **alternate** /ɔːlˈtəːnit/ a. 交替的，轮流的 v. 交替，轮流

例句 That was a week of alternate rain and sunshine.
那是晴雨天交替的一周。

alternation /ˌɔːltəːˈneiʃən/ n. 交替，轮流，间隔

【例句】There is an alternation of black and white stripes in that cloth. 那匹布黑白条纹相间。

alternative /ɔːlˈtəːnətiv/ a. 两者择一的 n. 选择，取舍

【例句】I have no alternative but to report you to the police.
除了向警方告发你以外，我是别无选择了。

— **vary** /ˈvɛəri/ vt. 使变化，改变 vi. 呈现不同

例句 Old people don't like to vary their habits.

老年人不喜欢改变他们的习惯。

variable /ˈvɛəriəbl/ *a*. 可变的，易变的

【例句】The variable weather is a great trial to me.

这种多变的天气真是让我受不了。

variety /vəˈraiəti/ *n*. 多样，种类，品种

【例句】There are different varieties of plants in the garden.

花园里有各种各样的植物。

给力短语

1. **vary with** 随……而变化
2. **vary from... to...** 在……到……之间变动
3. **alternate with** 与……交替
4. **alternate in doing sth.** 在做某事中轮流替换
5. **alternate between A and B** 在 A 和 B 之间交替

混淆词语辨析

change/alter/vary 都含“改变”的意思。

change 指“使改变得与原物完全不同”或“一种东西替换了另一种东西”；

alter 指“局部的、外表的变化，例如修改衣服或稿子等”；

vary 指“不规则或连续地改变”。

单词大考验

Q: The price of beer ________ from 50 cents to $4 per liter during the summer season.

A. altered B. ranged C. separated D. differed

答案：B

（啤酒的价格在夏季的时候是从每升50美分到4美元不等。）固定搭配 range from "在……范围内变化"。

A amaze /ə'meiz/ *vt*. 使吃惊

例句 It amazed us to hear that you were leaving.
听说你要走，我们都很吃惊。

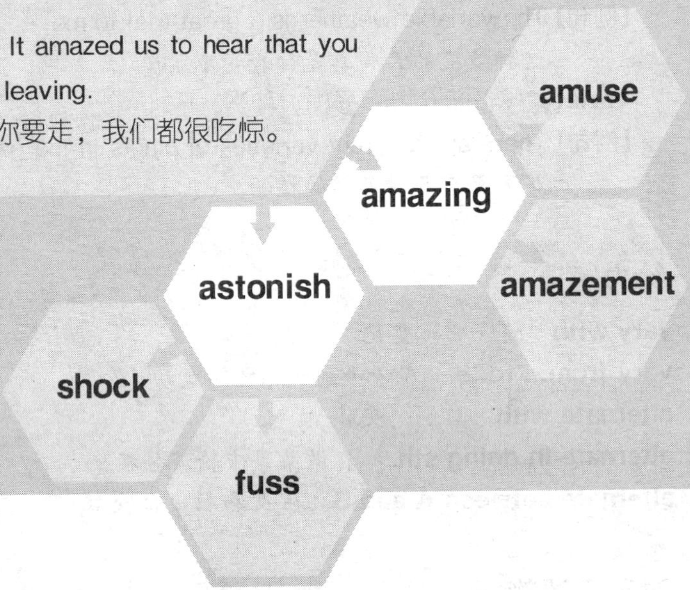

amaze *vt*. 使吃惊

amazing /ə'meiziŋ/ *a*. 令人惊异的

例句 The result of the story is amazing.
故事的结果让人感到惊异!

amuse /ə'mjuːz/ *vt*. 消遣，娱乐

【例句】His jokes amused the crying child.
他的笑话逗笑了那个正在哭闹的孩子。

amazement /ə'meizmənt/ *n*. 惊异，惊讶

【例句】To our amazement，the visiting team won.
令我们感到惊讶的是，客队居然赢了。

astonish /əs'tɔniʃ/ *v*. 使……惊讶

例句 The ending of the novel will astonish you.
小说的结局会让你大吃一惊。

shock /ʃɔk/ *v*. 使震惊 *n*. 震动；震惊，冲击

【例句】The shock of the explosion was felt far away.

爆炸引起的震动很远都能感觉到。

fuss /fʌs/ *vi*. 大题小作，为（小事）烦恼

【例句】Don't fuss too much over the children, they are too big now.

别为孩子的事过于烦恼，他们都大了。

给力短语

1. **be amused at/by/with...** 以……为乐；对……觉得有趣
2. **make a fuss of/over** 对……关怀备至
3. **be amazed at (by)** 对……大为惊奇
4. **be astonished at sth.** 对某事感到惊讶
5. **to one's astonishment** 令人惊讶的是

混淆词语辨析

amaze/astonish/surprise 含有"使……惊异"的意思。

amaze 强调"使惊异，困惑"间或还有"惊叹，佩服"的意思，是意义很强的词；

astonish 表示"使人大吃一惊"、"几乎无法使人相信"，但没有"惊叹"的意思；

surprise 语气比以上两个词来说比较弱，只表示"出乎意外地惊异"。

单词大考验

Q: I was so ________ in today's history lesson. I didn't understand a thing.

A. amazed B. neglected C. confused D. amused

答案：C

（今天的历史课我很迷糊，一点都没明白。）从题目的后半句就能判断出"我"对课程的不解。A"吃惊的"；B"忽略的"；C"困惑的"；D"快乐的"。

A amid /əˈmid/ *prep*. 在其间，在……中间

例句 This book was written amid many difficulties.
这本书是在困难重重中写成的。

mix
blend
mid
middle
midst

amid *prep*. 在其间，在……中间

— **blend** /blend/ *v*. 使混合，混杂；协调 *n*. 混合物

例句 This tie blends with your striped suit.
这条领带同你那套条纹衣服很匹配。

mix /miks/ *n*. 混合物，混乱 *v*. 混合，弄混

【例句】You can mix blue and yellow paint to make green one. 你可以把蓝色和黄色的油漆混合为绿色油漆！

middle /ˈmidl/ *a*. 中等的，中间的 *n*. 中间

【例句】It's best to slice into a rich cake from the middle.
最好把甜美的蛋糕从中间切开。

— **mid** /mid/ *v*. 中间的，中央的，中部的

例句 It was a cold mid winter night.

那是一个寒冷的、隆冬的夜晚。

midst /midst/ *n*. 正中，中央

【例句】He fought bravely in the midst of the battle.

他在那次战斗中奋勇作战。

给力短语

1. **blend in/with** 混合；溶合
2. **mix up** 混合，掺合
3. **mingle with** 与……混合；与……交融，与……混在一起

混淆词语辨析

mix/blend/mingle 都含“混合”的意思。

mix 指“两种或两种以上东西混在一起成混合物，其中各成分混得很均匀，很难分开；

blend 指将一种东西一点点地溶于另一种中，成为所需求的混合物，侧重“整体的统一性”；

mingle 指“把东西混合在一起，但各成分还能区别出来”。

单词大考验

Q: She put the flour eggs into a bowl and ________ them.

A. blend　　B. mixed　　C. mingle　　D. compound

答案：B

（她把面粉、鸡蛋放入碗里掺和起来。）几个选项都有“混合”的意思，本题属于过去式，只有 mix 符合。

A

appear /əˈpiə/ *vi*. 出现，显得，发生

例句 In my opinion, such chance won't appear again. 在我看来这样的机会恐怕永远不会再来。

transparent

apparent

submerge

appearance

emergence

merge

appear *vi*. 出现，显得，发生

apparent /əˈpærənt/ *a*. 明显的，表面上的

例句 The apparent truth was really a lie.
表面上看似实话，实际上是个谎言。

transparent /trænsˈperənt/ *a*. 透明的，显而易见的

【例句】 The meaning of this passage seems quite transparent. 这一段的意思看来是相当清楚的。

appearance /əˈpiərəns/ *n*. 外貌，外表；出现

【例句】 She has made several television appearances recently. 她最近参加一些电视演出。

submerge /səbˈməːdʒ/ *v*. 淹没，潜入水中

例句 The submarine can submerge very quickly.

潜艇能非常迅速地潜入水中。

emergence /iˈməːdʒəns/ *n*. 出现

【例句】The last decade saw the emergence of a dynamic economy. 最近 10 年见证了动态经济的出现。

merge /məːdʒ/ *v*. 合并，消失，吞没

【例句】The big company merged various small businesses. 那家大公司兼并了多家小商号。

给力短语

1. **It appears to me that...** 据我看来，我觉得
2. **It was apparent that ...** 很明显……
3. **emerge from** 从……出现/浮现
4. **occur to** 想起，想到
5. **merge into** 并入
6. **merge with** 与……合并

混淆词语辨析

evident/obvious/apparent 都含“明显的”的意思。

evident 多用于推理及抽象的事，指“明显的”；

obvious 指“容易知道或发现、无须解释或证明的”；

apparent 含“一目了然的”的意思，还可指“思想上容易理解的”。

单词大考验

Q: A peculiarly pointed chin is his most memorable facial ______.

A. mark B. feature C. trace D. appearance

答案：B

（下巴特别尖是他最令人难忘的面部特征。）词汇辨析题。mark 意为“记号、标记、痕迹”等；feature 意为“特征、特色、面貌”等；trace 意为“痕迹”等；appearance 意为“外表、外观”等。

A

apply /əˈplai/ *v*. 应用，申请；使适用，涂，敷

例句 This rule can not be applied to every case. 这条规则并不是在每种情况下都能适用的。

reply
imply
appliance
comply
implement
instrument

apply *v*. 应用，申请；使适用，涂，敷

imply /imˈplai/ *vt*. 暗示，意味着

例句 Silence sometimes implies consent.
沉默有时暗指同意。

reply /riˈplai/ *v*. /*n*. 回答，答复

【例句】They did not reply to our new proposal.
他们对我们的新建议没有作出答复。

comply /kəmˈplai/ *vi*. 顺从，答应

【例句】We comply with all fire safety rules.
我们遵守有关消防安全的全部条例。

appliance /əˈplaiəns/ *n*. 器具，器械，装置

例句 The kitchen is equipped with modern appliances.
这间厨房里安装了现代化设备。

implement /ˈimplimənt/ *n*. 工具，器具　*vt*. 贯彻，实现

【例句】The board's decision will be implemented immediately.
董事会的决定将立即执行。

instrument /ˈinstrumənt/ *n*. 工具，手段，器械，器具，手段

【例句】Language is an instrument for communication.
语言是交流的手段。

给力短语

1. **be implied in** 在……中暗示出来
2. **comply with** 同意，答应；遵守
3. **be applied to** 适用于，应用于
4. **apply oneself to** 致力于
5. **apply for** 申请；请求

混淆词语辨析

instrument/ device/ implement/ appliance/ facilities 均有"仪器、设备、器械、器具"之意。

instrument 通常指能使人们完成某一精确动作或测量的一种小型仪器，尤指电工仪表、测量装置、航海或航空用的控制装置；

device 多指为某一特殊用途或解决某一特定机械问题而设计或改装的精巧仪器或装置；

implement 原指史前人类所用的工具，现在多指农用工具，也可指为实现某个任务所需的工具或器具；

appliance 侧重指家用机器或设备，尤指家用电器；

facilities 常用复数形式，指可供使用的设备或设施。

单词大考验

Q: This article ________ more attention to the problem of cultural interference in foreign language teaching and learning.

A. cares for　　B. applies for
C. allows for　　D. calls for

答案：D

（这篇文章要求更多地注意外语教与学中的文化因素的影响。）动词短语辨析。care for "关心，在乎"；apply for "申请"；allow for "在计算、估算、考虑时算在内"；call for "要求，呼吁"。

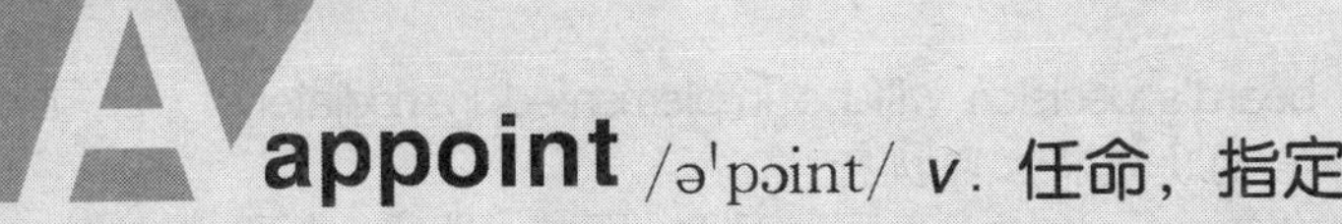

appoint /əˈpɔint/ v. 任命，指定

例句 He appointed the schoolhouse as the place for the meeting.
他指定校舍为开会地点。

assignment

assign

disappoint

resign

disappointment

appointment

appoint *v*. 任命，指定

assign /əˈsain/ *vt*. **分配，指派**

例句 He assigned the students a few books to read.
他给学生指定了几本书要他们读。

assignment /əˈsaimənt/ *n*. 分配，功课；（分派的）任务

【例句】He is responsible for the assignment of jobs.
他负责分派工作。

resign /riˈzain/ *vt*. 辞职，放弃，使顺从

【例句】They refused to resign themselves to defeat.
他们从不甘心失败。

disappoint /ˌdisəˈpɔint/ *vt*. **使……失望**

例句 He was disappointed that other guests were not coming. 其他客人没有来，他感到失望。

disappointment /ˌdisəˈpɔintmənt/ *n*. 失望，沮丧

【例句】These children are prepared for the disappointments as well as the joys of life.
这些孩子不仅准备享受生活的乐趣，而且也准备经受生活中的失意。

appointment /əˈpɔintmənt/ *n*. 约会，预约

【例句】They made the appointment of Peter as chairman of the union. 他们任命彼得为工会主席。

给力短语

1. **assign to** 分派；（把财产、权利等）让与
2. **resign oneself to** 使听从于，顺从
3. **appoint for** 指定；约定
4. **be disappointed in / with ...** 因为……而失望
5. **make an appointment with sb.** 与某人约会

混淆词语辨析

appoint/ designate/ assign 都含“任命，委派”的意思。

appoint 多指由官方或正式负有职责的人进行的任命，后跟职位一类的名词；

designate 是书面用语，侧重当权者或机构的选拔或任命，有时含强行指定的意味；

assign 的含义主要不在于挑选某人完成某项任务，其主要在于将某项任务指派给某人去完成，后面多为具体的工作。

单词大考验

Q: Niagara Falls is a great tourist ________, drawing millions of visitors every year.

A. attention　　B. attraction

C. appointment　　D. arrangement

答案：B

（尼亚加拉瀑布是一个大的旅游景点，每年要吸引上百万的人。）名词词义辨析。A“注意”；B“吸引人的事物或人”；C“约会”；D“安排”。

A argue /ˈɑːgjuː/ *vt*. 讨论（议论）

例句 I argued with her for a long time, but she refused to listen to reason. 我和她辩论了好久，但她就是不听。

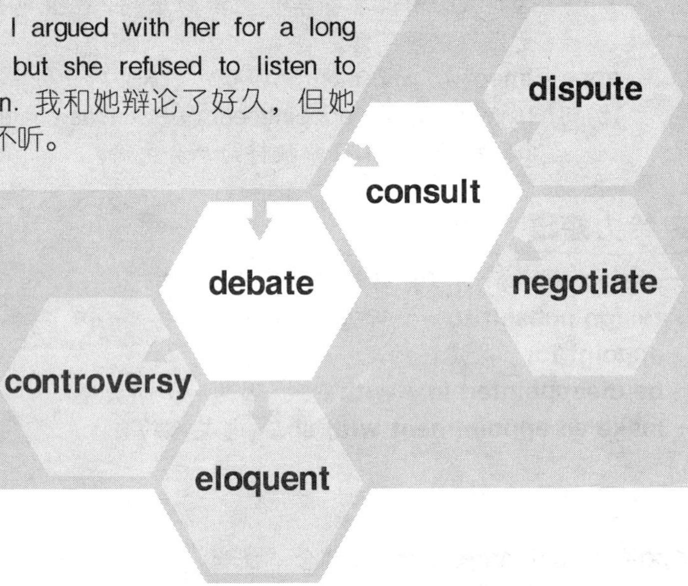

dispute
consult
debate
negotiate
controversy
eloquent

argue *vt*. 讨论（议论）

consult /kənˈsʌlt/ *vt*. **商讨，请教，商量**

例句 They consulted long, but could not decide.
他们磋商了很久，但是不能做出决定。

dispute /disˈpjuːt/ *n*. / *v*. 争论，争端

【例句】They were disputing whether they should start at once. 他们在讨论是否应立即开始。

negotiate /niˈgəuʃieit/ *v*. 商议，谈判，交涉

【例句】We've decided to negotiate a loan with them.
我们决定和他们商定贷款之事。

debate /diˈbeit/ *n*. **辩论，讨论** *v*. **辩论**

例句 We're just debating what to do next.
我们正在讨论下一步该做什么事。

controversy /ˈkɔntrəvəːsi/ *n*. 争论，争议

【例句】There was a huge controversy over the plans for the new school. 对建造新学校的计划争议极大。

eloquent /ˈeləkwənt/ *a*. 雄辩的，有说服力的

【例句】The speaker made an eloquent appeal for human rights. 该发言人就人权问题发出了强有力的呼吁。

给力短语

1. **argue about/on sth.** 争论某事
2. **argue for** 赞成，支持
3. **in dispute** 在争论中
4. **in dispute with** 与……争论
5. **debate ... with sb.** 与某人争论
6. **consult with** 与……协商

混淆词语辨析

argue/debate/ discuss/dispute 都含“辩论”的意思。

argue 是指意见不和引发争吵，强调用自己的观点说服别人；

debate 围绕一个议题展开公开的、正式的辩论；

discuss 是为寻求真理或圆满解决问题而友好地商讨；

dispute 指“激烈争辩，长时间的争吵”，多指官方的、组织或团体之间的。

单词大考验

Q: Remember that customers don't ________ about prices in that city.

A. debate B. consult C. dispute D. bargain

答案：D

（请记住在那个城市顾客买东西不讨价还价。）本题为词义辨析题。A“争论，辩论”；B“咨询，商量”；C“争论，争执，侧重因为发生分歧而争辩”；D“讨价还价”。

A

arise /ə'raiz/ *vi*. 站立，出现

例句 During the night a great storm has arisen. 夜里来了一场暴风雨。

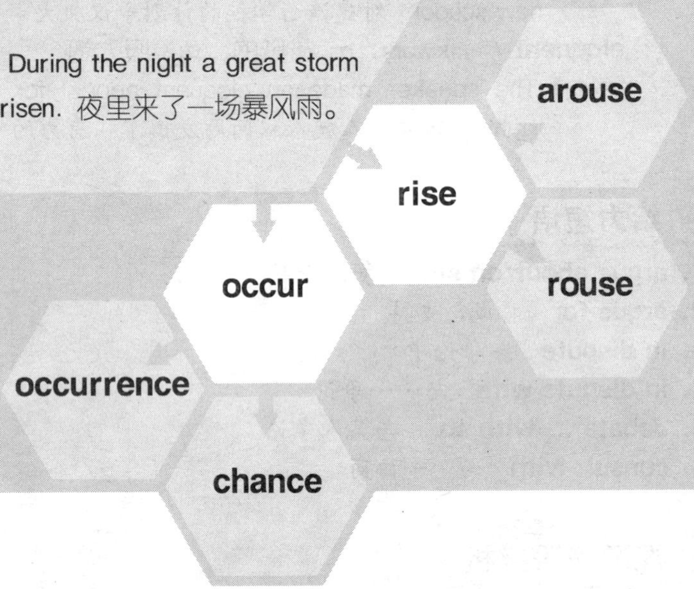

arouse

rise

rouse

occur

occurrence

chance

arise *vi*. 站立，出现

rise /raiz/ *n*. 上升，增加 *vi*. 升起，起身，上升，升起

例句 Prices have risen steadily in the last year.
去年物价一直在上涨。

arouse /ə'rauz/ *vt*. 唤醒，鼓励，引起

【例句】We must arouse them to fight with enemies.
我们必须唤起他们同敌人斗争。

rouse /rauz/ *v*. 唤醒，鼓舞，激动

【例句】I usually rouse at six in the morning.
我通常在早晨6点醒来。

occur /ə'kəː/ *vi*. 存在，发生；被发现，被想起

例句 The word "gratitude" did not occur in his words.
"感激"两字在他的话中是见不到的。

occurrence /ə'kʌrəns/ *n*. 发生，出现，事件

【例句】The occurrence of storms delayed our trip.
暴风雨延误了我们的旅行。

chance /tʃɑːns/ *n*. 机会，意外 *vi*. 偶然发生，试试看
【例句】We have a good chance of winning the game.
我们很可能赢得这场比赛。

给力短语

1. **arise from** 由……而引起，由……而产生
2. **rise up** 起义；上升
3. **on the rise** 在上涨
4. **give rise to** 引起；使发生
5. **arouse sb. from** 唤醒某人
6. **take a chance** 冒一冒险，碰碰运气
7. **by chance** 偶然，意外地
8. **by any chance** 万一，碰巧

混淆词语辨析

happen/chance/occur/take place 都含“发生”的意思。
happen 为常用词语，指“一切客观事物或情况偶然或未能预见地发生”；
chance 指“偶然发生”、“碰巧”；
occur 属于正式用语，指“按计划使某事发生”，通常所指的时间和事件都比较确定；
take place 指“发生事先计划或预想到的事情”。

单词大考验

Q: Our hopes ________ and fell in the same instant.
A. arose B. raised C. rose D. aroused

答案：C
（在同一刻，我们的希望上升又下降。）近义词形近词辨析。arose 的原形是 arise，“出现、发生、上升（主语为具体名词）”；raised 原形是 raise，“举起、提起”；rose 原形是 rise，“升起、上升（主语可为具体名词或抽象名词）”；aroused 原形是 arouse，“唤醒某人，激起”。

A

A

arrange /ə'reindʒ/ v. 安排，筹划；整理，布置

例句 He began to arrange the flowers in the vase.
他开始把花瓶内的花摆好。

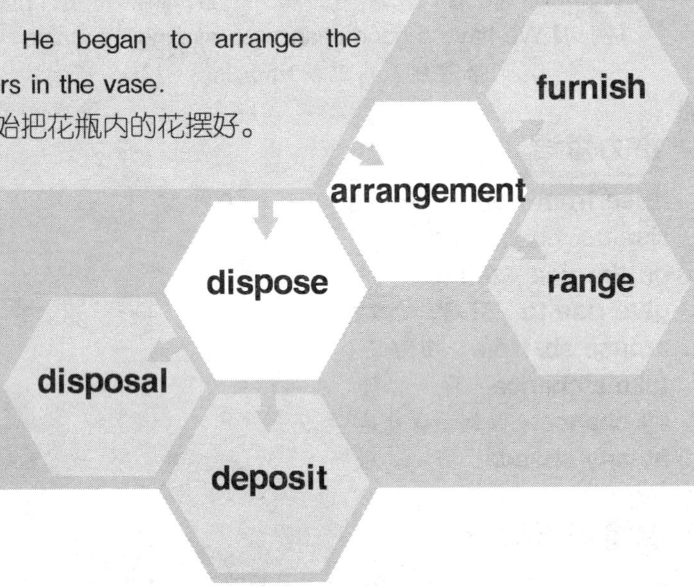

furnish

arrangement

dispose

range

disposal

deposit

arrange v. 安排，筹划；整理，布置

arrangement /ə'reindʒmənt/ n. 安排

例句 We have already made arrangements for our vacation. 我们已经为假期作了安排。

furnish /'fəːniʃ/ vt. 供给，提供，装备

【例句】That shop furnishes everything that is needed for camping. 那家店铺供应野营所需的一切。

range /reindʒ/ n. 一系列，范围 v. 排列，归类

【例句】Several cars are available within this price range.
在这个价格范围内，有好几种汽车可供选购。

dispose /dis'pəuz/ v. 处理，处置，安排

例句 He was forced to dispose of his art treasures.
他被迫处理（舍弃）掉自己的艺术珍藏。

disposal /dis'pəuzəl/ n. 处理，销毁，布置

【例句】You had better discuss with her the disposal of the furniture. 你最好和她讨论一下如何布置家具。

deposit /di'pɔzit/ *n*. 存款；定金；堆积物 *v*. 存放，使沉淀

【例句】She deposited her money in the bank.
她把钱存在银行里。

给力短语

1. **dispose of** 解决，处理，安排
2. **dispose sb. for sth.** / **dispose sb. to do sth.** 使某人倾向于做某事
3. **at sb.'s disposal** 任某人处理，供某人使用
4. **make arrangement with** 与(某人)商定或约好，(和某人)达成协议
5. **furnish sb. with sth.** 供给某人某物
6. **arrange with sb. about sth.** 与某人商定某事

混淆词语辨析

save/ deposit 都含有“储蓄”的意思。
save 是指通过节省逐步地进行储蓄，目的通常是购买某物或支付费用；
deposit 是把钱存入银行以保证安全及其价值。
range/ scope 都含有“范围”的意思。
range 指“运用心、眼、机器、力量等所能概括的整个范围”，如：**the range of his knowledge** 他的知识面；
scope 指“活动、影响等的范围”，特指“了解、见解、适用性以外的范围”，如：**It is within my scope.** 那是在我的范围之内。

单词大考验

Q: After the guests left, she spent half an hour ________ the sitting-room.

A. ordering　　B. arranging
C. tidying up　　D. clearing away

答案：C
(客人离开后，他花了半个小时整理客厅。)词义辨析。A“命令，定货，点菜”；B“安排，筹备”；C“整理”；D“把……清除掉，消失”。

A aspect /ˈæpekt/ *n*. 方面，方向，外貌

例句 The training program covers every aspect of the job. 训练计划涵盖了这项工作的各个方面。

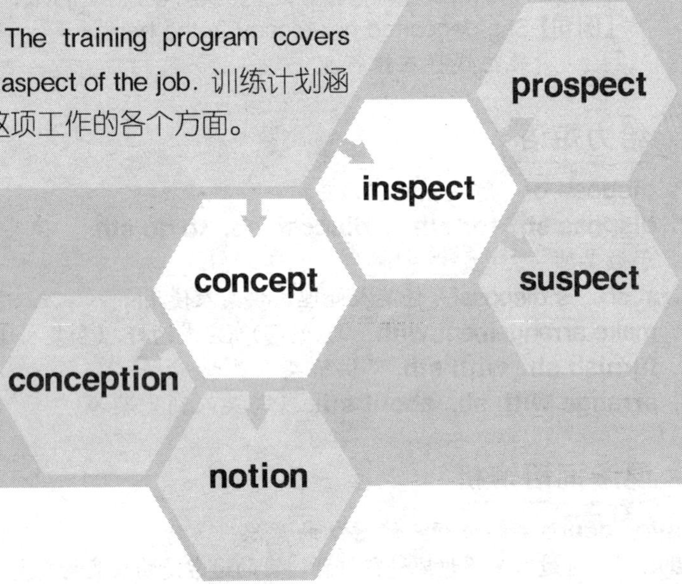

aspect *n*. 方面，方向，外貌

inspect /inˈspekt/ *vt*. 检查，视察，检阅

例句 The mayor will inspect our school tomorrow.

市长明天要来视察我们学校。

prospect /ˈprɔspekt/ *n*. 景色，希望，展望

【例句】John is in high spirits at the prospects.

约翰对前景充满希望。

suspect /səsˈpekt/ *vt*. 怀疑，推测 *n*. 嫌疑犯 *a*. 可疑的

【例句】I suspect (that) you once thought otherwise.

我觉得你一度有过不同的想法。

concept /ˈkɔnsept/ *n*. 概念，观念

例句 He presented a new concept of the beginning of the

universe. 他提出了一种宇宙起源的新概念。

conception /kən'sepʃən/ *n*. 观念，概念

【例句】He's got a pretty strange conception of friendship.

他对友谊有一种非常独特的见解。

notion /'nəuʃən/ *n*. 观念，想法，主张

【例句】He has no notion of risking his money .

他不打算拿他的钱去冒险。

给力短语

1. **suspect sb. of (doing) sth.** 怀疑某人干某事
2. **have no notion of** 不明白，完全不懂

混淆词语辨析

idea/concept/thought/notion 均有“思想、观点、观念”之意。

idea 最普通常用词，几乎适用于任何方面的思维活动；

concept 指从众多实例中通过概括、归纳而形成的对事物本质、全貌及其内部联系的概念或看法；

thought 指以推理、思考等智力活动为基础的心理思维活动及其结果；

notion 指的是一种模糊的、变化莫测的想法，无可靠的基础、未经深思熟虑的观点。

单词大考验

Q: My mom ________ that I am not telling her truth.

A. expand B. suspect C. imitate D. inspect

答案：B

（我妈妈怀疑我说的不是真话）。A“扩大，展开”，B“怀疑”，C“模仿”，D“检查”，根据句意，选择B。

A aspire /əsˈpaiə/ v. 渴望，追求

例句 The fame to which he aspires was beyond his reach. 他追求的名誉是他所不能及的。

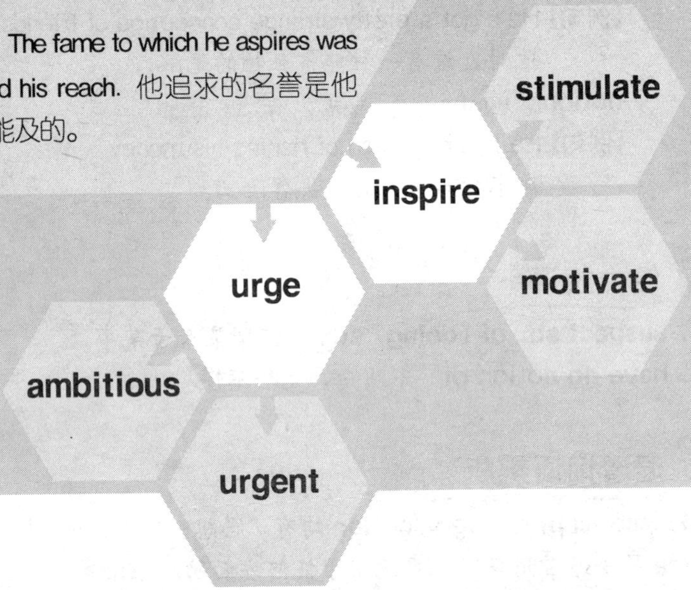

stimulate

inspire

urge

motivate

ambitious

urgent

aspire v. 渴望，追求

— **inspire** /inˈspaiə/ vt. 使……感动，激发，启示

例句 I hope this success will inspire you to greater efforts.
希望这次成功能激励你更加努力。

stimulate /ˈstimjuleit/ vt. 刺激，激励，鼓舞

【例句】They stimulated me to make greater efforts.
他们鼓励我要做出更大的努力。

motivate /ˈməutiveit/ v. 给与动机，激励

【例句】Examinations can motivate a student to seek more knowledge. 考试能够促使学生寻求更多知识。

— **urge** /əːdʒ/ vt. 力劝；鼓励；促使

例句 She urges me to take steps in the matter at once.

她催促我要马上处理此事。

ambitious /æmˈbiʃəs/ *a*. 热望的，有雄心的，有抱负的

【例句】Only ambitious students get the best marks.

有抱负的学生才能取得最好的成绩。

urgent /ˈəːdʒənt/ *a*. 急迫的，紧要的，紧急的

【例句】These people are in urgent need of relief.

这些人急需救济。

给力短语

1. **inspire sth. in sb.** 激发某人的某种感情
2. **inspire sth. into sb.** 把某种思想灌输给某人
3. **aspire to/after...** 追求
4. **urge sb. to do sth.** 力劝某人做某事

混淆词语辨析

encourage/ inspire/ motivate/stimulate 都有“鼓励、刺激”的意思。

encourage 含有“使增强勇气或给予希望”的意味；

inspire 常常带有“启迪，启发”的意思；

motivate 强调激起动机去做某事；

stimulate 强调刺激反应的结果。

单词大考验

Q: Don't worry, I'll ________ to find someone to work out a better plan.

A. manage B. able C. hesitate D. inspire

答案：A

（别着急，我会设法找到一个能制定出完美计划的人。）

A“设法完成某事”，B“有可能……”，C“踌躇，犹豫”，D“激发，鼓励”。

A assist /ə'sist/ v. 协助，帮助，援助

例句 He asked us to assist him in carrying through his plan. 他请求我们帮助他完成他的计划。

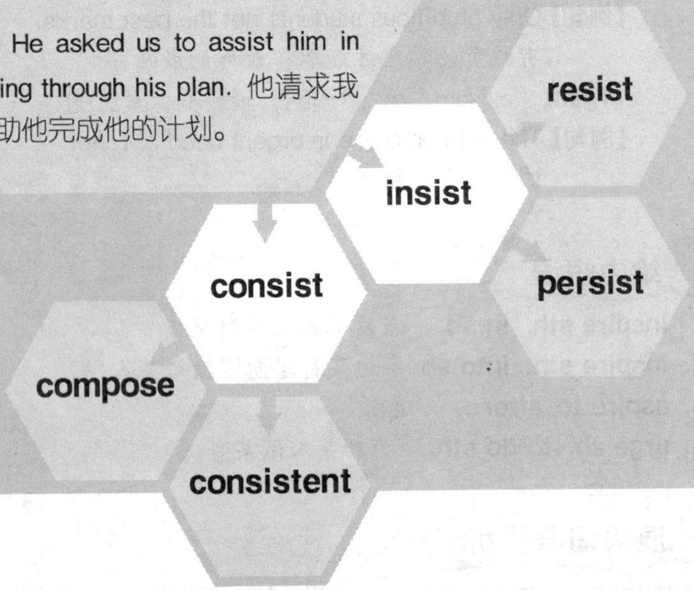

resist

insist

consist

persist

compose

consistent

assist v. 协助，帮助，援助

insist /in'sist/ v. 坚持；坚决宣称，坚持要求

例句 You must insist on everything being done on the square. 你们必须坚持开诚布公地办每件事情。

resist /ri'zist/ v. 抵抗，耐得住，忍住

【例句】I couldn't resist telling him the secret.
我忍不住把那个秘密告诉了他。

persist /pə(:)'sist/ vt. 坚持（坚决）

【例句】The bad weather will persist all over the country.
这种坏天气将在全国各地持续下去。

consist /kən'sist/ vt. 组成，存在，符合

例句 Health does not consist with intemperance.
健康和饮酒无度是不能并存的。

compose /kəm'pəuz/ *vt*. 组成，构成，作曲

【例句】Water is composed of hydrogen and oxygen.

水是由氢和氧组成的。

consistent /kən'sistənt/ *a*. 始终如一的，一致的，坚持的

【例句】What you say is not consistent with what you do.

你言行不一致。

A

给力短语

1. **assist sb. with sth.** / **assist sb. to do sth.** / **assist sb. in doing sth.** 帮助某人做某事
2. **insist on** 坚持；坚决主张
3. **persist in doing sth.** 坚持做某事
4. **consist of** 组成，构成，包括
5. **consist with** 一致，符合
6. **be composed of** 由……组成

混淆词语辨析

persist/ **last**/ **continue** 都有"持续"的意思。

persist 强调超过了指定的或正常的时间；

last 强调存在的时间相当长，超过正常的或所期望的时间；

continue 多指过程，强调持续而无终止，常含不间断之意。

单词大考验

Q: Things might have been much worse if the mother ________ on her right to keep the baby.

A. has been insisting　　B. had insisted

C. would insis　　D. insisted

答案：B

（如果母亲当时坚持她监护那个婴儿的权利，情况可能会变得更糟。）虚拟语气。考点为虚拟语气，跟过去事实相反。

A

assume /ə'sjuːm/ *vt*. 假定，设想，承担

例句 We can't assume anything in this case. 在这种情况下我们不可能做出假设。

presume

suppose

resume

speculate

assumption

consume

assume *vt*. 假定，设想，承担

suppose /sə'pəuz/ *vt*. 推想，假设，以为，认为

例句 I should suppose him to be about twenty.

我猜他是二十岁左右。

presume /pri'zjuːm/ *vt*. 假定，推测

【例句】I presume you will approve of the plan.

我相信你会支持这个计划。

speculate /'spekjuˌleit/ *vt*. 深思，推测　*vi*. 投机

【例句】He speculated that he would succeed.

他推测他将成功。

resume /ri'zjuːm/ *v*. 再继续，重新开始　*n*. 简历

例句 He resumed his former position with the company.

他又恢复了在公司的职位。

assumption /əˈsʌmpʃən/ *n*. 假定，设想

【例句】We mistook assumption that the price would fall.

我们错误地认为价格会下降。

consume /kənˈsjuːm/ *vt*. 消耗，消费；毁灭；消磨

【例句】She consumed most of her time in reading.

她把大部分时间都花在读书上。

给力短语

1. **speculate on/upon** 思考；推测
2. **consume... on sth. / consume in（doing）sth.** 消耗在……上
3. **be supposed to（do）** 本应该……
4. **suppose ＋名词/代词＋动词不定式** 猜想某人做某事
5. **consist with** 一致，符合
6. **be composed of** 由……组成

混淆词语辨析

assume/ suppose 都有“假设”的意思。

assume 有很少依据或完全没有根据地进行假设，常表达主观推测；

suppose 最常用，表示根据一些现象进行推测，也可以表示提出合乎逻辑的假设。

单词大考验

Q: I didn't ________ to take a taxi but I had to as I was late.

A. mean　　B. assume　　C. hope　　D. suppose

答案：A

（我本不打算打车，但由于迟到了，我不得不打。）mean to是“打算、计划做某事”的意思，符合句意。B“假设”；C“希望”；D“猜想、料想、假定”。

A assure /ə'ʃuə/ *vt*. 保证，确保，担保

例句 We assured our clients of an enjoyable holiday. 我们使游客确信能过一个愉快的假期。

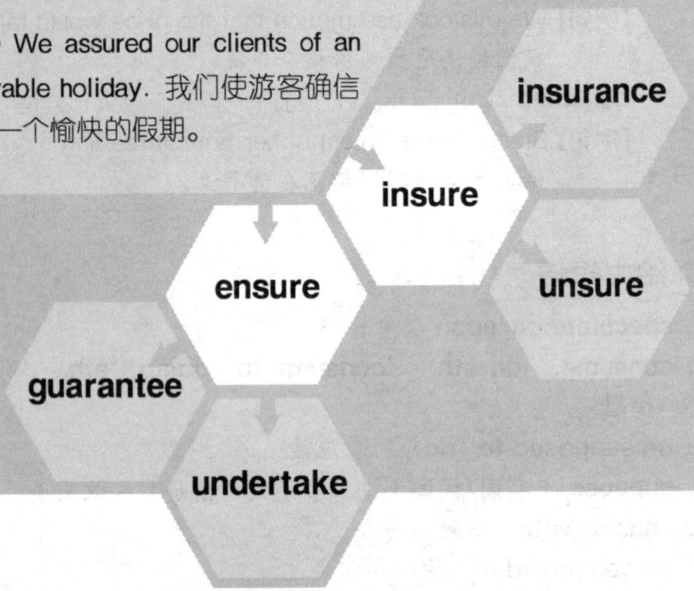

insurance

insure

ensure

unsure

guarantee

undertake

assure *vt*. 保证，确保，担保

— **insure** /in'ʃuə/ *vt*. **保险，确保，投保……险**

例句 An insurance company will insure your life.
保险公司可以给你保寿险。

insurance /in'ʃuərəns/ *n*. 保险

【例句】He pays out insurance every year.
他每年付保险费。

unsure /'ʌn'ʃuə/ *a*. 缺乏信心的，无把握的

【例句】He is unsure of himself.
他对自己没有信心。

— **ensure** /in'ʃuə/ *vt*. **确定，保证，担保**

例句 I can't ensure that he will be there on time.

我不能担保他会及时到那儿。

guarantee /ˌɡærən'tiː/ *vt*. /*n*. 保证，担保

【例句】You have my guarantee that I'll finish the job on time.

我向你保证按时完成工作。

undertake /ˌʌndə'teik/ *vt*. 从事，保证，承担

【例句】He undertook to finish the job by Friday.

他答应星期五之前完成这项工作。

给力短语

1. **assure sb. that / assure sb. of sth.** 向……保证
2. **ensure that** 确保某事一定发生
3. **insure one's safety** 确保某人的安全

混淆词语辨析

assure/ ensure/ guarantee 都有"保证，确保"的意思。

assure 指的是某人保证某事一定会发生或者一定是正确的以使他们不那么担忧；

ensure 是指确保某事一定会发生；

guarantee 是对物品或服务项目的质量、交货、完成等进行保证。

单词大考验

Q: The Car Club couldn't ________ to meet the demands of all its members.

A. assume B. ensure C. guarantee D. confirm

答案：C

（轿车俱乐部不能保证满足所有会员的要求。）动词近义词辨析。C 多指对物的质量和人的行为"提出担保"；而B和A则是"向……保证"的意思；D "证实"。

A

attain /ə'tein/ *v*. 达到，获得

例句 The important thing in life is to have a great aim, and the determination to attain it. 人生最重要的事情就是有一个伟大的目标，并且有决心去达到这个目标。

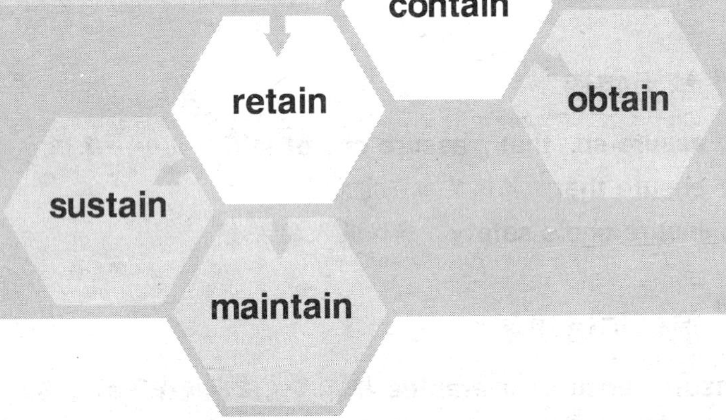

entertain

contain

retain

obtain

sustain

maintain

attain *v*. 达到，获得

contain /kən'tein/ *vt*. 包含，容纳；容忍

例句 Whisky contains a large percentage of alcohol.

威士忌的酒精含量极高。

entertain /ˌentə'tein/ *v*. 娱乐，招待、

【例句】You should learn how to entertain yourself and enjoy your life.

你应该学会如何娱乐自己，享受你的生活。

obtain /əb'tein/ *vt*. 获得，得到

【例句】They obtained a loan from the government.

他们从政府那里得到一笔贷款。

retain /ri'tein/ *vt*. 保持，保留

例句 She retains a clear memory of her school days.

她对自己的学生时代有着清晰的记忆。

sustain /səs'tein/ *vt*. 承受，支持，经受，维持

【例句】During the war, we had just enough food to sustain our lives. 战争期间，我们的食物仅够维持生活。

maintain /men'tein/ *vt*. 维持，维修，保养，坚持

【例句】She maintains that the accusation is groundless. 她坚持该指控是毫无根据的。

给力短语

1. **attain to**　达到
2. **entertain oneself with sth.**　以……为自娱

混淆词语辨析

contain/hold/ accommodate 都含“包含”、“容纳”的意思。

contain 包含，容纳。指不同的事物容纳在一个容器里，但不必将所包含的内容一一罗列；

hold 包含，装得下。指有能力容纳或盛装；

accommodate 指“舒适地容纳”，“接纳”（常指酒店）。

maintain/ sustain 都有“保持”的意思。

maintain 是指某种情况或状态，给予所需要的力量，以防止力量、价值等有所损失；

sustain 指把注意力集中，长期保持或维持不衰。

单词大考验

Q: When you ________ my age, you'll understand what I mean.

A. attain　B. achieve　C. acquire　D. obtain

答案：A

（当你到我这个年纪的时候，你就会明白我说的意思了。）

A“到达，实现”；B“完成”；C“获取”；D“获得”。根据句意，A最符合。

attribute /ə'tribju(:)t/ *n*. 属性，特征 *vt*. 把……归因于……

例句 I attribute my success to my mother. 我把我的成功归因于我的母亲。

subscribe

ascribe

contribute

describe

devote

distribute

attribute *n*. 属性，特征 *vt*. 把……归因于……

ascribe /əs'kraib/ *vt*. 把……归于

例句 He ascribed his failure to lacking enough exercise.
他把他的失败归因于缺乏足够的练习。

subscribe /səb'skraib/ *v*. 订阅，捐款，签署，赞成

【例句】I subscribe to your opinion.
我赞同你的观点。

describe /dis'kraib/ *v*. 描写，记述，形容

【例句】They described me to be a mysterious person.
他们把我描绘成一个神秘的人。

contribute /kən'tribjuːt/ *v*. 捐助，投稿，贡献

例句 She regularly contributes to the college magazine.
她定期给校刊投稿。

devote /di'vəut/ *vt*. 投入于，奉献

【例句】He devoted all his time to his job.
他把他的全部时间都用在工作上了。

distribute /dis'tribju(:)t/ *vt*. 分配，散布，散播

【例句】During the war, all foods were distributed in a planned way. 在战争中，所有的食品都按计划分配。

给力短语

1. **ascribe to** 归功于；认为是……的作品
2. **subscribe for** 预订，订阅；捐款，捐助
3. **contribute to** 贡献，捐助……
4. **attribute sth. to** 把某事物归功于
5. **devote to** 把……献给；把……专用于
6. **devote oneself to** 致力于，献身于；专心于

混淆词语辨析

attribute/ **ascribe** 均有“把……归于”之意。

attribute 出于相信而把……归于某人或某物，含较多的客观性；

ascribe 根据推论或猜想把……归于某人或某物，主观臆断成分较重。

单词大考验

Q: Eating too much fat can ________ heart disease and cause high blood pressure.

A. attribute to　　B. attend to

C. contribute to　　D. devote to

答案：C

（摄入太多脂肪会促发高血压、心脏病。）动词短语辨析。contribute to“导致，有助于”；attribute“把原因归咎为……”，常与 to 连用；attend to“致力于，专心于”；devote to“将……奉献给”。

A

aware /əˈwɛə/ *a*. 知道的，意识到的

例句 We were quite aware of how you would respond to our terms. 我们十分清楚你们对我们提出的条件会有什么反应。

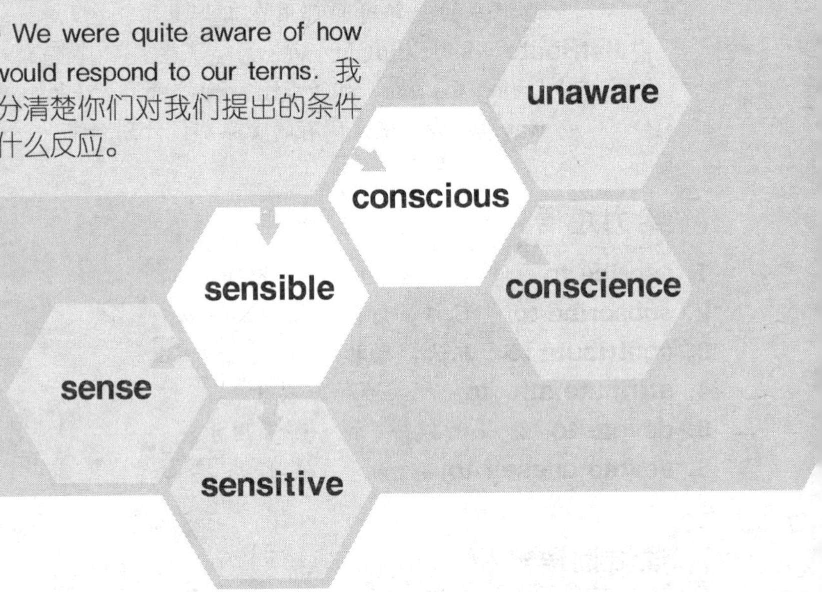

unaware

conscious

conscience

sensible

sense

sensitive

aware *a*. 知道的，意识到的

conscious /ˈkɔnʃəs/ *a*. 神志清醒的，意识到的，有意的

例句 I was not conscious of having made a mistake.
我没意识到犯了错误。

unaware /ˈʌnəˈwɛə/ *a*. 没察觉的

【例句】I was unaware of the man's presence.
我没有察觉到那人在场。

conscience /ˈkɔnʃəns/ *n*. 道德心，良心

【例句】I had a guilty conscience about not telling her the truth. 我因为没有告诉她事实真相而感到内疚。

sensible /ˈsensəbl/ *a*. 明理的，明智的

例句 It was very sensible of you to bring your umbrella.

你带雨伞很明智。

sense /sens/ *n*. 感觉，判断力，见识，意义，理性　*vt*. 感到，理解，认识

【例句】He had the good sense to realize that the plan would never work. 他很明智，知道这项计划绝对行不通。

sensitive /ˈsensətiv/ *a*. 敏感的，灵敏的，易受伤害的

【例句】She is sensitive to what people think of her.
她对于人们对她是怎么想的很敏感。

给力短语

be sensitive to　对……敏感，易感受……

in no sense　决不是，决非

make sense　有意义，言之有理

be aware of　知道

混淆词语辨析

aware/ conscious/ sensible 都含有“意识到的”意思。

aware 侧重“感官所意识到的外界事物”；

conscious 侧重“心理感知”；

sensible 侧重“可用感官察觉到的较复杂或抽象的事物”。

单词大考验

Q: Some plants are very ________ to light; they prefer the shade.

A. sensible　B. flexible　C. objective　D. sensitive

答案：D
（一些植物对光亮非常敏感，它们更喜欢阴凉处。）A“明智的”；B“客观的”；C“灵活的”；D“敏感的”。

B

bake /beik/ *v*. 烘焙，烤

例句 The bread will not bake if the fire is too small. 如果火太小，面包就烤不成。

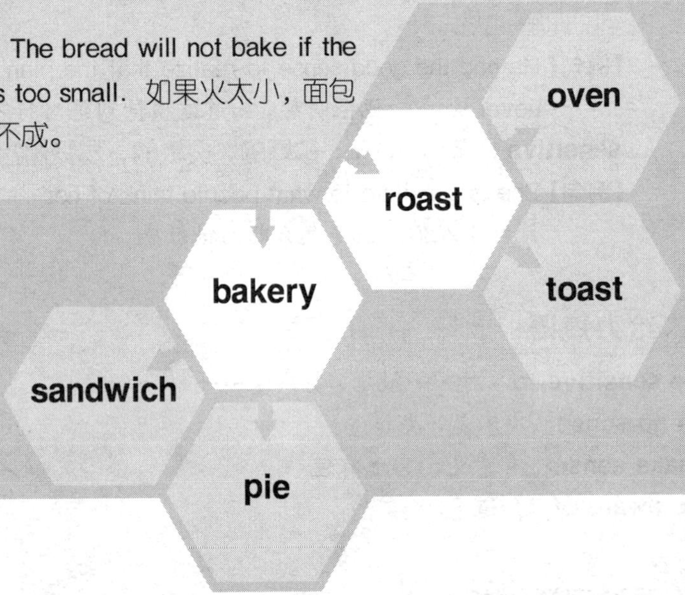

oven

roast

bakery

toast

sandwich

pie

bake *v*. 烘焙，烤

— **roast** /rəust/ *v*. 烤，炙，烘　*n*. 烤肉

例句 Let's have a nice roast for Sunday dinner.

让我们星期天晚餐好好吃一顿烤肉。

oven /ˈʌvən/ *n*. 烤炉，烤箱

【例句】You put food inside an oven to cook it.

你把食物放进烤箱里热一下。

toast /təust/ *n*. 烤面包；祝酒，祝酒词　*vt*. 烘烤；向……祝酒；为……干杯

【例句】I suggest to propose a toast to our friendship.

我建议为我们的友谊干杯。

— **bakery** /ˈbeikəri/ *n*. 面包店

【例句】The baker bakes his bread in the bakery.

面包师在面包房内烤面包。

sandwich /ˈsænwidʒ/ *n*. 三明治；夹心面包

【例句】To make a ham sandwich you put a slice of ham between two slices of bread. 把一片火腿夹在两片面包之间就做成了火腿三明治。

pie /pai/ *n*. 派，馅饼

【例句】Would you like some apple pie for dessert?

你想不想要些苹果派当甜点？

给力短语

1. **a loaf of bread** 一条面包
2. **roast duck** 烤鸭
3. **be sandwiched between A and B** 夹在 **A** 和 **B** 两者之间

混淆词语辨析

bake/ **roast** 都含有“烘烤”的意思。

bake 侧重在烤炉里面烘烤；

roast 侧重在火上烤，或者是炒坚果、豆子等。

单词大考验

Q: I want to buy a sandwich, a ________ of bread and a ________ of cake.

A. loaf/ loaf B. piece/ piece C. loaf/ piece D. piece/loaf

答案：C

(我要买一个三明治、一条面包和一块蛋糕。)本题考查的是英语中量词的表达，常见的有：a loaf of bread, a piece of cake, a bunch of flowers。

B

B

bar /bɑː(r)/ *n*. 条，棒，酒吧 *vt*. 阻挠，闩上

例句 Be sure to bar all the doors before you leave. 在离开前，务必把所有的门都闩上。

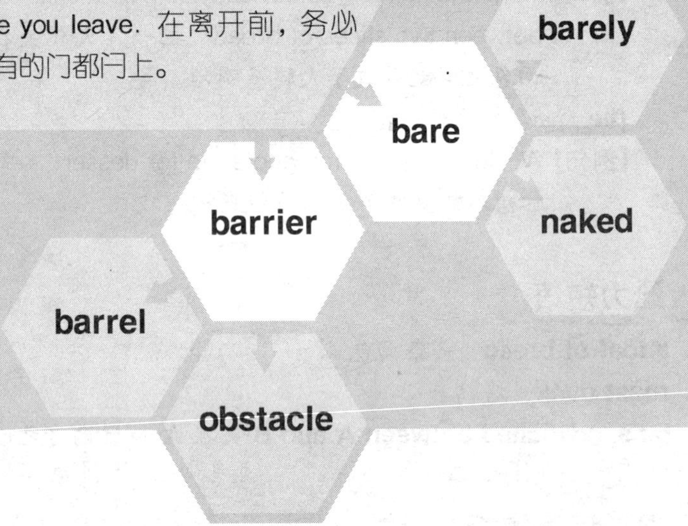

barely

bare

barrier

naked

barrel

obstacle

bar *n*. 条，棒，酒吧 *vt*. 阻挠，闩上

— **bare** /bɛə/ *a*. 赤裸的 *vt*. 使赤裸，露出

例句 The boy likes to walk on the sand with bare feet.
这男孩喜欢赤足在沙滩上走。

barely /ˈbɛəli/ *ad*. 仅仅，勉强；赤裸裸地，无遮蔽地

【例句】I had barely come in when the telephone rang.
我刚进来，电话就响了。

naked /ˈneikid/ *a*. 裸体的，无装饰的，直率的

【例句】To the east of our school, there's a naked hillside.
我们学校东边有片光秃秃的山坡。

— **barrier** /ˈbæriə/ *n*. 界线，屏障，障碍物

【例句】Lack of confidence is the biggest barrier to investment in the region.

缺乏信心是在这一地区投资的最大障碍。

barrel /ˈbærəl/ *n*. 枪管，炮管，桶

【例句】The wine is left to mature in oak barrels.

葡萄酒在橡木桶中陈酿。

obstacle /ˈɔbstəkl/ *n*. 障碍，妨碍，干预

【例句】She felt that her family was an obstacle to her work.

她感到她的家庭妨碍了她的工作。

给力短语

bare of 几乎没有，缺乏

a barrel of 许多，大量

混淆词语辨析

bare/ **naked** 都有“赤裸”的意思。

bare 是指人的身体某个部位没有遮盖东西；

naked 是指人“裸体的”，也可以指“无遮蔽的，赤裸在外的”。

单词大考验

Q: Eye contact is important because wrong contact may create a communication ________.

A. tragedy B. vacuum C. question D. barrier

答案：D

（目光交流是很重要的，因为交流的失误会导致交际障碍。）名词辨析。tragedy“悲剧”；vacuum“真空”；question“问题”；barrier“障碍”。

B

base /beis/ *n*. 底，基础 *vt*. 以……作基础

例句 The country maintains military bases on foreign soil. 那个国家在国外设有军事基地。

basic

basis

foundation

basement

fundamental

fund

base *n*. 底，基础　*vt*. 以……作基础

basis /ˈbeisis/ *n*. 基础，根据

例句 We drew this conclusion on the basis of experiments.
我们是在试验的基础上得出这个结论的。

basic /ˈbeisik/ *n*. 基本，要素　*a*. 基本的

【例句】Working hard is absolutely basic to success.
成功基于努力之上。

basement /ˈbeismənt/ *n*. 地下室

【例句】It is rather damp in the basement. 地下室很潮湿。

foundation /faunˈdeiʃən/ *n*. 基础，根据，建立

例句 The foundation of the university took place 600 years ago. 这所大学是600年前创办的。

fundamental /ˌfʌndəˈmentl/ *a*. 基本的，根本的　*n*. 基本原理

【例句】Fresh air is fundamental to good health.

新鲜空气对健康是不可缺少的。

fund /fʌnd/ *n*. 基金，存款　*vt*. 为……提供资金

【例句】We made a contribution to the famine relief fund.

我们给饥荒赈济基金捐了款。

给力短语

1. **on the basis of**　以……为根据，在……基础上
2. **base on**　以……为基础

混淆词语辨析

base/ basis/ foundation 这三个词都含有“基础，底部”之意。

base 多指具体物体的基部、底部和支架，也指基地，特别是军事或工业方面的基地；

basis 主要是用于比喻，指信念、概念的基础；

foundation 是强调基础的牢固性和雄伟性，有时也用作比喻，指事物的根本或根据。

单词大考验

Q: The professor could hardly find sufficient grounds ________ his arguments in favor of the new theory.

A. on which to base　　B. which to base on

C. to base on　　D. to be based on

答案：A

（教授很难找到充足的理由作为其论据的基础来支持这种新的理论。）定语从句中介词前置的用法。“把……基于”用 base on。此句可改写为 to base his arguments on sufficient grounds，而which 指代 sufficient grounds，on 前置。

B

behave /bi'heiv/ *vi*. 举止，表现；（机器）运转，作出反应

例句 The boy behaved very well last night. 这男孩昨晚表现很好。

activity

behavior

behalf

deed

benefit

profit

behave *vi*. 举止，表现；（机器）运转，作出反应

— **behavior** /bi'heivjə(r)/ *n*. 行为，举止

例句 A person's behavior is often regulated by his circumstances. 人的行为常受其所处环境的约束。

activity /æk'tiviti/ *n*. 活动，活跃性

【例句】The school offers many recreational activities for the students. 该校为学生提供了很多娱乐活动。

deed /'diːd/ *n*. 行为，行动；（尤指有关房地产或合法权利者）契约

【例句】Deeds are better than words when people are in need of help. 当别人需要帮助时，行动胜于语言。

— **behalf** /bi'hɑːf/ *n*. 得益

例句 On behalf of my family and myself I thank you.

我代表我的家人和我本人向你表示感谢。

benefit /ˈbenifit/ *v*. 得益

【例句】Everyone will then be able to benefit from it.

到那个时候每个人都会从中得益。

profit /ˈprɔfit/ *n*. 利润,赢利,利益　*v*. 有益,获利,赚钱

【例句】He bought his house a long time ago, so he sold it at a profit.

这房子是他很久以前买的，所以他出售时获利了。

给力短语

1. **profit by/from** 从……中得到益处
2. **on behalf of** 代表，为了
3. **on sb.'s behalf** 以某人的名义；为了某人
4. **for the benefit of** 为了……的好处
5. **benefit from** 获益；得益于

混淆词语辨析

benefit/profit 都含"获利，利益"的意思。

benefit 是最常用的词，可兼指物质利益和精神方面的好处；

profit 多局限于物质或金钱的利益，指"利润"时常用复数。

单词大考验

Q: Some people believe that since oil is scarce, the ________ of the motor industry is uncertain.

A. terminal　B. benefit　C. fate　D. estimate

答案：C

（一些人认为由于石油的短缺，汽车制造业的命运是不确定的。）A"终端，终点"；B"利益"；C"命运"；D"评估，判断"。

B

bind /baind/ *vt*. 绑，约束，装订

例句 The book was bound in blue leather. 那本书是用蓝色皮革装订的。

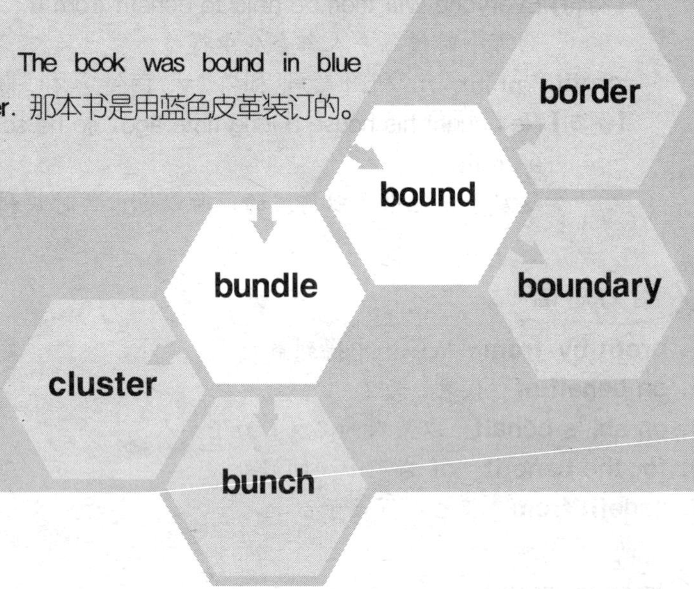

border

bound

bundle

boundary

cluster

bunch

bind *vt*. 绑，约束，装订

bound /baund/ *a*. 向某处的，一定的 *v*. 跳跃，与……接壤

例句 He's bound to notice your mistake.
他必定会觉察到你的错误。

border /ˈbɔːdə/ *n*. 边缘

【例句】 The park lies on the border between the two countries. 这座公园坐落在两个乡村的边界上。

boundary /ˈbaundəri/ *n*. 分界线，边界

【例句】 The boundaries of that country were changed by a treaty. 那个国家的边界根据条约有所变动。

bundle /ˈbʌndl/ *n*. 捆，束 *v*. 归拢，收集；捆包

例句 My uncle sent me a large bundle on my birthday.

我生日时叔叔给我寄来一个大包裹。

cluster /ˈklʌstə/ *n*. 串，丛，群 *v*. 使成群，集中在

【例句】The square was clustered with people.

广场上聚集着成群的人。

bunch /bʌntʃ/ *n*. 束，捆，串

【例句】Miss White received a bunch of flowers from her admirer. 怀特小姐收到爱慕者所送的一束花。

给力短语

1. **be bound to** 必定，一定
2. **on the border of** 在……的边界上
3. **border on** 与……接壤（相邻）
4. **a bundle of** 一捆，一包
5. **bundle up** 捆扎

混淆词语辨析

boundary/ border/ frontier 含有“边界”的意思。

boundary 指边界线，主要指领土的边界；

border 指“边界”，常指“边境”，即两国边界的地区；

frontier 指“就一国讲的边界”。

单词大考验

Q: All human beings have a comfortable zone regulating the ________ they keep from someone they talk with.

A. distance B. scope C. range D. boundary

答案：A

（所有人都有一个舒适区用来规范他们与聊天者之间的距离。）本题考查固定搭配 keep distance from sb.“与某人保持距离”。

B

bloom /bluːm/ *n*. 花，最佳时期 *vi*. 开花

例句 The daffodils are in full bloom.
水仙花盛开。

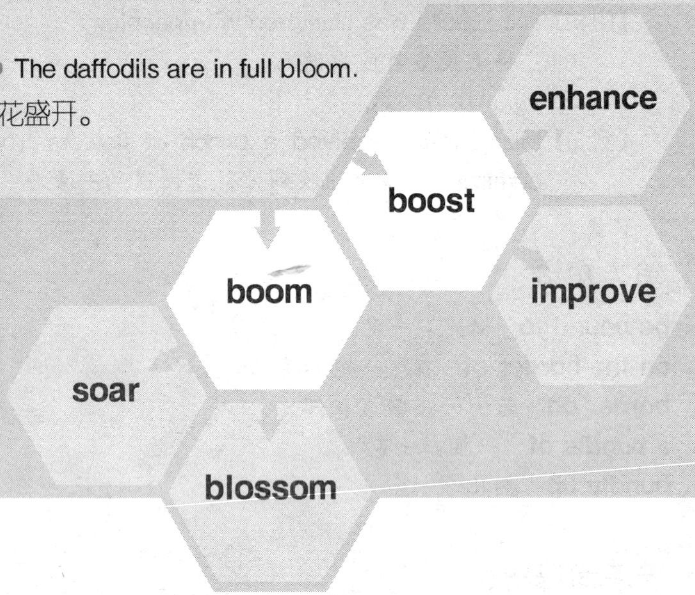

enhance
boost
boom
improve
soar
blossom

bloom *n*. 花，最佳时期 *vi*. 开花

— **boost** /buːst/ *n*. 推进，改进，激励 *vt*. 推进，提高，促进，改善，吹捧

例句 These changes will help to boost share price.
这些改变将有助于提升股票价格。

enhance /inˈhɑːns/ *vt*. 提高，加强，增加

【例句】What can we do to enhane our chances of victory?
我们怎样才能增加我们胜利的机会?

improve /imˈpruːv/ *v*. 改良，改善，增进，提高

【例句】She improved her leisure by learning foreign languages. 她利用闲暇时间学习外语。

— **boom** /buːm/ *n*. 繁荣，隆隆声 *vi*. 猛涨，兴隆

【例句】This year has been a boom in book sales.

今年图书销售激增。

soar /sɔː, sɔr/ *vi*. 猛增，剧增；高飞；高耸；（情绪等）高涨

【例句】The lamp tower soars above the horizon.

这座灯塔高耸入云。

blossom /ˈblɔsəm/ *vi*. 开花 *n*. 花（尤指果树的花）；开花期

【例句】That small fishing village has now blossomed into an important port.

那个小渔村现已发展成为一个重要港口。

给力短语

1. **bloom into** 发育为，成长为
2. **improve on/upon** 对……加以改进

混淆词语辨析

boom/ **soar** 都含有“快速增长、高涨”的意思。

boom 主要用于经济、商业和人口方面的增长；

soar 多用于新闻报道，指某物快速增长到一个很高的水平。

improve/ **better** 含“改进”、“改善”的意思。

improve 为常用词，侧重“提高价值而得到改进”；

better 指“质方面的改进”或“提高到一个较高的水准”。

单词大考验

Q: A season ticket ________ the holder to make as many journeys as he wishes within the stated period of time.

A. entitles B. grants C. blooms D. promises

答案：A

（一张季票会让持有者在一定时间内尽可能地享受他们所希望的旅行）。固定搭配 entitle to “给予……享有权利的资格”。

B

burst /bəːst/ *v*. 爆炸，爆发，冲出 *n*. 破裂，爆发

例句 There was a burst of laughter in the next room. 隔壁房间里突然爆发出一阵笑声。

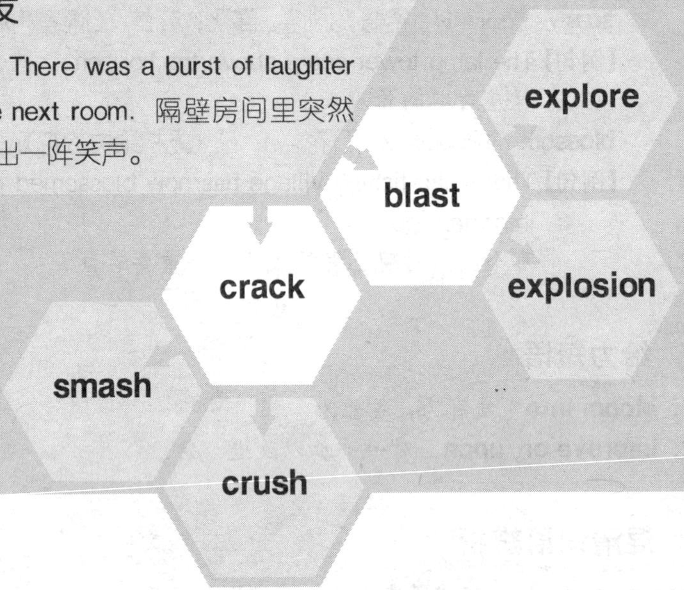

explore

blast

crack

explosion

smash

crush

burst *v*. 爆炸，爆发，冲出 *n*. 破裂，爆发

blast /blɑːst/ *n*. 爆炸，强风 *v*. 炸开，损毁

例句 The dry hot wind blasted the seedlings.
干热的风使秧苗枯萎。

explore /iks'plɔː/ *v*. 探索，探测，探究，勘察

【例句】As soon as they arrived in the town they went out to explore. 他们一到这城镇就外出察看周围环境。

explosion /iks'pləuʒən/ *n*. 爆炸，爆发；激增

【例句】How can we account for the recent population explosion? 我们如何能解释最近人口激增的现象？

crack /kræk/ *n*. 裂缝，爆裂声 *v*. 使破裂，发出爆裂声

例句 The glass cracked when I poured icy water into it.

当我把冰水倒进杯子时，杯子裂开了。

smash /smæʃ/ *n*. 破碎，大败，冲突 *v*. 粉碎，溃裂，破产

【例句】The cup dropped on the floor and smashed into pieces. 杯子掉在地上，摔得粉碎。

crush /krʌʃ/ *n*. 压碎，粉碎 *vt*. 压碎，压坏，镇压

【例句】The box was crushed when the car ran over it. 汽车辗过箱子时把它给压碎了。

给力短语

1. **burst into** 闯入；突然出现
2. **burst out** 大呼；惊叫
3. **crack down** 镇压，取缔
4. **smash up** 捣碎；摔碎
5. **crush down** 砸碎，镇压
6. **crush out** 熄火；扑灭

混淆词语辨析

break/ burst/ crack/smash 含“破坏”、“破裂”的意思。
break 指“物体部分或整个碎裂、折断或毁坏”；
burst 指“由于内部压力而猛然破裂”；
crack 指“裂开”、“破裂”；
smash 指“沉重的打击使某物完全成为碎片”。

单词大考验

Q: In a sudden ________ of anger, the man tore up everything within reach.

A. attack B. burst C. split D. blast

答案：B
（一气之下，那个男人把手边所有的东西都撕成了碎片。）
名词burst表示情感的迸发。

C

cautious /ˈkɔːʃəs/ *a*. 十分小心的，谨慎的

例句 The boss is cautious about making promises. 老板对承诺持谨慎态度。

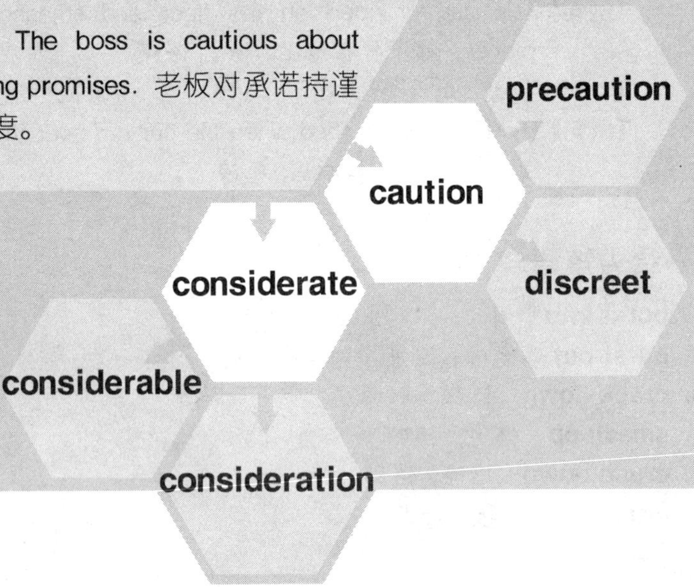

precaution

caution

considerate

discreet

considerable

consideration

cautious *a*. 十分小心的，谨慎的

caution /ˈkɔːʃən/ *n*. 小心，慎重，警示

例句 We need to proceed with caution.

我们必须谨慎地进行。

precaution /priˈkɔːʃən/ *n*. 预防措施，留心，警戒

【例句】We have taken necessary precautions against fire.

我们已采取必要的防火措施。

discreet /disˈkriːt/ *a*. 谨慎的，慎重的

【例句】The family made discreef enquiries about his background.

这家人小心翼翼地询问他的背景。

considerate /kənˈsidərət/ *a*. 体贴的，体谅的

【例句】He was considerate of everyone. 他对大家都很体贴。

considerable /kən'sidərəbl/ *a*. 相当（大或者多）的，重要的

【例句】It is a considerable sum of money.
那是一笔数量可观的钱。

consideration /kənsidə'reiʃən/ *n*. 考虑，体贴

【例句】We shall give your request our fullest consideration.
我们会认真考虑你的请求。

给力短语

1. **be cautious of** 小心……
2. **be cautious to do sth.** 小心做某事

混淆词语辨析

advise/ **caution**/ **warn** 均有“劝告、忠告、警告”之意。

advise 为普通用词，泛指“劝告”，不涉及对方是否听从劝告；

caution 主要指针对有潜在危险而提出的警告，含“小心从事”的意味；

warn 含义与 **caution** 相同，但语气较重，尤指重后果。

单词大考验

Q: It's very ________ of you not to talk aloud while the baby is asleep.

A. concerned B. careful
C. considerable D. considerate

答案：D
（宝宝在睡觉的时候你能小声地说话，你真是贴心呢。）A“有关的，关心的”；B“小心的”；C“相当的”；D“体贴的，周到的”。

C

center /ˈsentə/ *n*. 中心，核心 *vt*. 集中，居中

例句 Our city is the industry center of the country. 我们市是全国的工业中心。

concentrate

central

core

certificate

focus

converge

center *n*. 中心，核心　*vt*. 集中，居中

central /senˈtrɑːl/ *a*. 中心的，中央的

例句 This is the central city of the whole area.
这是整个地区的中心城市。

concentrate /ˈkɔnsentreit/ *n*. 浓缩，精选　*vt*. 集中，专心　*vi*. 浓缩

【例句】We must concentrate our efforts on finding ways to improve our English.
我们要集中精力找出提高英语水平的办法。

certificate /səˈtifikit/ *n*. 证（明）书，执照

【例句】The driver's certificate was suspended by the police.
这个司机的驾驶执照被警察吊销了。

core /kɔː/ *n*. 果心，核心，要点

【例句】Let's get to the core of the matter.
让我们看看事情的核心。

focus /ˈfəukəs/ *n*. 中心，焦点 *v*. 聚焦，注视，集中

【例句】All eyes were focused on the speaker.
大家的目光都集中在发言人身上。

converge /kənˈvəːdʒ/ *vi*. 在一点上会合；聚集，集中

【例句】The two streams converge here to form a river.
两条小溪在这儿汇成一条河流。

给力短语

1. **concentrate on** 集中在；专心于
2. **focus on** 集中于

混淆词语辨析

concentrate/ focus 这两个词都有“集中”的意思。

concentrate“集中”，使集中于一点，宾语可以是具体的或抽象的东西；

focus“集中，焦点”，本义是把光线投到一个点上。引申义与 **concentrate** 同义，但宾语一般不是具体的东西。

单词大考验

Q: The writer was so ________ in her work that she didn't notice him enter the room.

A. absorbed　B. abandoned　C. focused　D. centered

答案：A
（这个作家工作太专注了，以至于他进屋的时候她都没注意。）
A“专注的”；B“无束缚的”；C“聚焦的”；D“居中的”。

C

circle /ˈsəːkl/ *n*. 圆圈；周期；循环 *v*. 盘旋，环绕

例句 She's not one of my close circle of friends. 她不是我亲近的朋友圈子中的一员。

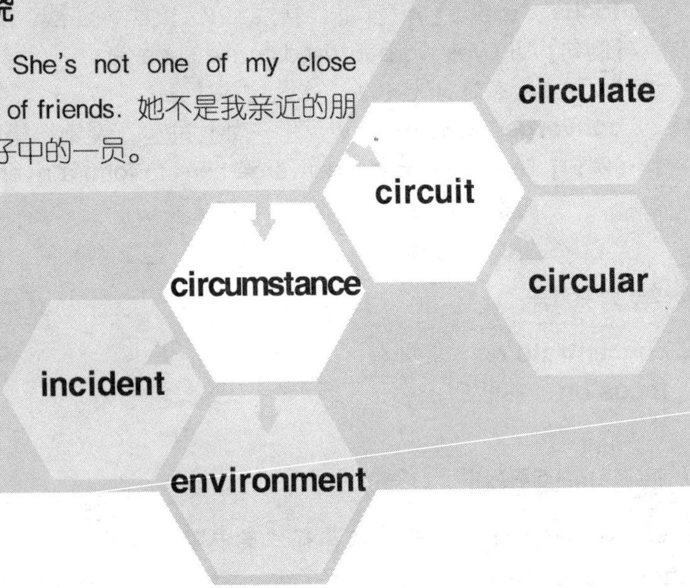

circulate
circuit
circular
circumstance
incident
environment

circle *n*. 圆圈；周期；循环　*v*. 盘旋，环绕

circuit /ˈsəːkit/ *n*. 电路，一圈，巡回

例句 It takes a year for the earth to make a circuit of the sun. 地球绕太阳一周要一年时间。

circulate /ˈsəːkjuleit/ *v*. 流通，循环，传播

【例句】The news was circulated through the room.
这消息在屋里传开了。

circular /ˈsəːkjulə/ *a*. 循环的，圆形的　*n*. 传单，通知

【例句】She paid a circular visit among her relations.
她逐一拜访她的亲友。

circumstance /ˈsəːkəmstəns/ *n*. 环境，状况，事件

例句 We can't decide until we know all the circumstances.

我们在了解所有情况之前不能决定。

incident /ˈinsidənt/ *n*. 事件，插曲

【例句】He resolved never to tell anyone about the incident.

他决定永远不跟任何人谈这件事。

environment /inˈvaiərənmənt/ *n*. 环境，外界

【例句】It's our duty to protect environment.

保护环境是我们的责任。

给力短语

1. **in no circumstances** 决不
2. **under all circumstances** 无论如何

混淆词语辨析

event/ incident 都有“事件”的意思。

event 指“有重要意义的历史事件”、“重大事件”；

incident 指“事件”，尤指“比较不重要的小事件”。

单词大考验

Q：On New Year's Eve，New York City holds an outdoor ________ which attracts a crowd of a million or more people.

A．incident　B．event　C．case　D．affair

答案：B

（在新年前夕，纽约举办了一个户外的活动，吸引了无数人到来。）A“事件”；B“重大事件”；C“事例”；D“业务，事务”。

C

classic /ˈklæsik/ *a*. 经典的，古典的，传统的，优秀的 *n*. 著名艺术家

例句 The novel is regarded as one of the classic works. 这篇小说被公认为是最优秀的作品之一。

decent

classical

classify

elegant

classification

variation

classic *a*. 经典的，古典的，传统的，优秀的 *n*. 著名艺术家

— **classical** /ˈklæsikəl/ *a*. 古典的，经典的

例句 I'm interested in classical architecture.
我喜爱古典建筑风格。

decent /ˈdiːsnt/ *a*. 有分寸的，得体的，像样的，体面的，大方的

【例句】I didn't have a decent dress for the dance.
我没有参加舞会的合适衣服。

elegant /ˈeligənt/ *a*. 优雅的，精美的，俊美的

【例句】She has a life of elegant ease.
她过着风雅悠闲的生活。

— **classify** /ˈklæsifai/ *vt*. 分类，归类，分等

【例句】Librarians spend a lot of time classifying books.
图书馆工作人员花许多时间将书分类。

classification /ˌklæsifiˈkeiʃən/ *n*. 分类，分级

【例句】Classification is an important way of people's thinking activity.
分类是人类思维活动的重要方法之一。

variation /ˌvεəriˈeiʃən/ *n*. 变化，变种，变异

【例句】Prices are subject to variation.
价格可以变动。

给力短语

do the decent thing 做体面的事情

混淆词语辨析

class/ classification 均可表示"种类"之意。

class 为正式用词，指门类、种类或优劣等级，用于指动植物的分类时，表示"纲"；

classification 指根据已经确定的类型对某一事物作鉴别和归类。

单词大考验

Q: We ________ certain livings as birds not because they have long legs or short legs, but because they all have feathers.

A. think　　B. classify　　C. look　　D. divide

答案：B

（我们将某些生物归为鸟类，不是因为他们有长腿或者是短腿，而是因为他们都有羽毛。）classify "把……进行分类"，而 divide 是"把……分开"。

C

claim /kleim/ *n.* / *v.* 要求，请求，主张，声称

例句 What claim does he have to the property? 他有何权利要求得到这笔财产?

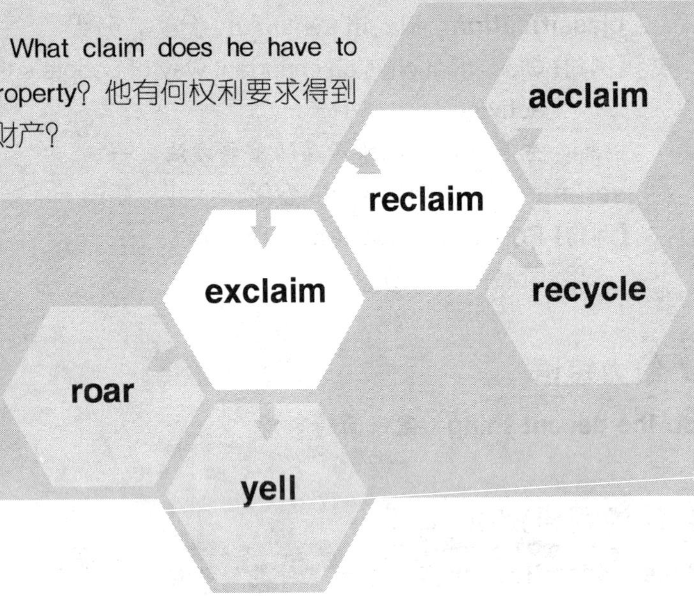

acclaim
reclaim
exclaim
recycle
roar
yell

claim *n.* / *v.* 要求，请求，主张，声称

reclaim /riˈkleim/ *vt.* 收回；开拓（荒地）；开垦

例句 I have tried to reclaim my money without success.
我没能把钱取回来。

acclaim /əˈkleim/ *vt.* 向……欢呼，向……喝彩；称赞

【例句】They acclaimed the astronauts.
他们以欢呼迎接宇航员。

recycle /ˌriːˈsaikl/ *vt.* 回收利用（废物）

【例句】This sort of recycle of waste materials is a way of reducing pollution.
这种废材料的循环使用是减少污染的一个途径。

exclaim /iksˈkleim/ *v.* 大叫，呼喊，大声叫

【例句】She exclaimed in delight when she saw the presents.
她见到礼品高兴得叫了起来。

roar /rɔː/ *n*. 吼叫，怒号 *v*. 吼叫

【例句】He was too excited and roared himself hoarse.
他过于激动，嗓子都喊哑了。

yell /jel/ *v*. 大叫，叫喊

【例句】She yelled "Just get out of here, I can't stand you."
她大叫道："马上离开这里，我无法忍受你！"

给力短语

1. **yell at sb.** 冲某人大喊
2. **claim at...** 对着……大嚷
3. **claim on** 要求

混淆词语辨析

shout / exclaim / roar/ scream/ yell 都含"大声喊叫"之意。

shout 指有意识地高声喊叫，常用于提出警告、发命令或唤起注意等；

exclaim 多指因高兴、愤怒、痛苦、惊讶等突发感情而高声喊叫；

roar 指发出大而深沉的声音、吼叫或咆哮；

scream 指因恐惧、快乐或痛苦而发出的尖叫声；

yell 多指求援、鼓励时的呼叫，也可指因外界因素刺激而发出尖厉声音。

单词大考验

Q: We should not throw away used batteries because they can be ________.

A. resolved B. recommended C. recycled D. cycle

答案：C
（我们不该丢掉用过的电池，因为他们可以被回收再利用。）
A "解决"；B "推荐"；C "回收，再利用"；D "循环"。

C

collect /kə'lekt/ *vt*. 收集，领取，拿走 *vi*. 聚集，集合

例句 They are collecting this material at the points of origin. 他们正在产地收集这种材料。

select

collective

elect

collection

election

ballot

collect *vt*. 收集，领取，拿走 *vi*. 聚集，集合

— **collective** /kə'lektiv/ *a*. 集体的，共同的 *vt*. 集体

例句 We all bear collective responsibility for this decision. 我们大家共同承担这项决定的责任。

select /si'lekt/ *vt*. 选择，挑选 *a*. 精选的

【例句】He was selected to play for China at the age of only 18. 他才 18 岁的时候就被选进了中国队。

collection /kə'lekʃən/ *n*. 收藏品，收集物

【例句】The collection is housed in a fine building. 这批收藏品存放在一座漂亮的房子里。

— **elect** /i'lekt/ *vt*. 选举，选择，决定

例句 He elected that he should become a doctor.

他决定要当一名医生。

election /iˈlekʃ(ə)n/ *n*. 选举

【例句】Her election to the board of directors caused great surprise. 她被选进董事会，令人大为吃惊。

ballot /ˈbælət/ *n*. 投票，选举　*v*. 投票表决

【例句】The members have demanded a ballot.

会员们要求投票表决。

C

给力短语

1. ballot for...　为……而进行选举、投票

2. collection box　募捐箱

混淆词语辨析

choose/select/pick 含“挑选”、“选择”的意思。

choose 指“一般的选择”，侧重“凭个人意志或判断进行选择”；

select 强调“在广泛的范围内精选、淘汰”，侧重“以客观为标准进行选择”；

pick 强调“从个人角度在众多事物中进行挑选”，有时含有“任意选择”的意思。

单词大考验

Q: ________ energy under the earth must be released in one form or another, for example, an earthquake.

A. Accumulated　B. Gathered　C. Assembled　D. Collected

答案：A

（地底下面聚集的能量必须以一种或另一种形式释放，例如地震。）accumulate 意为“积累”，有“逐步、逐渐”的含义；assemble 意为“集合”；gather 意为“聚集”；collect 为“收集”。地球下面的能量是一天天慢慢积攒的。

C

command /kəˈmɑːnd/ *n*. 命令，指挥 *vt*. 命令，指挥，支配

例句 I advised him to command his temper. 我劝他控制自己的脾气。

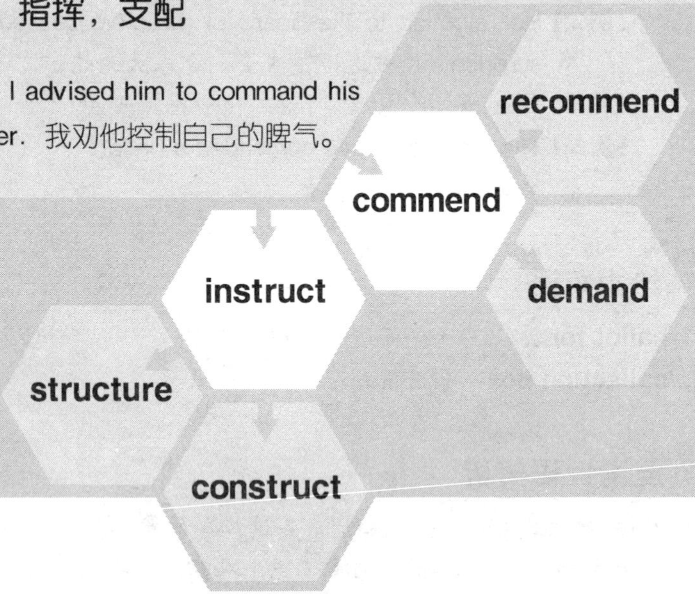

recommend

commend

instruct

demand

structure

construct

command *n*. 命令，指挥　*vt*. 命令，指挥，支配

commend /kəˈmend/ *vt*. 委托，推荐，表扬

例句 The teacher often commends good students.
老师常常表扬好学生。

recommend /rekəˈmend/ *vt*. 建议，推荐，劝告，介绍

【例句】I can recommend this play to all lovers of good theatre. 我把这个剧推荐给所有爱好优秀戏剧的人。

demand /diˈmɑːnd/ *n*. 要求，需求　*vt*. 要求，需要

【例句】Good teachers are always in great demand.
优秀教师一直有很大的需求。

instruct /inˈstrʌkt/ *vt*. 通知，命令，指导

例句 She instructs music once a week at a middle school.
她在中学每周教一次音乐课。

structure /ˈstrʌktʃə/ *n*. 结构，构造，建筑物

【例句】A flower has quite a complicated structure.
一朵花的结构相当复杂。

construct /kənˈstrʌkt/ *vt*. 构造，建造，想出

【例句】The composition is well constructed.
这篇文章的构思很不错。

给力短语

1. **instruct sb. to do sth.** 命令某人做某事
2. **make demands of** 对……提出要求；有求于
3. **recommend to** 交付；托付
4. **carry out/ follow instruction** 服从指示

混淆词语辨析

command/order/direct/instruct 含"命令"、"指挥"、"指示"的意思。

command 指"权威方面正式下令"；

order 为常用词，虽然有时指"权威人士或武断地命令"，但多用于"非正式或个人之间下的命令"；

direct 是"指导、指挥、指示"，多指"权威性地指导"；

instruct 是"指示、命令、指导"，属于正式用语，强调"有系统地指导"。

单词大考验

Q: We know through painful experience that freedom is never given by the oppressor; it must be ________ by the oppressed.

A. demanded B. commanded C. required D. requested

答案：A

（我们从沉痛的经验中知道：自由是被压迫者争取来的，压迫者从来不会主动给与。）A "要求"；B "命令，指挥"；C "需要"；D "请求"。

C

compare /kəmˈpɛə/ v. 比较，对照

例句 A teacher's work is often compared to a candle. 老师的工作经常被比做蜡烛。

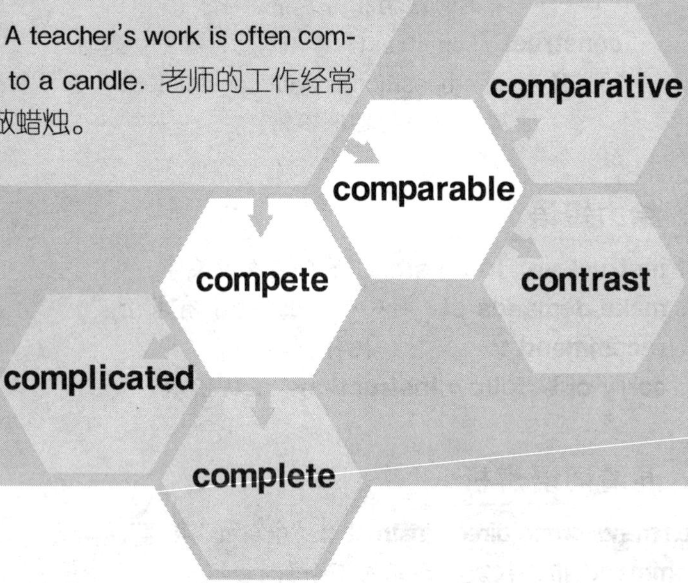

comparative

comparable

compete

contrast

complicated

complete

compare v. 比较，对照

comparable /ˈkɔmpərəbl/ a. 可比较的，比得上的

例句 The sets of figures are not comparable.
这几组数字是不可比的。

comparative /kəmˈpærətiv/ a. 比较的，相当的

【例句】 Let's make a comparative study of the two languages. 让我们将这两种语言作一下比较研究。

contrast /ˈkɔntræst/ n. 对比，对照物 v. 对比，对照

【例句】 There can be no differentiation without contrast.
有比较才有差别。

compete /kəmˈpiːt/ vi. 竞争，对抗

例句 These products are of high quality and able to compete internationally.
这些产品品质很好，在国际市场上有竞争能力。

complicated /ˈkɔmplikeitid/ *a*. 复杂的，难懂的

【例句】This is the most complicated case I have ever handled. 这是我所处理过的最为复杂的案子。

complete /kəmˈpliːt/ *a*. 彻底的，完整的 *vt*. 完成

【例句】A more complete study of the subject is needed. 对这个问题需要做更加彻底的研究。

C

给力短语

1. **compare with** 与……相比
2. **compare to** 比拟，比作
3. **be comparable with** 可以相比较的
4. **in contrast with** 和……形成对比（对照）
5. **compete with** 与某人竞争

混淆词语辨析

complex/complicated 含“复杂的”意思。

complex 指“包含许多（尤其是不同的）部分，因而比较难懂或难解释的”；

complicated 指“各部分相互交错而变得错综复杂的”。

compare/contrast 含“相比”、“比较”的意思。

compare 常指为了找出两种事物或现象的异同点而进行比较；

contrast 指两者之间的“对照”、“对比”，着重指“通过两种事物或现象的对比，突出地指出它们的不同”。

单词大考验

Q: Agriculture was a step in human progress ________ which subsequently there was not anything comparable until our own machine age.

A. to B. in C. for D. from

答案：A

（农业是人类在发展史上迈出的一大步，在机器时代来临之前，该进步无与伦比。）固定搭配。该句的选项由固定用法 compare to 演化而来，which 即指 agriculture。

C comprise /kəm'praiz/ *vt*. 包含，由……组成

例句 The Union comprises fifty states.
美国由五十个州组成。

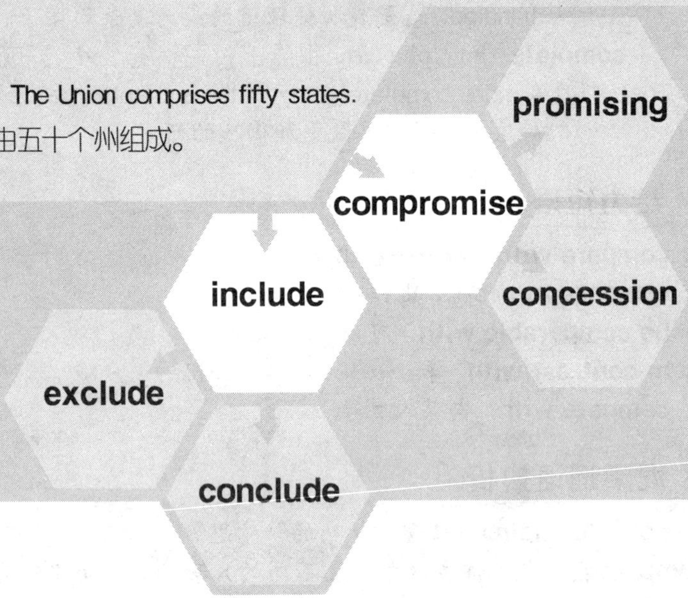

promising

compromise

include

concession

exclude

conclude

comprise *vt*. 包含，由……组成

compromise /'kɔmprəmaiz/ *n*./*v*. 妥协，让步

例句 He refused to compromise his principles.
他对他的原则寸步不让。

promising /'prɔmisiŋ/ *a*. 有希望的，有前途的

【例句】The results of the experiments are very promising.
实验的结果充满了希望。

concession /kən'seʃən/ *n*. 让步，妥协

【例句】The matter was settled because they made mutual concessions.
他们互相作了让步，事情因此解决了。

include /in'kluːd/ *vt*. 包括，包含，连……在内

【例句】The festivities include parades, banquets, and balls.
庆祝活动包括游行、宴会以及舞会。

exclude /iks'kluːd/ *vt*. 除外，排除，拒绝

【例句】They excluded people under 18 from joining the club.
他们拒绝接纳 18 岁以下的人加入俱乐部。

conclude /kən'kluːd/ *vt*. 结束，作结论，推断

【例句】The judge concluded that the accused was guilty.
法官判定被告有罪。

给力短语

1. **make a concession to** 对……让步
2. **conclude that...** 断定……
3. **exclude sb. from** 把……赶出；撤销（职位），拒绝
4. **to conclude** 最后

混淆词语辨析

include/comprise/involve 含"包括"、"包含"的意思。
include 强调"包括作为整体的一部分"；
comprise 指"由许多部分组成"，或"由许多部分构成一个整体"；
involve 指"由于同主要的事物有联系而必须含有的部分"。

单词大考验

Q: Putting in a new window will ________ cutting away part of the roof.

A. include B. involve C. contain D. comprise

答案：B（开一个新窗户就得拆除部分房顶。）A "包含"；B "包含，牵扯"；C "容纳，包含"；D "由……组成"。

C

confine /ˈkɔnfain/ *vt*. 限制，禁闭 *n*. 界限，边界

例句 We'll confine our discussion to the main issue. 我们将只讨论主要问题。

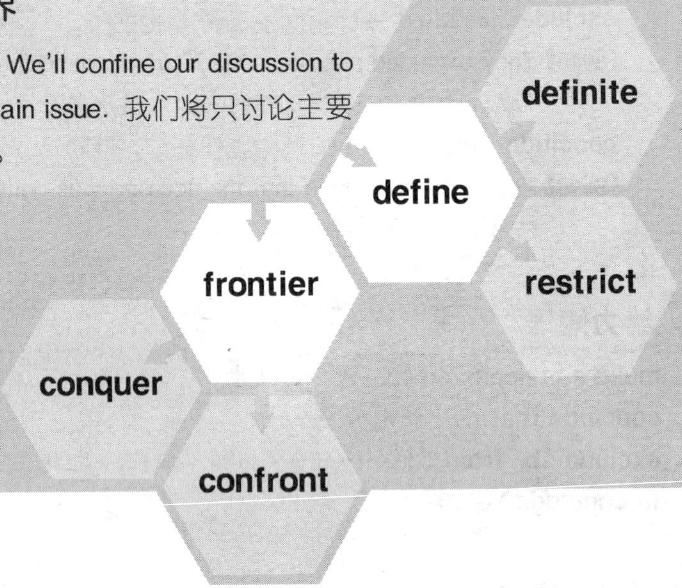

definite

define

frontier

restrict

conquer

confront

confine *vt*. 限制，禁闭 *n*. 界限，边界

— **define** /diˈfain/ *vt*. 定义，界定，规定

例句 The powers of a judge are defined by law.
法官的权限是由法律规定的。

definite /ˈdefinit/ *a*. 明确的，一定的

【例句】It's definite that he will come to help us.
他肯定会来帮助我们的。

restrict /risˈtrikt/ *n*. 限制，限定，约束 *vt*. 限制，约束

【例句】He feels this new law will restrict his freedom.
他觉得这一新法律会限制他的自由。

— **frontier** /ˈfrʌntjə/ *n*. 边界，边境

【例句】There have been large-scale military maneuvers on the frontier. 边境地区曾有过大规模的军事演习。

conquer /ˈkɔŋkə/ *vt*. 攻克，征服 *vi*. 得胜

【例句】Modern medical science has conquered many diseases. 现代医学攻克了许多疾病。

confront /kənˈfrʌnt/ *vt*. 面对，对抗，遭遇

【例句】The difficulties that confront us seem insuperable. 我们面临的困难似乎是不可克服的。

C

给力短语

1. **be confined to** （局）限于，（被）限制
2. **be confronted with** 面临，面对，碰上

混淆词语辨析

confront/face 都含“面对”的意思。

confront 指“遇到”、“面对”、“使……对立”；

face 指“正视”、“面对”、“不想逃避”，属口语体，语气比 **confront** 强。

单词大考验

Q: We need to create education standards that prepare our next generation who will be ________ with an even more competitive market.

A. tackled B. encountered C. dealt D. confronted

答案：D

（我们需要创造教育标准来为我们的下一代做准备，他们将会面临更加激烈的市场。）A“处理”；B“遭遇”；C“处理”；D“面对”。选项 B 的encounter和confront都与 with 连用。

C

conjunction /kən'dʒʌŋkʃən/ *n*. 连接词；结合

例句 We are working in conjunction with the police. 我们与警方配合进行工作。

joint

junction

enterprise

combine

career

corporation

conjunction *n*. 连接词；结合

junction /'dʒʌŋkʃən/ *n*. 联接，会合处，交叉点

例句 There's a bridge at the junction of the two rivers.
两河的汇合处有座桥。

joint /dʒɔint/ *a*. 连接的 *n*. 关节，接合处 *v*. 连接

【例句】By their joint efforts they managed to complete the project on time.
他们通过共同努力总算按时完成了计划。

combine /kəm'bain/ *n*. 集团 *v*. 结合，联合

【例句】Some films combine education with recreation.
有些电影把教育与娱乐结合起来。

enterprise /'entəpraiz/ *n*. 企业，事业；事业心

【例句】They are determined to carry forward the enterprise.

他们决心把事业进行下去。

career /kəˈriə/ *n*. 生涯，职业

【例句】He wasn't interested in her stage career.

他对她的演戏职业不感兴趣。

corporation /ˌkɔːpəˈreiʃən/ *n*. 社团，法人，公司

【例句】The corporation was founded in 2006.

这个公司成立于 2006 年。

给力短语

1. **out of joint** 脱臼；出了问题
2. **combine with** 与……结合

混淆词语辨析

combine/unite 含"联合"、"结合"、"接合"的意思。

combine 着重指"两个或两个以上的人或事物为了共同目的而结合在一起，结合后原来部分可能仍不改变或失去其本性"；

unite 强调"紧密地结成一体"，含"极难分开"之意。

单词大考验

Q: The ________ goal of the book is to help bridge the gap between research and teaching, particularly between researchers and teachers.

A. intensive B. concise C. joint D. overall

答案：D

（这本书的主要目标就是帮助消除研究与教学之间的隔阂，特别是研究人员和教师之间的隔阂。）A"加强的，集中的"；B"简明的"；C"共同的，联合的"；D"整个的，全部的"。

C

consent /kən'sent/ *vi*. 同意，承诺 *n*. 同意，许可

例句 Her parents refused their consent to the marriage. 她的父母对这桩婚姻持反对态度。

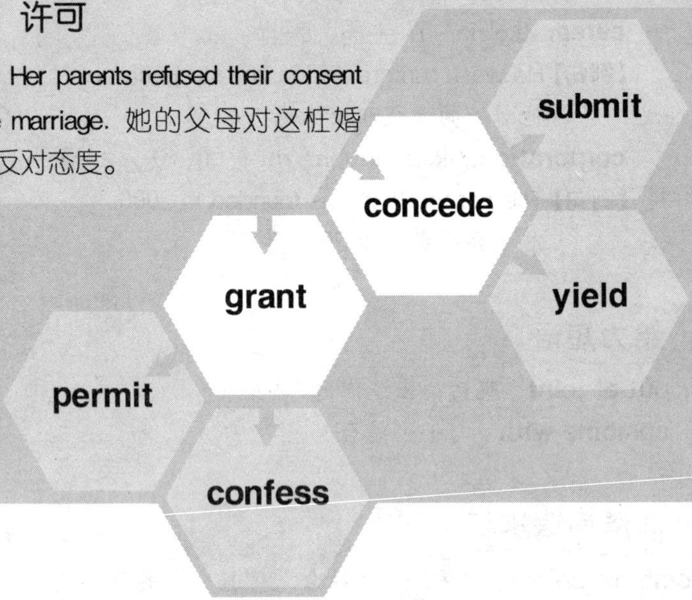

submit
concede
grant
yield
permit
confess

consent *vi*. 同意，承诺 *n*. 同意，许可

— **concede** /kən'siːd/ *v*. 承认，让步，退让

例句 I conceded that I had made a mistake.
我承认我犯了一个错误。

submit /səb'mit/ *vt*. 呈送，递交，主张 *vt*. 使服从，屈服

【例句】Should you submit yourself to him?
你应该顺从他吗?

yield /jiːld/ *n*. 生产量，投资收益 *v*. 生产，屈服，投降

【例句】All these have helped raise farm yields steadily.
所有这些都有助于农业产量的稳步提高。

— **grant** /grɑːnt/ *vt*. 授予，同意，承认

例句 I grant that your explanation is reasonable.

我承认你的解释是合理的。

permit /pə(ː)mit/ *n*. 许可证，执照 *v*. 允许，许可

【例句】You permit your children too much freedom.

你对孩子们太放纵了。

confess /kən'fes/ *vt*. 承认，告白，忏悔

【例句】He confessed himself to be unfaithful to his friends.

他承认自己对朋友不忠实。

给力短语

1. **correspond to/ with** 与……一致，符合，相当于，与……相似
2. **take it for granted** 认为理所当然
3. **deserve to** 值得；应受；应该得到
4. **confess to** 承认
5. **submit oneself to** 甘受，服从

混淆词语辨析

give/grant/present/confer 都含“给”的意思。

give 属于常用词，指“给予”、“授予”、“赠送”、“提供”等；

grant 指“上级对下级的赐予或答应给什么”；

present 指“正式地给”，即“赠给”，并且所赠之物有一定价值；

confer 指“经批准授予（学位、称号等）”。

单词大考验

Q: Because of his excellent administration, people lived in peace and ________ and all previously neglected matters were taken care of .

A. conviction B. contest C. consent D. content

答案：D

（由于他出色的管理，人们生活得很满足也很和平，之前被忽略的问题也都被顾及到了。）A “深信；定罪”；B “竞赛；争夺”；C “同意，赞同”；D “满足；内容”。答案要与原文中的 peace 相搭配。

C

conserve /kənˈsəːv/ *n*. 蜜饯 *v*. 保存，保藏

例句 The country starts carrying out new laws to conserve wildlife in the area. 该国开始实施新的法令来保护这一地区的野生动物。

deserve

observe

reserve

observer

reservoir

preserve

conserve *n*. 蜜饯 *v*. 保存，保藏

— **observe** /əbˈzəːv/ *v*. 观察，遵守，注意到

例句 We have never observed him do otherwise.
我们从未看到他有不同的做法。

deserve /diˈzəːv/ *vi*. 应该得到

【例句】He didn't really deserve (that) she should be so kind to him. 他确实不值得她对他那么好。

observer /əbˈzəːvə/ *n*. 观察者

【例句】The old man was sent along as an observer.
那位老人被派作观察员。

— **reserve** /riˈzəːv/ *n*. 储备，储存 *vt*. 保留，预订，推迟

【例句】These seats are reserved for teachers.

这些座位是留给老师的。

reservoir /ˈrezəvwɑː/ *n*. 水库，蓄水池

【例句】The big storms in August refilled the reservoirs.

八月的暴雨又使水库积满了水。

preserve /priˈzəːv/ *v*. 保护，保持，维持，防腐

【例句】It's the duty of the police to preserve the public order.

维护公共秩序是警察的职责。

给力短语

1. **in reserve** 留下的，备用的
2. **deserve to** 值得；应受；应该得到

混淆词语辨析

keep/retain/reserve 都含"保持"、"保存"的意思。

keep "使长时期置于不脱离控制、掌握、照料之下"；

retain 较正式，强调"继续保持"，特指"保持使不失去或被夺走"；

reserve 指"为一目的保持或保存一段时间"。

单词大考验

Q: In previous times, when fresh meat was in short ________, pigeons were kept by many households as source of food.

A. store　B. provision　C. reserve　D. supply

答案：D

（先前，当鲜肉供给不足时，许多家庭便以养鸽子为食。）

固定词组。in short supply 是一习惯用法，意思为"供给不足"。

C

C consequence /ˈkɔnsikwəns/ n. 结果，后果

例句 This matter is of great consequence to all of us. 对于我们来说这件事非常重要。

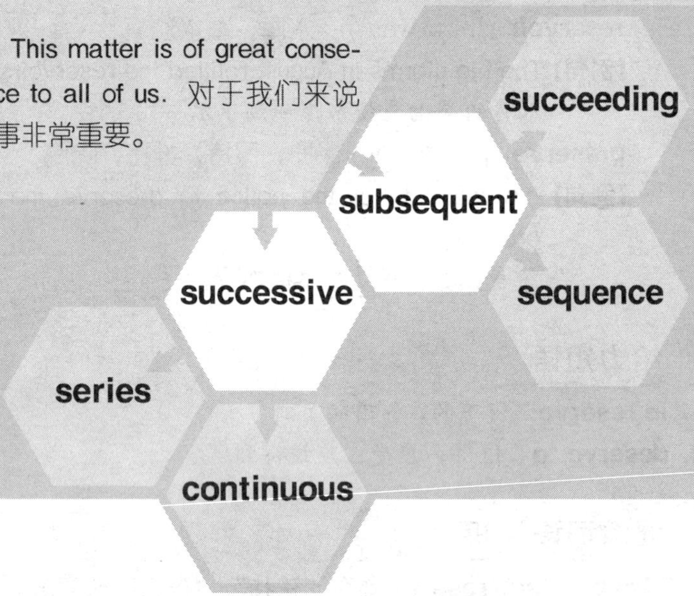

succeeding
subsequent
successive
sequence
series
continuous

consequence n. 结果，后果

subsequent /ˈsʌbsikwənt/ a. 随后的，后来的

例句 The story will be continued in subsequent issues of the magazine. 小说将继续在以后几期杂志上连载。

succeeding /səkˈsiːdiŋ/ a. 随后的，后来的

【例句】And they pass the skill down to each succeeding generation. 他们把这种技巧也传给了下一代。

sequence /ˈsiːkwəns/ n. 序列，继起的事，顺序

【例句】He had to attend a sequence of meetings. 他得参加一系列会议。

successive /səkˈsesiv/ a. 接连的，连续的

例句 He won three successive matches. 他连胜三场比赛。

series /ˈsiəriːz/ *n*. 连续，系列

【例句】She attended all the lectures in the series.

这一系列的演讲她全听了。

continuous /kənˈtinjuəs/ *a*. 连续的，继续的，连绵不断的

【例句】The brain needs a continuous supply of blood.

大脑需要不断被供给血液。

给力短语

1. **a series of** 一系列，许多
2. **in series** 连续，逐次
3. **in consequence** 因此，结果
4. **in consequence of...** ……的结果，因为……的缘故，由于

混淆词语辨析

continual/continuous/constant 都含有“连续的”、“不断的”意思。

continual 指“一段时间内多次发生”、“时断时续”或“中断时间很短而又接连发生”；

continuous 指“连续不断的”；

constant 指“始终如一的”、“不变的”、“持续地发生”或“反复地发生”。

单词大考验

Q: It is our ________ policy that we will achieve unity through peaceful means.

A. consistent B. continuous C. considerate D. continual

答案：A

（运用和平手段实现统一是我们一贯的政策。）词义辨析。A“始终如一的，一贯的”；B“持续的，连续的”；C“考虑周到的”；D“不断的”。

C

contemporary /kən'tempərəri/ *n*. 同时代的人 *a*. 同时代的

例句 She and I were contemporaries at college. 她和我在大学是同学。

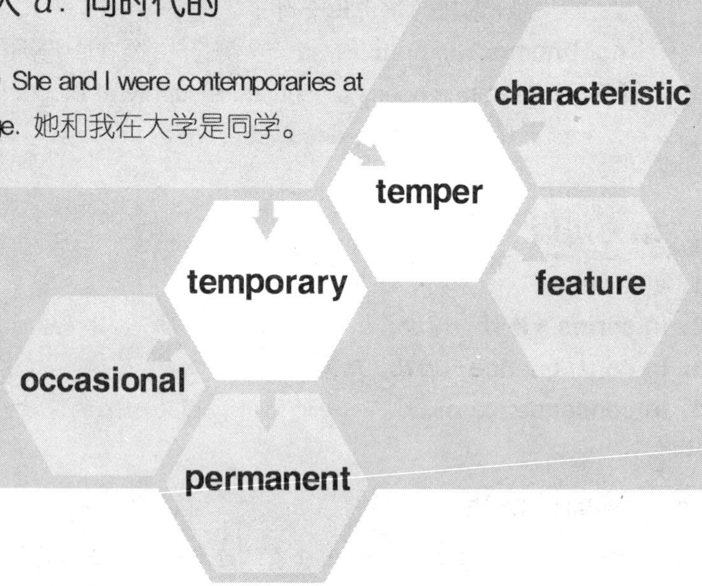

characteristic

temper

temporary

feature

occasional

permanent

contemporary *n*. 同时代的人　*a*. 同时代的

— **temper** /'tempə/ *n*. 脾气，性情

例句 She has a naturally sweet temper.
她生性和蔼可亲。

characteristic /ˌkæriktə'ristik/ *n*. 特征

【例句】It is their distinguishing characteristic.
这是他们与众不同的特征。

feature /'fiːtʃə/ *n*. 特征，容貌；特点，特色

【例句】The island's chief feature was its beauty.
这个岛的主要特色是风景秀丽。

— **temporary** /'tempərəri/ *a*. 暂时的，临时的

例句 They just reached a temporary agreement.

他们只是达成一个临时协议。

occasional /ə'keiʒnəl/ *a*. 偶然的，不时的

【例句】He pays me occasional visits. 他偶尔来看我一次。

permanent /'pəːmənənt/ *a*. 永久的，持久的

【例句】The coat gives permanent protection against heavy rain. 这种防雨衣经久耐用。

C

给力短语

1. **out of temper** 生气，发脾气
2. **temporary worker** 临时工

混淆词语辨析

quality/characteristic/feature 都含"特点"、"特性"、"特征"的意思。

quality 属于常用词，指"表现于某人或某物与其他不同的特质或特点"；

characteristic 指"特殊的、易于辨认的特性或特征"；

feature 指"引人注意的显著特征或细节"。

单词大考验

Q: The manager spoke highly of such ________ as loyalty, courage and truthfulness shown by his employees.

A. virtues　　B. features

C. properties　　D. characteristics

答案：A

(这位经理高度赞扬了他的员工所表现出的诚实、勇敢、守信等美德。)词义辨析题。virtue 意为"优点、美德、好处"；feature 意为"相、特色、特征、特写、特别报导"等；property 意为"属性、性质"；characteristic 意为"特点、特征、特色"。

convert /kən'vəːt/ v. 使转变，转换

例句 That building has been converted into a school. 那座楼房改成学校了。

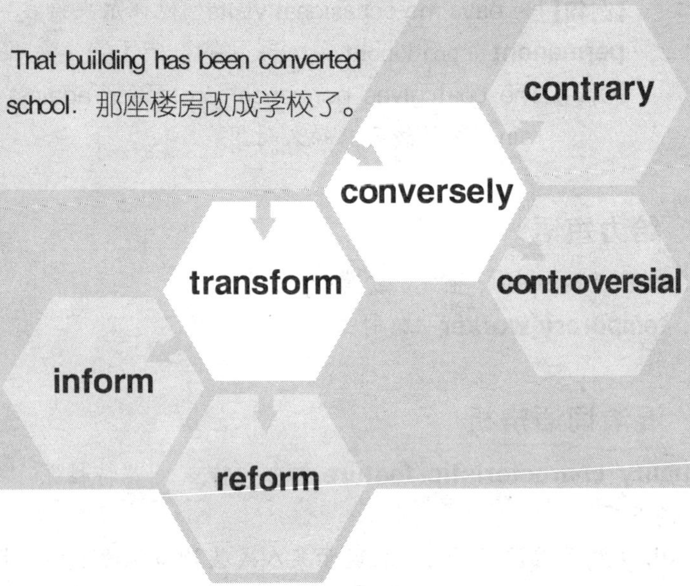

contrary
conversely
transform
controversial
inform
reform

convert v. 使转变，转换

conversely /'kɔnvəːsli/ ad. 相反地

例句 He placed the box conversely.
他把箱子放倒了。

contrary /'kɔntrəri/ a. 相反的　n. 反面，相反

【例句】My sister's taste in dresses is contrary to my own.
在服装方面，我妹妹的爱好和我完全不同。

controversial /ˌkɔntrə'vəːʃəl/ a. 引起争论的，有争议的

【例句】The topic of argument is controversial.
这个议题是很有争议的。

transform /træns'fɔːm/ v. 改变

例句 His plans were transformed overnight into reality.

他的计划迅速变为现实。

inform /inˈfɔːm/ *vi*. 检举，告发 *vt*. 通知，通告

【例句】Please inform us if the address has any change.

如果地址有变，请通知我们。

reform /riˈfɔːm/ *v*. 改革，改造，改善 *n*. 改革，改正

【例句】The trouble is they have never succeeded at tax reform. 糟糕的是他们从来没有成功地进行税收改革。

给力短语

1. **convert into** 转换成
2. **on the contrary** （与此）相反，反之
3. **inform sb. of sth.** 通知某人某事
4. **be informed of** 听说，了解；接到……的通知

混淆词语辨析

transform/convert 都含“使某物发生改变”的意思。

transform 指“人、物在性质上或形态上发生彻底或基本的变化”；

convert 指“使某物从一种状态或情况转变为其他状态或情况”，特指“使适于新的用途或目的而转变”。

单词大考验

Q: The author of the report is well ________ with the problems in the hospital because he has been working there for many years.

A. informed B. acquainted

C. enlightened D. acknowledged

答案：B

（这个报告的作者对这个医院的问题很了解，因为他已经在那儿工作好多年了。）搭配题，be acquainted with 表示“对……熟悉、了解”。

C

convict /ˈkɔnvikt/ *n*. 囚犯，罪犯 *vt*. 宣告……有罪

例句 You can't convict a man of a crime on circumstantial evidence alone. 不能只靠旁证就判定一个人有罪。

confident

convince

criminal

persuade

offence

critical

convict *n*. 囚犯，罪犯 *vt*. 宣告……有罪

convince /kənˈvins/ *vt*. 说服，使……相信

例句 I had failed to convince him of his error.
我无法说服他让他认识到自己的错误。

confident /ˈkɔnfidənt/ *a*. 确信的，自信的

【例句】I feel confident that we will win.
我确信我们将胜利。

persuade /pəˈsweid/ *vt*. 劝说，说服

【例句】The salesman persuaded us to buy his product.
那个推销员说服了我们买他的产品。

criminal /ˈkriminl/ *a*. 犯罪的，刑事的 *n*. 罪犯

例句 He is a habitual criminal. 他是一个惯犯。

offence /ə'fens/ *n*. 过错，犯法

【例句】She felt she had committed an offence against the right of others.

她觉得自己侵犯了他人的权利。

critical /'kritikəl/ *a*. 批评的，决定性的，危险的

【例句】Your critical analysis helped me a great deal.

你的批评性分析对我帮助很大。

给力短语

1. **convict of** 证明有……罪；宣判有……罪
2. **convince sb. of** 使某人承认，使某人信服
3. **convince sb. to do sth.** 说服某人去做某事
4. **persuade sb. of sth.** 使某人相信

混淆词语辨析

crime/offence/violation 都含“不同程度违法行为”的意思。

crime 指“严重违反成文法规或不成文法规的犯罪行为，该罪犯应受到法律制裁”；

offence 指“违反法规、教规或道德标准等的行为”，其严重程度比 **crime** 轻；

violation 指“违反规则、违背条约或侵犯权利等的行为”。

单词大考验

Q: The director was critical ______ the way we were doing the work.

A. at B. in C. of D. with

答案：C

（主任对我们的工作方式很挑剔。）固定搭配。be critical of 为固定搭配，意思为“对……挑剔，吹毛求疵”。

C

cooperate /kəuˈɔpəreit/ *vi*. 合作，协力

例句 We hope we can cooperate even more closely in the future. 希望我们今后能更加密切地合作。

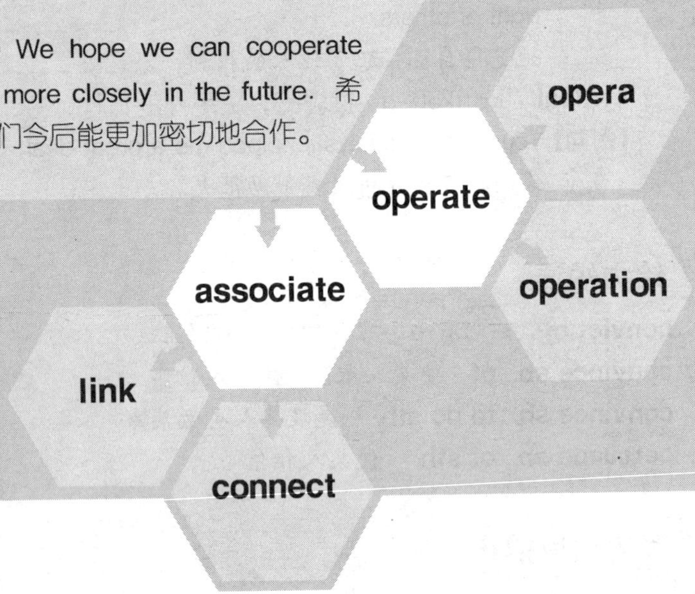

opera

operate

associate

operation

link

connect

cooperate *vi*. 合作，协力

— **operate** /ˈɔpəreit/ *v*. 操作，运转，动手术，经营

例句 Gradually she learned to operate a lathe.
她慢慢地学会了开车床。

opera /ˈɔpərə/ *n*. 歌剧

【例句】An opera is a play set to music. 歌剧是谱上曲的戏剧。

operation /ˌɔpəˈreiʃən/ *n*. 手术，经营，操作

【例句】The company will soon begin operation.
那家公司不久就要开始营业。

— **associate** /əˈsəuʃieit/ *n*. 同事，同伴 *v*. 使联系，联合；交往

例句 I always associate her with happiness.
我总是将她与幸福联系在一起。

link /lɪŋk/ *v*. 连接，联系 *n*. 环节，联系，纽带

【例句】The road links all the new towns.

这条路把所有的新市镇连接在一起。

connect /kəˈnekt/ *v*. 连接

【例句】The telephone operator connected us.

话务员给我们接通了电话。

给力短语

1. **cooperate with (sb.) in (sth.)** 和（某人）合作（某事）
2. **connect with** 和……有联系，和……有关
3. **in operation** 在活动（运转着）；实行着
4. **bring into operation** 实施，施行
5. **associate oneself with** 加入；参与
6. **associate with** 和……来往，和……共事
7. **link together/ to/with** 连接

混淆词语辨析

join/connect/link 都含“联系”的意思。

join 指把明显不同的事物联系起来；

connect 指松散地、不很肯定地联系，各个部分保持原有的特色；

link 原指链条的一环，所含的联系牢固而明确，紧密度远超过 **connect**。

单词大考验

Q: Actually, information technology can ________ the gap between the poor and the rich .

A. link B. break C. ally D. bridge

答案：D

（事实上，信息技术能够消除穷人和富人之间的隔阂。）本题考查的是固定搭配 bridge the gap between...and...“消除……之间的隔阂”。

C

cruel /ˈkruəl/ *a*. 残忍的，残酷的；令人痛苦的

例句 Fate dealt him a cruel blow.
命运给他以惨痛的打击。

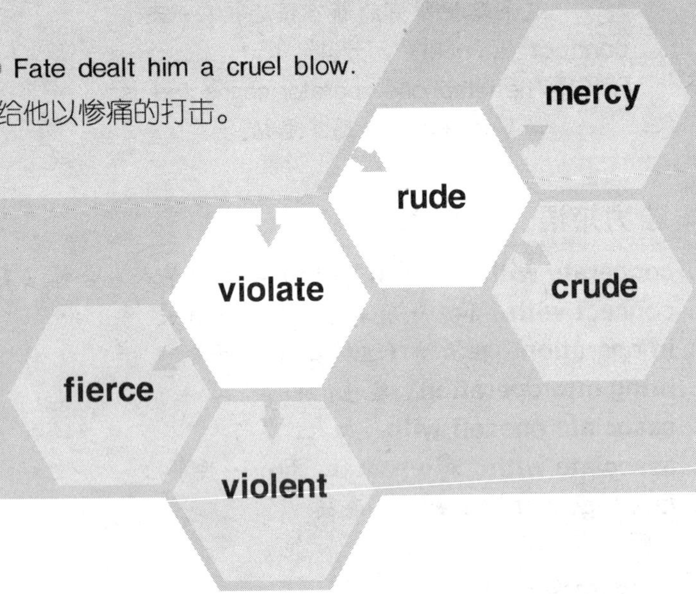

mercy
rude
crude
violate
fierce
violent

cruel *a*. 残忍的，残酷的；令人痛苦的

rude /ruːd/ *a*. 粗鲁的，无礼的，残暴的

例句 He was punished because he was rude to the policeman. 他因为对警察不礼貌而受了处罚。

mercy /ˈməːsi/ *n*. 仁慈，宽恕，怜悯

【例句】We do pray you to show mercy.
我们恳求你发发慈悲。

crude /kruːd/ *a*. 粗鲁的，简陋的，天然的，未加工的

【例句】The cottage wears a very crude appearance.
那幢农舍外观颇为简陋。

violate /ˈvaiəleit/ *vt*. 违犯，亵渎，干扰

例句 The traders' practice did not violate the law.

商家的这种做法并不违犯法律。

fierce /fiəs/ *a*. 猛烈的，残忍的，狂暴的，强烈的

【例句】The competition in this region is very fierce.

这个地区内的竞争非常激烈。

violent /ˈvaiələnt/ *a*. 暴力的；强烈的

【例句】A violent impatience overcame him.

他变得极不耐烦。

C

给力短语

1. **resort to / use violence** 使用暴力
2. **at the mercy of** 任……处置
3. **crude oil** 原油

混淆词语辨析

wild/ fierce/ savage 都含“野蛮的”意思。

wild 普通用语。指野性的、无节制的行为，无发怒或严厉之意；

fierce 指人或动物易怒的和有凶暴脾气的；

savage 表示不开化或缺乏感情的控制力。

单词大考验

Q: The relationship between employers and employees has been studied ________.

A. originally B. extremely C. violently D. intensively

答案：D

(雇主和雇员之间的关系已被做了精密的研究。) originally 意为“新颖地、独特地”等；extremely 意为“(强度)极端地”；violently 意为“猛烈地、使用暴力地”等；intensively表示“强烈地、密集地”等。

C

crucial /ˈkruːʃl, ˈkruʃəl/ *a*. 关键的，决定性的

例句 These negotiations are crucial to the future of our firm. 这些谈判对我们公司的前途至关重要。

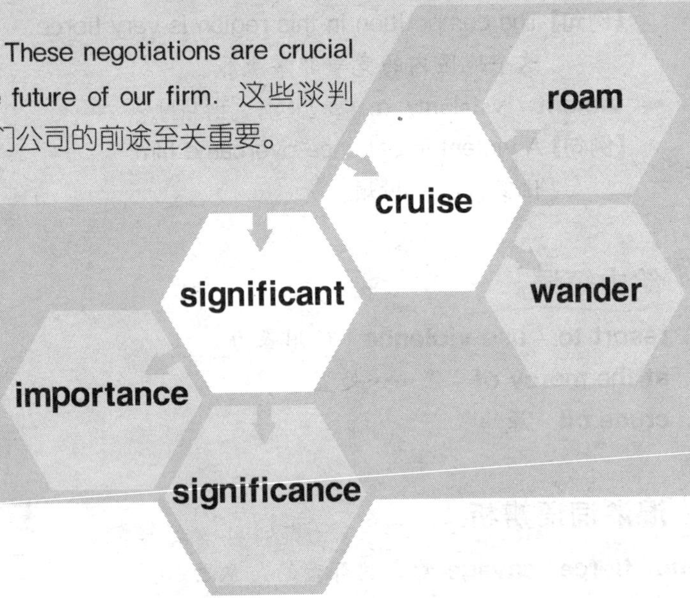

roam

cruise

significant

wander

importance

significance

crucial *a*. 关键的，决定性的

cruise /kruːz/ *n*. /*vi*. 巡航，巡弋，漫游

例句 They will go cruising in the Mediterranean.
他们将在地中海上巡游。

roam /rəum/ *n*. /*v*. 漫步，漫游

【例句】They roamed about in the park.
他们在公园里漫步。

wander /ˈwɔndə/ *vi*. 漫游，闲逛，漫步；走神，偏离正道

【例句】The travelers wandered in the way.
旅行者们在途中迷了路。

significant /sigˈnifikənt/ *a*. 有意义的，相当数量的，意味深长的，重要的

例句 This is a significant contribution to knowledge.

这是对知识的重大贡献。

importance /imˈpɔːtəns/ *n*. 重要（性）

【例句】There was nothing in the letter of particular importance. 这封信里没什么特别重要的内容。

significance /siˈgnifikəns/ *n*. 意义，重要性

【例句】This fact has little significance for us.

这一事实对我们没有什么意义。

给力短语

cruise missile 巡航导弹

混淆词语辨析

importance/consequence/significance 都含“重要性”的意思。

importance 为一般用语，着重指“本身具有重大价值、意义、影响等”；

consequence 侧重指“具有重要或深远的后果”；

significance 指“很快地显示其特殊重要意义”。

walk/ wander/stroll/ roam 都含有“流浪，漫步”的意思。

walk 是常用词，没有特殊色彩的含义；

wander 的含义就是“无目的地、无固定路线地到处闲荡、漂泊”，可以用于人或物；

stroll 与 **walk** 都可以表示“散步”，**stroll** 所表示的“散步”含有“出门闲逛同时看看风景或有意识地把漫步作为一种户外活动”的意思；

roam 指“在一广大地区无目的地漫游”，内含“自由”、“快乐”之意。

单词大考验

Q: The clothes a person wears may express his ________ or social position.

A. curiosity B. determination C. significance D. status

答案：D

（一个人的衣着能体现他的身份和地位。）词义辨析。A“好奇心，求知欲”；B“决心；决定”；C“意义，重要性”；D“身份，地位”。

D

damage /ˈdæmidʒ/ *n*.（*pl*.）赔偿金，损坏，毁坏 *v*. 损害，毁坏

例句 Drinking and smoking can damage your health. 饮酒和吸烟会损害你的健康。

spoil
ruin
destroy
wreck
destruction
destructive

damage *n*.（*pl*.）赔偿金，损坏，毁坏 *v*. 损害，毁坏

ruin /ruin, ˈruːin/ *n*.（*pl*.）废墟，毁 *vt*. 毁坏，破坏

例句 This flood will be the ruin of the harvest.
这场洪水将是没有收成的祸根。

spoil /spɔil/ *v*. 损坏，糟蹋；宠坏，溺爱 *n*. 战利品，掠夺物

【例句】The heavy rain has spoilt the flowers in the park.
这阵大雨把公园里的花全浇坏了。

wreck /rek/ *n*. 失事船（或飞机），残骸，（船、飞机的）失事

【例句】All around were the wrecks of previous crashes.
四周全是以前撞毁的汽车残骸。

destroy /disˈtrɔi/ *vt*. 破坏，毁坏

【例句】What he said destroyed their last hope.
他说的话摧毁了他们最后的希望。

destruction /dis'trʌkʃən/ *n*. 破坏，毁灭

【例句】The enemy bombs caused widespread destruction.
敌人的炸弹造成大面积的破坏。

destructive /dis'trʌktiv/ *a*. 破坏的，损坏性的

【例句】It is the most destructive storm in 20 years.
这是20年来破坏性最大的一次风暴。

给力短语

in ruins 成为废墟

混淆词语辨析

damage/destroy/ruin 都含"破坏"、"毁坏"的意思。

damage 指"价值、用途降低或外表损坏等，不一定全部破坏，损坏了还可以修复"；

destroy 指"彻底毁坏以致不能或很难修复"；

ruin 现在多用于借喻中，泛指一般的"弄坏了"。

单词大考验

Q: The small town was ________ in the battle.

A. determined　　B. destroyed

C. disturbed　　D. damaged

答案：B
（那个小城镇在战火中毁坏了。）A "决定"；B "毁坏"；C "搞乱"；D "损害"。

D

damp /dæmp/ *a*. 湿气的，有湿气的

例句 It's damp and cold, I think it's going to rain. 天气又湿又冷，我看要下雨。

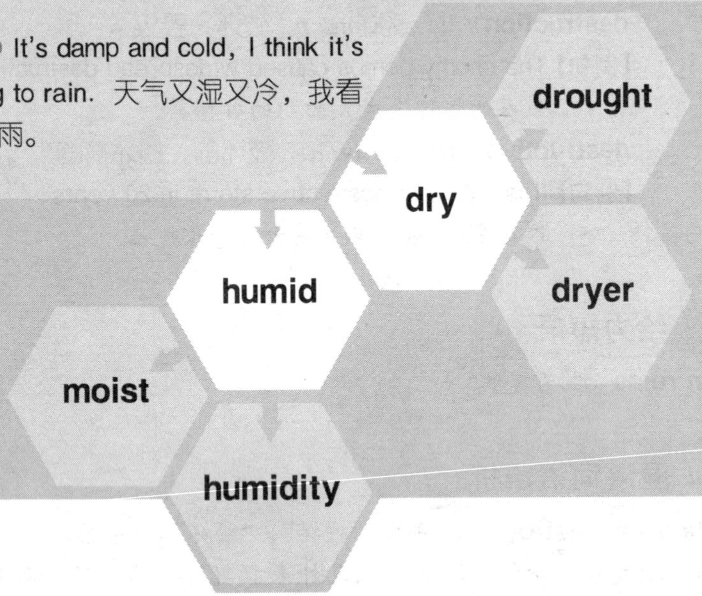

drought

dry

humid

dryer

moist

humidity

damp *a*. 湿气的，有湿气的

dry /drai/ *a*. 干的；口渴的；枯燥无味的 *vt*. 把……弄干

例句 She dried her tears with a handkerchief.

她用手帕擦干了眼泪。

drought /draut/ *n*. 干旱，旱灾

【例句】The crops died during the drought.

久旱无雨期间，庄稼都枯死了。

dryer /ˈdraiə/ *n*. 烘干机

【例句】She bought an electric hairdryer.

她买了个电吹风。

humid /ˈhjuːmid/ *a*. 潮湿的

例句 The moisture in the air makes it humid today.
今天空气中水气大，天气很潮湿。

moist /mɔist/ *a*. 潮湿的，湿润的

【例句】Strawberries grow best in a cool, moist climate.
草莓最适于在凉爽、潮湿的气候条件下生长。

humidity /hjuːˈmiditi/ *n*. 湿度，湿气

【例句】It's the humidity that makes it so uncomfortable today. 湿气使得今天很不舒服。

D

给力短语

1. **dry out** 使完全变干，使吃透
2. **dry up** 使干透，使枯竭
3. **dry cleaning** 干洗

混淆词语辨析

damp/ wet 都含"潮湿的"意思。

damp 指令人不快的稍微潮湿；

wet 是指因水或某种液体渗漏而弄湿的潮湿。

单词大考验

Q: Keep the soil ________ while the seeds are sprouting.

A. moist B. crowded C. deserted D. wet

答案：A
（当种子发芽的时候记得保持土壤潮湿。）A "潮湿的"；B "拥挤的"；C "荒芜的"；D "湿润的"。

D

deceive /di'siːv/ v. 欺骗，蒙骗

例句 He deceived his friends about his income. 他在自己的收入问题上欺骗了朋友。

perception
perceive
disguise
comprehensive
discard
disgust

deceive v. 欺骗，蒙骗

perceive /pə'siːv/ vt. 察觉，认知，理解

例句 We perceived a little girl coming toward us.
我们发觉一个小女孩正朝我们这边走来。

perception /pə'sepʃən/ n. 感觉，知觉

【例句】He was a man of keen perception.
他是一个感觉敏锐的人。

comprehensive /ˌkɔmpri'hensiv/ a. 综合的，广泛的，理解的

【例句】The reporter has made a comprehensive report.
记者已做了全面的报道。

disguise /dis'gaiz/ n. 假面目，假装 vt. 假装，伪装

【例句】He went among the drug dealers in disguise.
他化装混到毒品贩子当中。

discard /dis'kɑːd/ *n*. 丢弃，扔掉 *vt*. 丢弃，抛弃

【例句】He discarded his winter clothing.
他把冬天穿的衣服都扔掉了。

disgust /dis'gʌst/ *n*. 厌恶，嫌恶 *vt*. 令人厌恶

【例句】The food at the hotel filled him with disgust.
旅馆的食物使他作呕。

给力短语

1. **deceive sb. into doing sth.** 骗某人做某事
2. **in disguise** 假扮，伪装

混淆词语辨析

sensation/ impression/perception 都含"感觉，印象"的意思。

sensation 指听觉、味觉、视觉、嗅觉或触觉，用作不可数名词时，指感觉力；

impression 指外部刺激在思想中产生的印象；

perception 为正式用语，不可数名词，侧重对外界刺激的反应和对事物的辨别。

单词大考验

Q: Many a player who had been highly thought of has ________ from the tennis scene.

A. disposed B. disappeared

C. discouraged D. discarded

答案：B
（许多被看好的运动员都从网球赛场上消失了。）A"处理"；B"消失"；C"失去勇气"；D"丢弃"。

D depend /di'pend/ *vi*. 依靠，相信，信赖

例句 It all depends. I have certain doubts about it. 这很难说，得看情况。

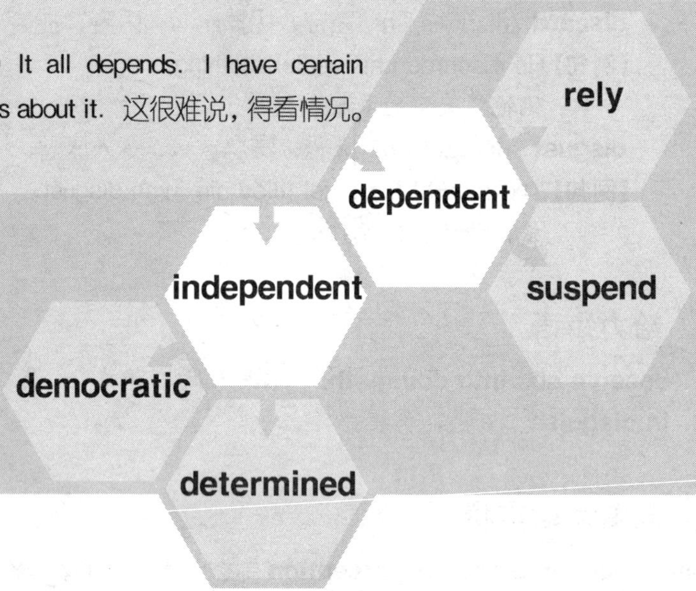

rely
dependent
independent
suspend
democratic
determined

depend *vi*. 依靠，相信，信赖

— **dependent** /di'pendənt/ *a*. 依靠的，依赖的

例句 He has a mother completely dependent on him.
他有一个完全靠他赡养的母亲。

rely /ri'lai/ *vi*. 信赖，依靠，信任

【例句】He had proved that he could be relied on in a crisis.
他已证明，在紧要关头他是可以信赖的。

suspend /səs'pend/ *vt*. 推迟，悬（浮），暂停

【例句】Both sides in the conflict have agreed temporarily to suspend hostilities. 冲突双方同意暂时停火。

— **independent** /indi'pendənt/ *a*. 独立的，自主的；不受约束的

【例句】Children should be encouraged to be independent thinkers. 应该鼓励孩子独立思考。

democratic /ˌdeməˈkrætik/ *a*. 民主的

【例句】He heroically defended democratic principles.
他勇敢地捍卫民主原则。

determined /diˈtəːmind/ *a*. 决定了的，坚决的

【例句】As he was not reconciled to his defeat, he was determined to try again in the next contest.
他不甘心这次失败，决心在下次比赛中再作努力。

给力短语

1. **sb. depend on** 依靠；依赖
2. **sth. depend on** 取决于
3. **independence from** 独立
4. **rely on/upon** 依靠；信任，信赖

混淆词语辨析

depend/ rely 这两个动词后跟 **on**（**upon**），均有"依赖、依靠"之意。

depend 侧重指因自身能力不足或缺乏自信心而依靠他人或物给予帮助或支持；

rely 通常包含着以前的经验证明对方是能依赖的意思。

单词大考验

Q: Driving a car is not as difficult as you imagine, if you ________ the rules.

A. depend on B. believe in C. turn to D. stick to

答案：D
（如果你遵守规则，开车就不会像你想象中的那么难了。）A"依靠，依赖"；B"相信"；C"转向，变成"；D"坚持，粘住"。

D

D detect /di'tekt/ *vt*. 发现，发觉，查明

例句 They need instruments that can detect radiation. 他们需要能够检测辐射的仪器。

defend

protect

investigate

guard

investment

reveal

detect *vt*. 发现，发觉，查明

protect /prə'tekt/ *vt*. 保护

例句 You should protect the children from catching cold.
你应该防备孩子们受凉。

defend /di'fend/ *v*. 防护，辩护，防卫

【例句】She defended herself successfully in court.
她在法庭上成功地为自己进行了辩护。

guard /gɑːd/ *n*. 守卫，警戒　*v*. 保卫，看守

【例句】Three men guarded him whenever he went out.
每当他外出时都有三个人保护他。

investigate /in'vestigeit/ *vt*. 调查，研究

例句 He has carefully investigated the allegations.

他对这些指控作了详细调查。

investment /inˈvestmənt/ *n*. 投资，投入

【例句】They should attract foreign investment.

他们应吸引外资。

reveal /riˈviːl/ *vt*. 显示，透露

【例句】He revealed the secret by accident.

他不小心泄漏了这个秘密。

给力短语

1. **detect sb. in (doing)...** 发觉某人在做（坏事）
2. **protect from** 防止……遭受……；使……免于……
3. **independence from** 独立

混淆词语辨析

defend/guard/protect 都含“保护”、“使安全”的意思。

defend 指“保卫”、“防御”，应用范围很广，对象可以是具体的，也可以是抽象的；

guard 指“戒备，以免受可能的攻击或伤害”；

protect 指“保护……以免遭受危险或伤害等”。

单词大考验

Q: We will ________ all kinds of pollution control methods to protect our living conditions.

A. defend　B. encode　C. support　D. enforce

答案：D

（我们会实施所有控制污染的方法来保护我们的生活环境。）

A “保卫，防护”；B “编码”；C “支持”；D “实施，执行”。

D

direct /di'rekt, dai'rekt/ *a*. 直的，直接的，坦白的 *vt*. 指示，指挥，命令 *ad*. 直接地

例句 The teacher suggested that I write him direct. 老师建议我直接写信给他。

triangle
ankle
angle
director
directly
direction

direct *a*. 直的，直接的，坦白的 *vt*. 指示，指挥，命令 *ad*. 直接地

triangle /'traiæŋgl/ *n*. 三角（形）

例句 He drew a right triangle. 他画了一个直角三角形。

ankle /'æŋkl/ *n*. 踝，踝关节

【例句】She turned her ankle while ice-skating. 她滑冰时扭伤了脚踝。

angle /'æŋgl/ *n*. 角度，观点 *vt*. 把……放置成一角度，使（新闻、报道等）带有倾向性

【例句】They discussed the matter from all conceivable angles. 他们从各种角度讨论了那件事情。

director /di'rektə, dai'rektə/ *n*. 董事，经理，主管，指导者，导演

【例句】I am a member of the board of directors.

我是董事会成员。

directly /di'rektli, dai'rektli/ *ad*. 直接地，立即，正好地

【例句】She answered me very directly and openly.

她非常坦率地、开门见山地答复了我。

direction /di'rekʃən, dai'rekʃən/ *n*. 方向，指导，用法说明

【例句】We are making changes in various directions.

我们在进行多方面的改革。

给力短语

1. **under the direction of** 在……指导、导演、指挥下
2. **in the direction of** （人和物运动的）方向

混淆词语辨析

direct/directly 都含"直接地"的意思。

direct 作副词的时候，用于具体意义的拐弯或转向；

directly 多用于抽象意义上的"直接地"，它还有"立即，马上"等意思。

单词大考验

Q: The technological innovations have had a ________ impact on our everyday lives.

A. intelligent B. direct C. tragic D. directive

答案：B

（技术革命已经对我们每天的生活造成了直接的影响。）A"有智慧的"；B"直接的"；C"悲剧的"；D"指导的，管理的"。

D

dictate /dik'teit/ *vt*. 指示；命令，口述 *n*. 命令，指令

例句 He always follows the dictates of common sense. 他总是按常识行事。

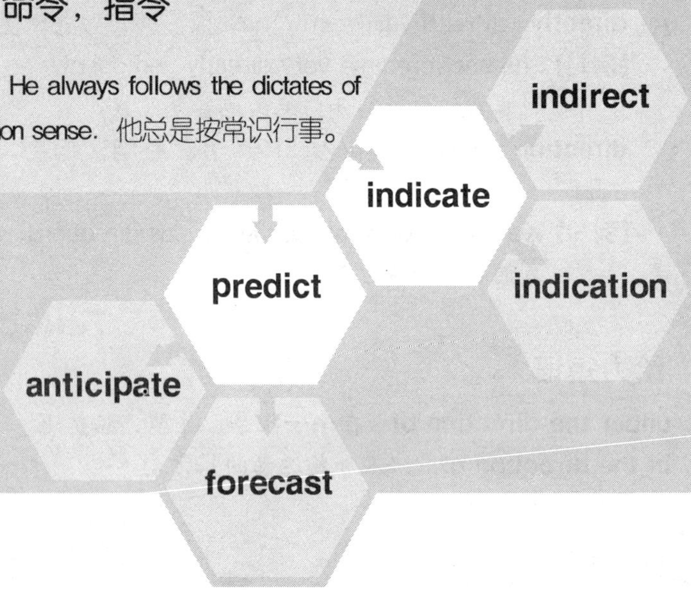

indirect
indicate
indication
predict
anticipate
forecast

dictate *vt*. 指示；命令，口述 *n*. 命令，指令

indicate /'indikeit/ *vt*. 指出，象征；表明

例句 The snow indicates the coming of winter.
这场雪表明冬天的来临。

indirect /ˌindi'rekt,indai'rekt/ *a*. 间接的，迂回的

【例句】He gave only an indirect answer.
他只作了间接的回答。

indication /ˌindi'keiʃən/ *n*. 象征，迹象，指示

【例句】Did he give you any indication of his feelings?
他向你表示了自己的感情了吗?

predict /pri'dikt/ *v*. 预知，预言，预报

例句 It's very hard to predict the result. 结果还很难预料。

anticipate /æn'tisipeit/ *vt*. 预期，预料，期待

【例句】We anticipate hearing from you again.

我们期待再接到你们的来信。

forecast /'fɔːkɑːst/ *n*. 预见，预测，预报 *vt*. 预测，预报

【例句】Now scientists can forecast the weather accurately.

现在科学家们能准确地预报天气。

给力短语

anticipate doing sth. 期望做某事

混淆词语辨析

expect/anticipate 都含“期待”的意思。

expect 指由于可能或根据计划期待某事会发生，比较确定；

anticipate 指期待某事会发生并为其做好准备，心情可以是喜悦的也可以是痛苦的。

单词大考验

Q: As you know, when college students ________ their future employment, they often think of status and income.

A. apply B. demand C. anticipate D. suppose

答案：C

（就如你所知，当大学生们展望自己未来的工作时，通常他们会想到的是职位和收入。）A “申请，请求”；B “求”；C “期望，预期”；D “假设”。

D

differ /ˈdifə/ *vi*. 不一致，不同

例句 People differ in their attitudes towards success. 人们对成功有不同的态度。

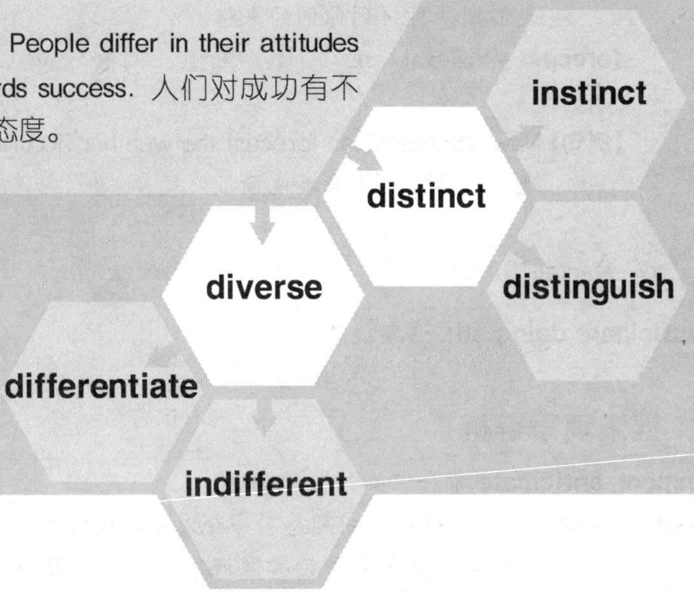

instinct

distinct

diverse

distinguish

differentiate

indifferent

differ *vi*. 不一致，不同

distinct /disˈtiŋkt/ *a*. 独特的，明显的，清楚的

例句 It is distinct that smoking is harmful to health.
很明显，抽烟对健康有害。

instinct /ˈinstiŋkt/ *n*. 本能，天性，直觉

【例句】Mother hens protect their young by instinct.
母鸡出于本能保护小鸡。

distinguish /disˈtiŋgwiʃ/ *v*. 区别，辨别

【例句】Speech distinguishes man from the animals.
言语使人区别于动物。

diverse /daiˈvəːs/ *a*. 不同的，相异的，多种多样的

例句 John and his brother have diverse interests.
约翰和他兄弟的兴趣迥然不同。

differentiate /ˌdifəˈrenʃieit/ *v*. 区别，差别

【例句】He cannot differentiate the two flowers.

他无法辨认这两种花。

indifferent /inˈdifərənt/ *a*. 漠不关心的，无重要性的

【例句】His manner was cold and indifferent.

他的态度既冷淡又无动于衷。

给力短语

1. **differ from**　不同于；和……不同
2. **differ in**　在……方面不同
3. **distinct from**　与……不同
4. **distinguish... from...**　辨别，识别；把……和……区别开
5. **be indifferent to**　对……不感兴趣的；漠不关心的

混淆词语辨析

different/diverse/distinct/various 都含“不同的”含义。

different 属于普通用语，指“事物间的区别或本质上的不同”，侧重“相异的”；

diverse 指“性质、种类十分不同的”；

distinct 指“两个或更多个东西各自有其特点，不容混淆”；

various 强调“种类或性质的不同与多样”，而不强调“其本质的差别”。

单词大考验

Q: William Penn, the founder of Pennsylvania, ________ defended the right of every citizen to freedom of choice in religion.

A. peculiarly　B. indifferently　C. vigorously　D. inevitably

答案：C

（William Penn 是宾夕法尼亚州的创立者，不知疲倦地捍卫着每个公民宗教信仰自由的权力。）副词词义辨析。A “特有地，特别地，奇特地”；B “漠然地，漠不关心地”；C “精力充沛地；强有力地”；D “不可避免地”。

D

E

economy /i(ː)ˈkɔnəmi/ *n*. 节约，经济

例句 The nation's economy is growing rapidly. 这个国家的经济在快速增长。

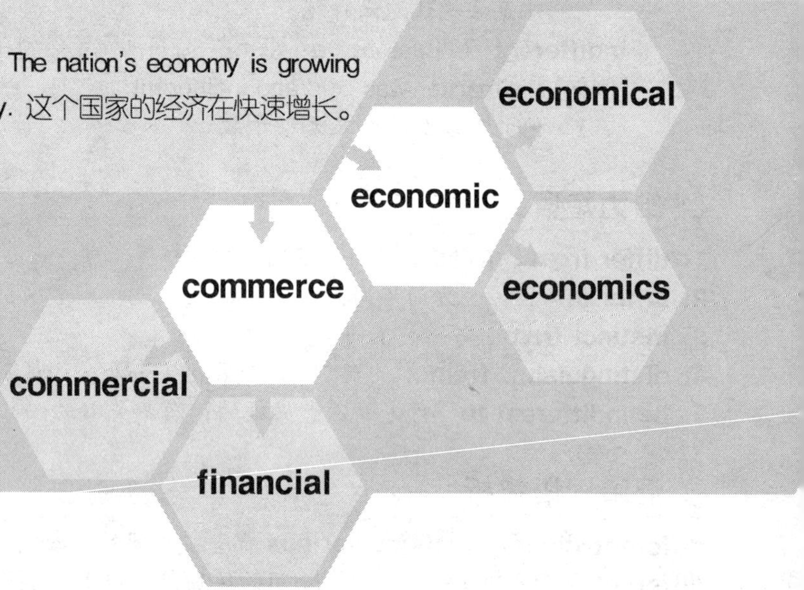

economical

economic

commerce

economics

commercial

financial

economy *n*. 节约，经济

economic /ˌiːkəˈnɔmik/ *a*. **经济的，经济学的**

例句 They bought an old house for economic reasons. 出于经济上的原因他们买了一所旧房。

economical /ˌiːkəˈnɔmikəl/ *a*. 节俭的，经济的

【例句】This car is economical to run because it doesn't use much fuel. 开这辆车省钱，因为它耗油不多。

economics /iːkəˈnɔmiks/ *n*. 经济学，国民情况

【例句】The economics of national growth are of great importance. 国民经济的增长情况具有极大的重要性。

commerce /ˈkɔmə(ː)s/ *n*. **商业，贸易**

例句 Our overseas commerce has increased a great deal.

我们的海外贸易已大大增加。

commercial /kəˈməːʃəl/ *a*. 商业的，商务的；商品化的

【例句】I work for a commercial radio station.

我在商业广播电台工作。

financial /faiˈnænʃəl/ *a*. 金融的，财政的

【例句】New York is a great financial center.

纽约是一个重要的金融中心。

给力短语

financial crisis 金融危机

混淆词语辨析

economic/ **economical**/ **financial**/ **economy** 均含有"经济的"之意。

economic 指与 **political**（政治的）相对而言的"经济的"；

economical 指与"节约"同义的"经济"，含"节约，不浪费"之意。

financial 指"财务的，金钱的，财政的，财力的"；

economy 在名词前作形容词用，相当于 **economical**，表"节约的"或"经济实惠的"。

单词大考验

Q: They claim that ________ 1,000 factories closed down during economic crisis.

A. sufficiently　　B. approximately

C. considerably　　D. properly

答案：B

（他们声称在经济危机期间大约有1000个工厂倒闭了。）A"足够地"；B"大约"；C"相当地"；D"适当地"。

E

E

electronic /iˈlekˈtrɔnik/ *a*. 电子的

例句 This dictionary is available in electronic version. 这个字典有电子版本。

electrical

electric

electron

electricity

volt

voltage

electronic *a*. 电子的

— **electric** /iˈlektrik/ *a*. 电的

例句 Electric heaters have their electric energy transformed into heat.

电热器使电能转化为热能。

electrical /iˈlektrik(ə)l/ *a*. 电的，电气科学的

【例句】He is an electrical engineer.

他是个电气工程师。

electricity /iˌlekˈtrisəti/ *n*. 电力，电流；极度兴奋

【例句】You can feel the electricity in the crowd.

你可以感觉到群众的激情。

— **electron** /iˈlektrɔn/ *n*. 电子

【例句】Much greater magnification can be obtained with the electron microscope.
用电子显微镜能获得大得多的放大倍数。

volt /vəult/ *n*. 伏特

【例句】The unit of voltage is the volt. 电压的单位是伏特。

voltage /ˈvəultidʒ/ *n*. 电压

【例句】If the voltage nemains constant, the more the resistance, the less the current. 如果电压维持不变，则电阻越大，电流越小。

给力短语

1. **electric current** 电流
2. **electric shock** 电击

混淆词语辨析

electric/ electrical/ electronic 均有“电的”之意。

electric 强调与电有直接的关系。一般而言，凡表示产生电的或由电开动、操纵的机器或装置要用 **electric**；

electrical 强调与电的关系是间接的。凡指电气性质，同电有关的或涉及电气科学技术研究的多用 **electrical**；

electronic 是 **electronics**（电子学）的形容词，指与电子装置有关的或使用电子装置的。

单词大考验

Q: There are few electronic applications ________ to raise fears regarding future employment opportunities than robots.

A. likely　　B. more likely

C. most likely　　D. much likely

答案：B
（很少有其他电子设备能比机器人更引起人们对将来就业的担忧了。）本题测试形容词的比较级。双音节或多音节的形容词，多以前面加 **more** 的方式构成比较级。

E

element /ˈelimənt/ *n*. 成分，要素，元素；基础，纲要

例句 The elements of physics are difficult to grasp. 物理原理是很难掌握的。

essential
elementary
primary
component
primitive
principal

element *n*. 成分，要素，元素；基础，纲要

elementary /ˌeliˈmentəri/ *a*. 初级的，基本的

例句 He is a self-educated man. He didn't finish even elementary school.

他是一个自学成材的人。他连小学也未读完。

essential /iˈsenʃəl/ *a*. 必要的，重要的，本质的 *n*. 本质，要点

【例句】There are essential differences between the two.

这两者之间有本质的区别。

component /kəmˈpəunənt/ *n*. 组成部分，原件，成份

【例句】A computer consists of thousands of components.

电脑由成千上万个部件组成。

primary /ˈpraiməri/ *a*. 主要的，初期的，根本的

【例句】People have no letters at the primary stage of civilization. 在文明的初期，人类是没有文字的。

primitive /ˈprimitiv/ *a*. 原始的 *n*. 原始人

【例句】Primitive man made himself primitive tools from stones and bones. 原始人用石块和骨头做原始的工具。

principal /ˈprinsəp(ə)l/ *a*. 主要的，最主要的

【例句】Drinking is a principal cause of highway deaths. 酗酒是公路死亡事故的最主要的原因。

给力短语

1. **be essential to** 对……有必要的
2. **principal element** 主要因素

混淆词语辨析

essential/ indispensable/ necessary/ vital 都含有“不同的”含义。

essential 强调某物或某事涉及本质或客观上十分必要；

indispensable 意为“不可或缺的，绝对需要的”，强调某人或某物起着不可替代的重要作用；

necessary 意为“必要的，必需的”，但通常不强调某物或某事绝对必要；

vital 意为“维持生命所必需的，关键的”，强调一旦缺少某物或某事将导致严重的问题。

单词大考验

Q: These goods are ________ for export, though a few of them may be so1d on the home market.

A. essentially B. completely C. necessarily D. remarkab1y

答案：A

（这些商品基本上是用于出口，尽管有一部分也在国内市场上销售。）词义辨析题。essentially 意为“基本上地”；completely 意为“完全地，彻底地”；necessarily 意为“必然地，必要地”；remarkably 意为“显著地，不平常地”。

E

E

employ /im'plɔi/ *vt*. 雇用，从事，使用

例句 How do you employ your spare time? 你是怎样利用你的空余时间的?

engagement
engage
employer
hire
employee
employment

employ *vt*. 雇用，从事，使用

engage /in'geidʒ/ *v*. 使忙于，从事于；使忙碌，订婚，雇用

例句 He was engaged to my sister.
他和我妹妹订婚了。

engagement /in'geidʒmənt/ *n*. 诺言，约会，婚约

【例句】I can't see you on Monday because I have a previous engagement. 星期一我不能见你，因为我有约在先。

hire /'haiə/ *n*. 租金，租用，雇用 *vt*. 雇用，租用

【例句】We hired a driver to take us on a tour of the city.
我们雇了一个司机带我们游览这个城市。

employer /im'plɔiə/ *n*. 雇主

例句 The university is a major employer in the area.

该大学是这一地区的大雇主。

employee /emplɔiˈiː/ *n*. 雇员

【例句】They are government employees. 他们是政府雇员。

employment /imˈplɔimənt/ *n*. 职业，雇用，使用

【例句】A large office requires the employment of many people.

一个大办事处需要雇用好多人员。

给力短语

1. **be engaged in** 从事……，着手……，忙于……
2. **be engaged to** 同……订婚

混淆词语辨析

employ/ hire 都含"雇用"的含义。

employ 强调长期的雇用，多用于一般公家机构或公司的正式职员；

hire 强调的是雇用短期或临时的职工，也可以指短期的租借。

单词大考验

Q: Many college students are ________ in various industries after their graduation.

A. fired B. employed C. included D. hired

答案：B

（许多大学生在毕业之后都能被各行各业雇用。）A "解雇"；B "雇用"；C "包括"；D "短期雇用"。

E

enforce /inˈfɔːs/ *vt*. 厉行，强迫，执行

例句 Don’t enforce your will on the child, please. 请别把你的意愿强加给这孩子。

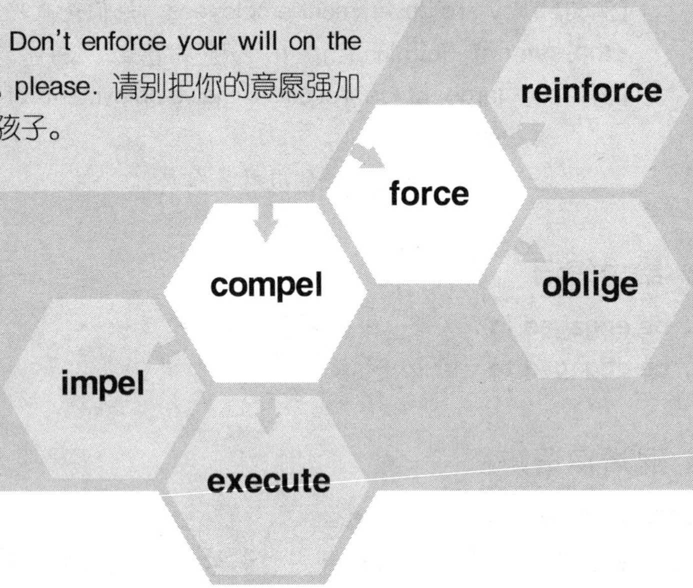

reinforce

force

compel

oblige

impel

execute

enforce *vt*. 厉行，强迫，执行

— **force** /fɔːs/ *n*. 力量，武力，影响力　*vt*. 强迫，强加压力

例句 It’s not proper to force your idea upon others.
把自己的想法强加于人是不恰当的。

reinforce /ˌriːinˈfɔːs/ *vt*. 加强，增援

【例句】They reinforced a coat by sewing pieces of leather on the elbows. 他们在外衣肘上缝皮革使衣服更耐穿。

oblige /əˈblaidʒ/ *v*. 强制，迫使做，施恩惠

【例句】Poverty obliged her to live a hard life.
贫困迫使她过艰苦的生活。

— **compel** /kəmˈpel/ *vt*. 强迫，迫使

例句 He was compelled by illness to suspend his traveling.
他因病不得不暂时中断旅行。

impel /im'pel/ *vt*. 推动，激励，驱使，逼迫

【例句】Financial pressures impel the firm to cut back on spending. 财政压力迫使公司减少开支。

execute /'eksikjuːt/ *vt*. 执行，实行，完成

【例句】Never once did I doubt that I would be able to execute my plan. 我从未怀疑过我能执行自己的计划。

给力短语

1. **in force** 有效，大批地
2. **force on** 强加于，强迫……接受
3. **compel sb. to do sth.** 强迫某人做某事
4. **be compelled to (do)** 不得不（做）
5. **be obliged to do sth.** 不得不（做某事），必须（做某事）

混淆词语辨析

compel/ constrain/ force/ oblige 都有“强迫”的意思。

compel 常表示运用权利、力量迫使对方做某事；有时也表示“别无办法，不得不做”；

constrain 与 **compel** 意思相近，但更多强调内心情感（如道德、怜悯等）的强迫和限制作用，一般用于正式的场合；

force 暴力威胁的意味较浓，常用于被动语态；

oblige（因法律、习俗等）强迫、迫使，常常用于被动语态。

单词大考验

Q: The same factors push wages and prices up together, the one ________ the other.

A. increasing　　B. emphasizing

C. reinforcing　　D. multiplying

答案：C

（相同的因素使工资与物价一起上涨，二者互相攀升，水涨船高。）动词近义词辨析。reinforce “加强，补充”，符合句意；increase “增加”；emphasize “强调”；multiply “增加，繁殖，使相乘”。

E

equal /ˈiːkwəl/ *a*. 相等的，平等的，胜任的 *n*. 相等的人或事物 *vt*. 与……相同

例句 He doesn't seem equal to meeting our demands. 他似乎不太合乎我们的要求。

equation
equivalent
identical
quality
identify
identity

equal *a*. 相等的，平等的，胜任的 *n*. 相等的人或事物 *vt*. 与……相同

equivalent /iˈkwivələnt/ *a*. 等价的，相等的 *n*. 相等物

例句 His reply is equivalent to a refusal.
他的回答等于是拒绝。

equation /iˈkweiʃən/ *n*. 方程（式），等式

【例句】The solution can be expressed by a mathematical equation. 答案可用一个数学方程式来表示。

quality /ˈkwɔliti/ *n*. 品质，特质，才能

【例句】He possesses the quality of inspiring confidence.
他有本事能让别人信任他。

identical /aiˈdentikəl/ *a*. 相同的，同一的

例句 The two words are identical in meaning.
这两个词的含义完全一样。

identify /ai'dentifai/ *vt*. 识别，证明，鉴定

【例句】Never identify wealth with happiness.

千万不要把财富和幸福等同起来。

identity /ai'dentiti/ *n*. 身份

【例句】He had to conceal his identity to escape the police.

为了躲避警方，他只好隐瞒身份。

给力短语

1. **be equal to** 等于；与……相等 有……的能力
2. **be equivalent to** 相等（当）于……
3. **(be) identical with** 和……完全相同，和……一致
4. **identify... as** 把……看成
5. **identify with** 与一致；认为……等同于
6. **identify oneself with** 参与

混淆词语辨析

same/identical/equal/equivalent 都含“相同的”含义。

same 指“同一的”、“相同的”、“实质上不同，但在数量、意义、外表上没有明显区别的”；

identical 表示相同程度比 **same** 强，指“非常相似的，完全相同的”；

equal 指“在数量、大小、价值、程度等方面不存在差别的”；

equivalent 指“不同的东西在价值上、效果上、意义上相等的”。

单词大考验

Q: ________ a man who expresses himself effectively is sure to succeed more rapidly than a man whose command of language is poor.

A. Other things being equal　　B. Were other things equal

C. To be equal to other things　　D. Other things to be equal

答案：A

（在其他条件相同的情况下，一个善于表达自己的人比一个不善言谈的人能较快地获得成功。）分词作状语时，我们须注意其逻辑主语和谓语动词的一致性。否则我们得使用独立结构，分词须带有自己的逻辑主语。根据本句结构，分词须有自己的逻辑主语。

E

estate /iˈsteit/ *n*. 财产，房地产

例句 When his father died, he left an estate of one million dollars. 他父亲去世时留下了一百万元遗产。

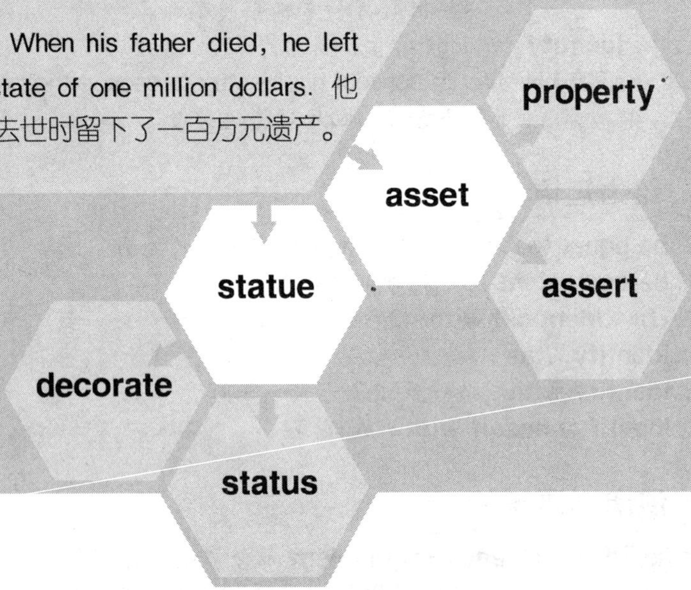

property

asset

statue

assert

decorate

status

estate *n*. 财产，房地产

— **asset** /ˈæset/ *n*. 资产，有用的东西，优点

例句 He is a great asset to our company.
他是我们公司的宝贵人才。

property /ˈprɔpəti/ *n*. 财产，资产，不动产

【例句】He invested his money in property.
他进行房地产投资。

assert /əˈsəːt/ *vt*. 主张，声明，断言

【例句】He asserted that she was not guilty.
他声明她无罪。

— **statue** /ˈstætjuː/ *n*. 塑像，雕像

例句 The Statue of Liberty stands in New York Harbor.

自由女神像耸立在纽约港。

decorate /ˈdekəreit/ *vt*. 装饰，布置

【例句】The great hall was decorated with flowers.
大厅里装饰着花朵。

status /ˈsteitəs/ *n*. 地位，身份，情形，状况

【例句】We all are interested in the status of world affairs.
我们都关心世界形势。

给力短语

1. **assert oneself** 坚持自己的权利（或意见），显示自己的权威（或威力）
2. **assert that** 声称

混淆词语辨析

property/ **asset** 都有“财产”的意思。

property 是指个人拥有的财产；

asset 指公司拥有的财产，而该资产可用来偿还债务。

decorate/ **ornament** 都有“装饰”的意思。

decorate 是装饰物通过色泽和花样消除了环境的平淡无奇；

ornament 指装饰物作为附属品美化另一物，更常用作名词。

单词大考验

Q: He wrote an article criticizing the Greek poet and won ________ and a scholarship.

A. faith B. status C. fame D. courage

答案：C
（他写了一篇评论希腊诗人的文章，并因此赢得了声誉和奖学金。）名词词义辨析。C“名声，名望”；A“忠诚”；B“地位，身份”；D“勇气”。

E

evaluate /iˈvæljueit/ *vt*. 评估，评价

例句 Don't evaluate a person on the basis of appearance. 不要以貌取人。

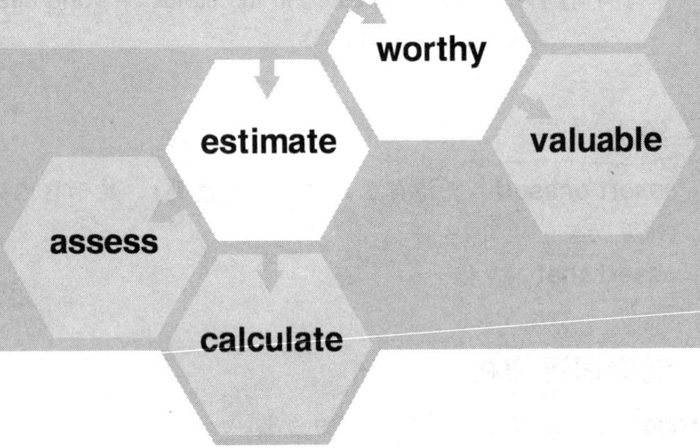

worship

worthy

estimate

valuable

assess

calculate

evaluate *vt*. 评估，评价

worthy /ˈwəːði/ *a*. 应得某物，值得做某事

例句 This book is worthy of being read /to be read.
这本书值得一读。

worship /ˈwəːʃip/ *n*. 崇拜，礼拜 *vt*. 崇拜 *vi*. 礼拜

【例句】Don't talk while you are worshipping.
你们做礼拜时不要讲话。

valuable /ˈvæljuəbl/ *a*. 贵重的，有价值的，珍贵的

【例句】He has a valuable collection of stamps.
他收藏了很有价值的邮票。

estimate /ˈestimeit/ *n*./*v*. 估计，估价

例句 My estimate of the situation is not so optimistic.
我对形势的估计不那么乐观。

assess /ə'ses/ *vt*. 估定，评定

【例句】The value of this property was assessed at one million dollars. 这笔财产的价值估定为一百万美元。

calculate /'kælkjuleit/ *v*. 计算，认为，打算

【例句】This advertisement is calculated to attract the attention of children.
这个广告是为引起孩子们的注意而设计的。

给力短语

1. **be worthy of** 值得的；配得上的
2. **make an estimate of** 给……作估计；评价
3. **It is calculated that...** 据计算……
4. **estimate at** 估计（价格等）
5. **calculate on (upon)** 指望着，期待着

混淆词语辨析

merit/value/worth 都含"优点"、"价值"的意思。
merit 指"成就或品质中值得赞扬的优点"；
value 指"重要性"、"价值"；
worth 着重指"人或物本质中的优点或价值"。

单词大考验

Q: Over a third of the population was estimated to have no ________ to the health service.

A. assessment B. assignment C. exception D. access

答案：D
（据估计有超过三分之一的人口无法获得保健服务。）
assessment 意为"估计、评估"等；assignment 意为"分配、分派"等；exception 意为"例外"；access 意为"接近、进入、入口"等。

E

E

exceed /ik'siːd/ *vt*. 超过，胜过

例句 The demand for fish this month exceeds the supply. 本月的鱼市供不应求。

excessive

excess

access

moderate

approach

accuse

exceed *vt*. 超过，胜过

excess /ik'ses, 'ekses/ *n*. 超过，过度，过量

例句 An excess of fat in one's diet can lead to heart disease. 饮食中脂肪过量能导致心脏病。

excessive /ik'sesiv/ *a*. 过多的，过分的

【例句】The prices at this hotel are excessive. 这家旅馆的价钱贵得过分。

moderate /'mɔdərit/ *a*. 适度的，稳健的，温和的，中等的 *v*. 变缓和，减弱

【例句】He did what he could to moderate the grief of his friend. 他尽了一切力量来减轻他朋友的痛苦。

access /'ækses/ *n*. 接近；达到；进入；入口

例句 There is no access to the street through that door.

那个门不通向大街。

approach /əˈprəutʃ/ *n*. 途径，方法 *v*. 接近；动手处理

【例句】He approached the new job with enthusiasm.

他满怀热情地去做新的工作。

accuse /əˈkjuːz/ *vt*. 责备，控告

【例句】We accused him of taking bribes. 我们控告他受贿。

给力短语

1. **at the approach of...** 在……快到的时候
2. **make approaches to sb.** 设法接近某人
3. **approach to** 接近，近似
4. **approach sb. on/about sth.** 向某人接洽、商量某事
5. **in excess of** 超过
6. **have/gain/ get/ obtain access to** 接近……；会见……
7. **accuse sb. of ...** 指控某人……

混淆词语辨析

charge/accuse 都含"控告"、"谴责"的意思。

charge 指"因犯较大错误或重大罪行而进行正式法律控诉"；

accuse 指"当面指控或指责，不一定诉诸法庭"。

单词大考验

Q: The soldier was __ of running away when the enemy attacked.

A. scolded B. charged C. accused D. punished

答案：B

（这个士兵被指控在敌军进攻时临阵脱逃。）scold 意为"斥责"，后常和 for、at 连用；charge 意为"指控，指责"，其用法为 charge sb. with sth.，be charged with sth.；accuse 意为"指控，控诉"等，其用法为 be accused of doing；punish 意为"惩罚"等。根据搭配我们可知选 C 项。

E

expand /iks'pænd/ *v.* 扩大，扩张；伸展，张开

例句 The petals of many flowers expand in the sunshine. 许多花瓣在阳光下绽放。

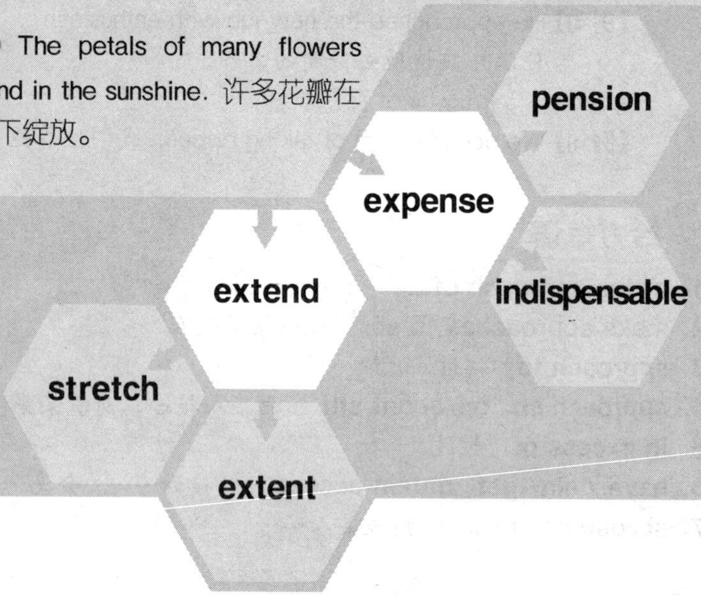

pension
expense
extend
indispensable
stretch
extent

expand *v.* 扩大，扩张；伸展，张开

expense /ik'spens/ *n.* 消费，支出

例句 I don't think we can afford the expense.
我认为我们负担不了这个费用。

pension /'penʃən/ *n.* 退休金，津贴，抚恤金

【例句】She lived on a small pension. 她以一点退休金为生。

indispensable /ˌindis'pensəbl/ *a.* 不可缺少的

【例句】A library is indispensable to a college.
大学里图书馆是必不可少的。

extend /iks'tend/ *vt.* 延伸，伸展，扩展；提供

例句 He extended his hand in greeting. 他伸出手来表示欢迎。

stretch /stretʃ/ *v*. 伸展，拉紧；延伸 *n*. 伸展，延伸

【例句】I stretched out my hand towards the book.

我把手伸向这本书。

extent /iksˈtent/ *n*. 广度，宽度，长度，范围，程度

【例句】To a certain extent, I am responsible for the delay.

在一定程度上，我对拖延负有责任。

给力短语

1. **stretch out** 伸手，伸直身子
2. **to some extent** 在一定程度上
3. **expand one's horizon** 拓宽自己的视野
4. **expand domestic demand** 扩大内需

混淆词语辨析

stretch/ spread/ extend/ expand 都含"扩展"的意思。

stretch 指把有弹性的物体拉长或拉宽；

spread 意思较为广泛，第一是把某物体展开、铺平；第二是把许多物体铺撒在一定的面积上；第三是比喻义，指某事物在人与人之间传播，越传越广；

extend 指在空间或时间上延伸，一般有一个大致的延伸方向；

expand 本义指在面积体积上的扩大，一般是从中心向四周扩大。用做比喻义时可以指各种事物的增长、扩大等。

单词大考验

Q: The newspaper did not mention the ________ of the damage caused by the fire.

A. range B. level C. extent D. quantity

答案：C

（报纸并没有提及这次大火造成的损害程度。）近义词辨析题。range 意为"范围，区域"等；level 意为"水平，水准"等；extent 表示"程度"等；quantity 指"数量"。故选 C 项。

E

E

extra /ˈekstrə/ *a.* 额外的 *ad.* 特别地 *n.* 额外的事物

例句 I don't suppose they wanted any extra help. 我想他们不需要额外帮助。

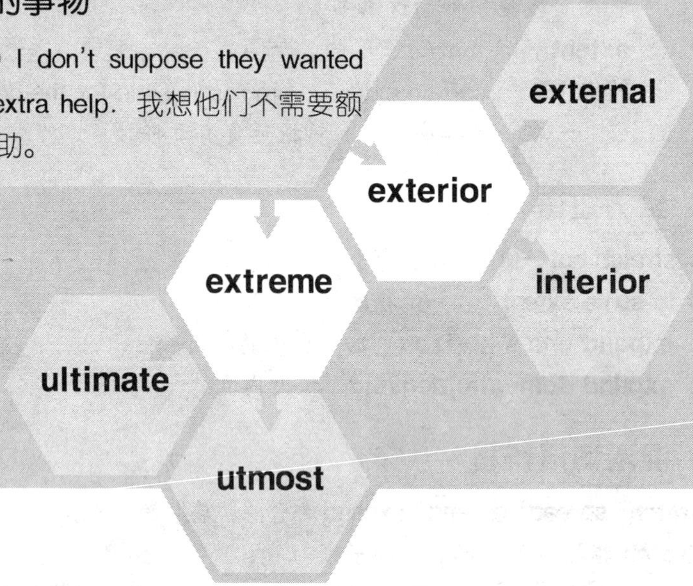

external

exterior

extreme

interior

ultimate

utmost

extra *a.* 额外的 *ad.* 特别地 *n.* 额外的事物

— **exterior** /eksˈtiəriə/ *n.* 外部，表面，外型 *a.* 外部的，外在的，表面的

例句 You mustn't judge people by their exteriors.
你不能以貌取人。

external /eksˈtəːnl/ *a.* 外部的，外用的，表面的

【例句】The external features of the building are very attractive. 这座建筑物的外观是很吸引人的。

interior /inˈtiəriə/ *a.* 内部的，内地的，国内的 *n.* 内部

【例句】She specialized in interior design. 她专门从事室内设计。

— **extreme** /iksˈtriːm/ *a.* 极度的，极端的，尽头的，末端的 *n.* 极端

【例句】He could not tolerate the extremes of heat in the desert. 他忍受不了沙漠的酷热。

ultimate /ˈʌltimit/ *a*. 最终的，根本的，极限的

【例句】Hard work is the ultimate source of success.
努力工作是成功之本。

utmost /ˈʌtməust/ *a*. 极度的，最远的 *n*. 极限

【例句】The ability for him to get the job is utmost.
他得到这份工作的可能性极大。

给力短语

1. **at the utmost** 至多
2. **to the utmost** 竭力；尽力
3. **go to extreme** 走极端
4. **in the extreme** 非常，极其

混淆词语辨析

extreme/ utmost/ ultimate 都有“最大的，极度的”之意。
extreme 是普通用词，在程度上最大；
utmost 是比较正式的用语，在程度上和数量上最大；
ultimate 强调比同类更好、更坏或更强大。

单词大考验

Q: ________ quantities of water are being used nowadays with the rapid development of industry and agriculture.

A. Excessive B. Extensive C. Extreme D. exclusive

答案：A
（随着工业和农业的快速发展，现在有过多大量的水被使用。）A“过多的，极度的”；B“广泛的”；C“极度的；极端的”；D“独有的”。

F

farewell /ˈfeəˈwel/ *n*. 告别，辞别，再会

例句 He made his farewell to his family. 他向他的家人告别。

fare
welfare
fairly
fantastic
imaginary
incredible

farewell *n*. 告别，辞别，再会

— **welfare** /ˈwelfeə/ *n*. 福利，社会保障

例句 Most of the families in this neighborhood are on welfare.

这一带的大多数家庭都接受政府的福利救济。

fare /feə/ *n*. 费用，票价　*vi*. 进展，经营

【例句】She didn't have enough money for the bus fare.

她的钱不够付车费。

fairly /ˈfeəli/ *ad*. 公平地，相当地

【例句】She is a fairly good dancer.

她是一个相当不错的舞蹈演员。

— **fantastic** /fænˈtæstik/ *a*. 极好的，难以相信的，奇异的

【例句】Your proposal is utterly fantastic.

你的建议一点也不现实。

imaginary /iˈmædʒinəri/ *a*. 想象的，虚构的

【例句】All the characters in this book are imaginary.

此书中所有的人物都是虚构的。

incredible /inˈkredəbl/ *a*. 难以置信的

【例句】The plot of the book is incredible.

这本书的故事情节难以置信。

给力短语

1. full (half) fare 全（半）票

2. fantastic scheme 异想天开的计划

混淆词语辨析

fairly/ rather 都表示“相当地”意思。

fairly 常常修饰褒义词；

rather 通常修饰贬义词。

单词大考验

Q: — What do you think of this matter?

— This is a matter of ________ importance. I think.

A. especial B. fairly C. rather D. special

答案：D

（你怎么看这个问题？我认为这个问题很重要。）B和C是副词，不能修饰名词 importance。especial 表示多数中取其一，而 special 表示的是唯一性。

F

F

fraction /ˈfrækʃən/ *n*. 小部分，碎片

例句 The car missed him by a fraction of an inch. 那车子差一点儿就要撞到他了。

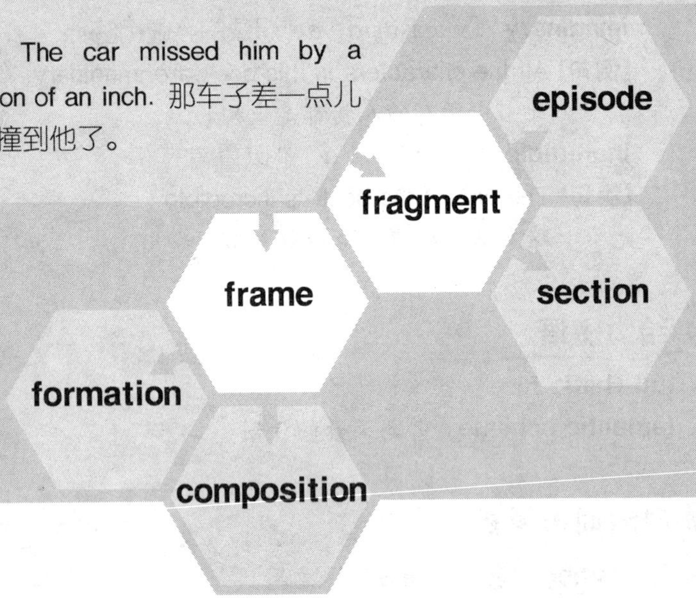

episode

fragment

frame

section

formation

composition

fraction *n*. 小部分，碎片

fragment /ˈfrægmənt/ *n*. 碎片，片段，断片

例句 The glass fell to the floor and broke into fragments.
玻璃杯落在地上碎成破片。

episode /ˈepisəud/ *n*. 一段情节，插曲，一个事件

【例句】The next episode of this television movie will be shown on Friday.
这部电视剧的下一集将于星期五播映。

section /ˈsekʃən/ *n*. 部分，章节，地区

【例句】The mayor inspected the residential section of the city. 市长视察了该市的住宅区。

frame /ˈfreim/ *n*. 框，结构，骨架　*vt*. 制定；装框

【例句】The military plan will be framed tomorrow.

军事计划将于明天制定。

formation /fɔːˈmeiʃən/ *n*. 构造，形成，设立

【例句】This is the formation of a new government.

这是新政府的构成。

composition /kɔmpəˈziʃən/ *n*. 作文，作曲，合成物，成份

【例句】He played a piece of music of his own composition.

他演奏了一首自己创作的曲子。

给力短语

1. **a fraction of** 一小部分
2. **a section of** 一部分

混淆词语辨析

incident/ episode/ occurrence 都含“事件”的意思。

incident 指事件，尤指“比较不重要的小事件”；

episode 是在某一事件发生过程中的事情；

occurrence 系常用词，指“任何发生的事件”。

单词大考验

Q: The workers there held a(n) ________ to call for better working and living conditions.

A. rally B. conjunction C. episode D. riot

答案：D

（那里的工人为争取更好的工作和生活条件发动了一次暴乱。）A“集会”；B“结合”；C“插曲”；D“暴乱”。

F

F

frequent /ˈfriːkwənt/ *a*. 经常的，频繁的

例句 Research is also advanced by frequent conference to exchange experience. 经常开会交流经验也促进了研究工作的发展。

swift

frequency

constant

rapid

instant

continual

frequent *a*. 经常的，频繁的

frequency /ˈfriːkwənsi/ *n*. 频繁，频率

例句 Accidents are happening with increasing frequency.
事故发生得越来越频繁。

swift /swift/ *a*. 快的，迅速的

【例句】I noticed a swift change of expression in his face.
我注意到他脸上的表情很快地变化。

rapid /ˈræpid/ *a*. 迅速的，飞快的，急促的

【例句】He had a rapid recovery from his illness.
他迅速恢复了健康。

constant /ˈkɔnstənt/ *a*. 经常的，不变的 *n*. 常数，恒量

例句 He hates his wife's constant nagging.

他讨厌他妻子唠叨不休。

instant /ˈinstənt/ *n*. 立即，瞬间 *a*. 立即的，即时的

【例句】The flood victims were in instant need of help.

水灾难民急需救助。

continual /kənˈtinjuəl/ *a*. 不断的，频繁的

【例句】He has continual arguments with his father.

他屡次跟他父亲争论。

给力短语

1. **constant friend** 忠实的朋友
2. **instant coffee** 速溶咖啡

混淆词语辨析

fast/rapid/swift/quick 都含"迅速的"、"快的"意思。

fast 多指"运动的人或物速度快"；

rapid 多指"运动本身"；

swift 指"快速的"，但经常含有"灵巧的"、"优美的"、"不费力的"意思；

quick 指"用较短的时间或在较近的将来，动作迅速的"。

单词大考验

Q: Since the matter was extremely ________, we dealt with it immediately.

A. tough B. tense C. urgent D. instant

答案：C

（由于事情非常紧迫，我们立刻处理了它。）辨析词汇题。tough 意为"坚韧的、坚强的、坚硬的"等；tense 意为"拉紧的、紧张的"；urgent 意为"急迫的"；instant 意为"即刻的、立刻的"。

G

gene /dʒiːn/ *n*. 基因

例句 You have good genes from your parents so you should live a long time. 你从父母那儿获得优良的基因，所以能够长寿。

gentle
generate
generation
generous
genuine
genius

gene *n*. 基因

generate /ˈdʒenəˌreit/ *vt*. 产生，发生

例句 This book will generate excitement for a long time.
这本书在很长一段时间里将继续使人们为之激动。

gentle /ˈdʒentl/ *a*. 温和的，文雅的

【例句】Our new teacher is gentle towards us.
我们的新老师对我们很和蔼。

generation /ˌdʒenəˈreiʃn/ *n*. 代，一代

【例句】People of my generation all think the same way about this. 关于这件事，我们这代人都有同感。

generous /ˈdʒenərəs/ *a*. 慷慨的，宽宏大量的，丰盛的

例句 It was generous of you to forgive me.

你原谅我的过错真是宽宏大量。

genuine /ˈdʒenjuin/ *a*. 真正的，真实的，诚恳的

【例句】His wish to help seems genuine.

看来他是真诚地想给予帮助。

genius /ˈdʒiːniəs/ *n*. 天才，特点

【例句】Einstein was a mathematical genius.

爱因斯坦是数学天才。

给力短语

1. **have a genius for doing sth.** 对做某事有天生非凡的才能
2. **the genius of sth.** 某事物的特点

混淆词语辨析

generous/liberal 都有“慷慨的，大方的”的意思。

generous 是普通用词，指“热情关心他人，乐于给予金钱或帮助”等；

liberal 比较正式，着重指在给予或施舍方面出手大方。

genius/ talent 都有“天才、天赋”的意思。

genius 通常是指非凡的智慧、技能和艺术创作能力；

talent 指与生俱来擅长做某事的能力。

单词大考验

Q: Young people are not ________ to stand and look at works of art; they want art they can participate in.

A. content　　B. generous

C. confident　　D. conservative

答案：A

（年轻人不满足于作为旁观者看这些艺术品，他们想自己参与到艺术中去。）近义词辨析。A“满足的，满意的”，常用 be content with sth. 和 be content to do sth.；B“慷慨的，大方的”；C“有自信的”；D“保守的”。

G

glance /glɑːns/ *vt*. 匆匆一看，一瞥

例句 He glanced at his watch and then looked at the sky. 他看了看手表，然后又看了看天空。

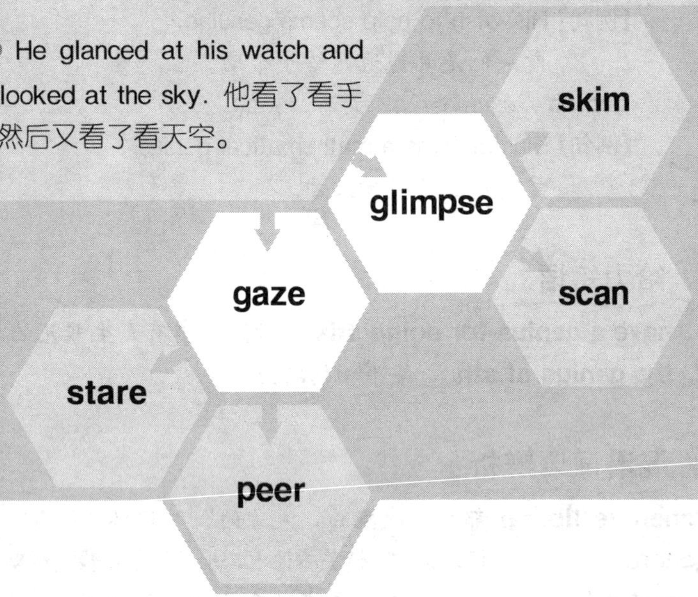

skim
glimpse
gaze
scan
stare
peer

glance *vt*. 匆匆一看，一瞥

glimpse /glimps/ *n*. 一瞥，一闪

例句 I glimpsed her among the crowd just now.
我刚才看到她在人群里。

skim /skim/ *vt*. 掠过，略读

【例句】It's important for you to skim through the text.
浏览课文对你来说很重要。

scan /skæn/ *n*. 扫描 *vt*. 扫描，详细调查；浏览

【例句】I scanned the newspaper for the information I needed.
我浏览报纸寻找自己需要的信息。

gaze /'geiz/ *vi*. 凝视，注视

例句 Never in his life had he gazed on such splendor.

他生平从没有见过如此辉煌壮丽的场面。

stare /steə(r)/ *v*. 盯，凝视

【例句】The child stared the stranger up and down.

那孩子上下打量着这个陌生人。

peer /piə/ *vi*. 凝视，窥视

【例句】She peered at him closely, as if not believing it could really be him.

她仔细地瞧着他，似乎不相信真会是他。

给力短语

1. **gaze at** 注视，凝视
2. **stare at** 盯着看，凝视
3. **glimpse of** 瞥见，一瞥
4. **at a glance** 看一眼，乍一看
5. **glance over** 浏览，粗略地阅读

混淆词语辨析

gaze/stare/peer 含"看"的意思。

gaze 指"由于惊讶、好奇、喜悦、同情或感兴趣而目不转睛地看"；

stare 指"睁大眼睛、目不转睛地盯着看"；

peer 指"细看"。

单词大考验

Q: He didn't have time to read the report word for word, he just ________ it.

A. skimmed B. observed C. overlooked D. glanced

答案：A

（他没有时间逐字逐句地读这个报告，他只是略读了一下。）A "略读"；B "观察"；C "忽视"；D "一瞥"。

G

glory /ˈglɔːri/ *n*. 光荣，荣誉；壮丽

例句 He was bathed in glory on the day he became the Ministry. 在成为部长的那一天他感到无上光荣。

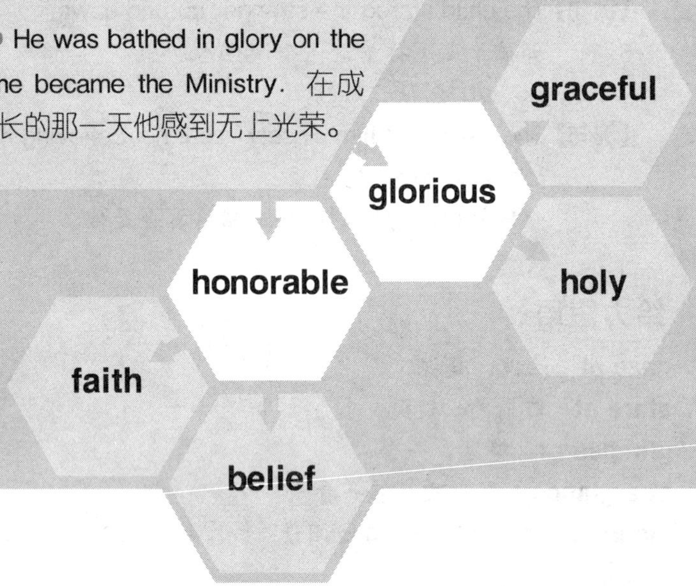

graceful
glorious
honorable
holy
faith
belief

glory *n*. 光荣，荣誉；壮丽

glorious /ˈglɔːriəs/ *a*. 光荣的，辉煌的

例句 We had a glorious time at the seaside.
我们在海边度过了愉快的时光。

graceful /ˈgreisful/ *a*. 优雅的，得体的

【例句】The ballet dancer is so graceful.
芭蕾舞演员的姿态是如此地优美。

holy /ˈhəuli/ *a*. 神圣的，圣洁的

【例句】The poem sings the praises of holy love.
这首诗歌颂圣洁的爱。

honorable /ˈɔnərəb(ə)l/ *a*. 光荣的，可敬的

例句 He was honorable in word and in deed.

他言行诚信可敬。

faith /feiθ/ *n*. 信任，信仰

【例句】Faith that justice would prevail impelled us forward.

正义必胜的信念激励着我们前进。

belief /bi'liːf/ *n*. 相信，信念，信仰

【例句】Do not try to impose your belief upon others.

别试图把你的信仰强加在别人头上。

给力短语

1. **have belief in** 相信，信任
2. **on the faith of** 靠着……的信用；在……的保证下
3. **keep faith with** 守信

混淆词语辨析

belief/faith/trust 含有“相信”的意思。

belief 指“承认某事是真的，不管有没有确凿的证据”；

faith 指“认为有确凿证据或道理而完全相信”；

trust 指“信赖”、“信任”，含有“坚定的信念”的意思。

单词大考验

Q: Dogs are often praised for their ________. They almost never abandon their masters.

A. faith　　B. loyalty　　C. trust　　D. truthfulness

答案：B

（狗经常因为它们的忠诚而受到表扬，他们几乎从不抛弃他们的主人。）A"信仰"；B"忠诚"；C"信任"；D"真实"。

G

grave /greiv/ *a*. 严肃的，庄重的，严重的

例句 The situation poses a grave threat to peace. 这一局势对和平构成重大威胁。

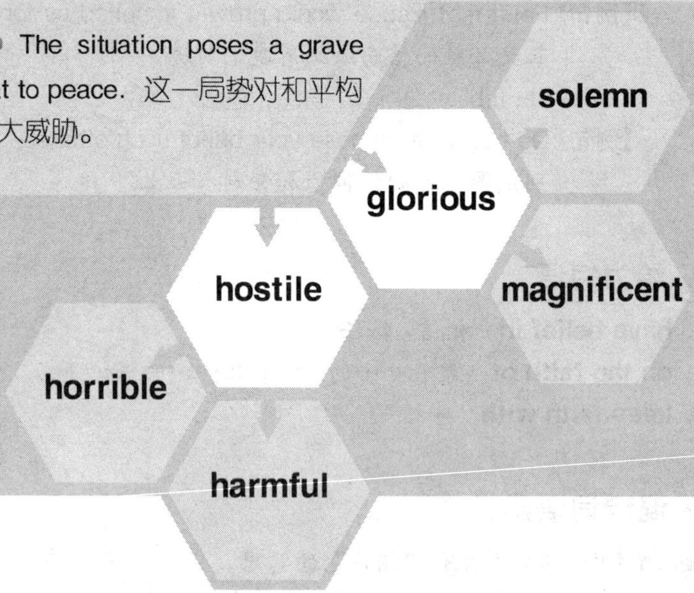

solemn
glorious
hostile
magnificent
horrible
harmful

grave *a*. 严肃的，庄重的，严重的

glorious /ˈglɔːriəs/ *a*. 光荣的，辉煌的

例句 We had a glorious time at the seaside.
我们在海边度过了愉快的时光。

solemn /ˈsɔləm/ *a*. 庄严的，严肃的，隆重的

【例句】The government made a solemn statement.
政府发表了一项严正的声明。

magnificent /mægˈnifisnt/ *a*. 壮丽的，宏伟的

【例句】She looked magnificent in her wedding dress.
她穿着婚纱，看上去漂亮极了。

hostile /ˈhɔstail/ *a*. 怀敌意的，敌对的

例句 Their hostile looks showed that he was unwelcome.

他们怀敌意的表情说明他不受欢迎。

horrible /ˈhɔrəbl/ *a*. 可怕的，令人讨厌的

【例句】The decision they made was horrible.

他们做出的决定令人感到恐怖。

harmful /ˈhɑːmful/ *a*. 有害的

【例句】Smoking is harmful to your health.

吸烟有害你的健康。

给力短语

be harmful to 对……有害

混淆词语辨析

serious/ severe/ acute 都含有“激励的，严重的”的意思。

serious 用来形容状态、问题或意外等；

severe 主要用来形容伤害、疾病等；

acute（= **very serious**）主要用来形容问题。

单词大考验

Q: The other day, Mum and I went to St. James's Hospital, and they did lots and lots of tests on me , most of them ________ and frightening.

A. cheerful B. horrible C. hostile D. friendly

答案：B

（几天前，我和妈妈去了圣詹姆斯医院，他们给我做了许许多多的检查，大部分检查恐怖而吓人。）A“高兴的”；B“可怕的”；C“有敌意的”；“友善的”。

G

grasp /grɑːsp/ *vt*. 抓住，紧握，领会

例句 I could not grasp her meaning.
我不懂她的意思。

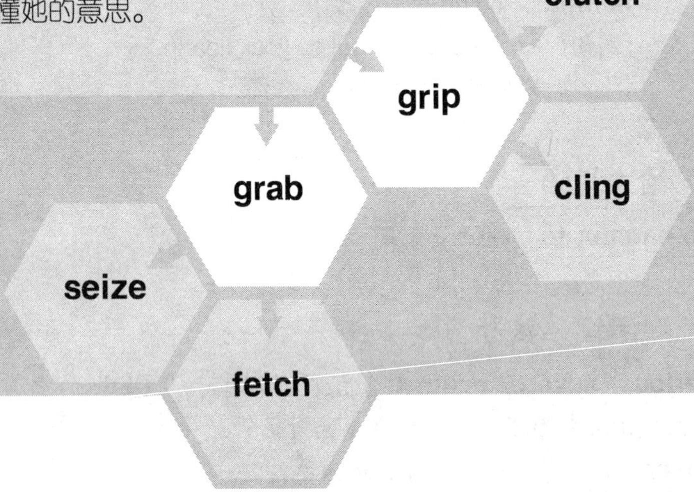

clutch
grip
grab
cling
seize
fetch

grasp *vt*. 抓住，紧握，领会

grip /grip/ *v*. 抓紧

例句 They have a good grip of several languages.
他们对几种语言都有深刻了解。

clutch /klʌtʃ/ *n*. 抓紧，紧紧抓住 *n*. 把握，紧抓；掌握，控制

【例句】The mother clutched her baby in her arms.
母亲紧紧地把婴儿抱在怀里。

cling /kliŋ/ *vi*. 附着于，抓紧，抱住，坚持

【例句】He clung to the rope with both hands.
他双手紧紧抓住绳子。

grab /græb/ *vt*. 夺取，抓取，夺得

【例句】The thief grabbed the purse and ran away with it.

这贼猛地一把抓住钱包逃跑了。

seize /siːz/ *vt*. 抓住，突然捉住，夺取，占领

【例句】Gill seized my hand and shook it heartily.

吉尔突然抓住我的手，热情地和我握手。

fetch /fetʃ/ *n*. 取得 *vt*. 接来，取来；吸引

【例句】The beauty of the lake fetched her completely.

湖上的美景把她完全吸引住了。

给力短语

1. **seize on/upon** 袭击，抓住；利用
2. **seize hold of** 占有，抓住
3. **grab hold of** 抓紧
4. **cling to** 挨着，紧抓，坚持

混淆词语辨析

take/seize/grasp/grab 都含“抓、握、取”的意思。

take 属于常用词，指“拿、握、取”；

seize 指“突然用力地抓住、握住”；

grasp 指“紧紧地抓住”，用于比喻意义时指“掌握”、“领会”；

grab 指“抢夺”、“攫取”。

单词大考验

Q: You have nothing to ________ by refusing to listen to our advice.

A. gain B. grasp C. seize D. earn

答案：A

（你不听我们的建议将毫无收获。）gain意为“获得，赢得”；seize意为“抓住、捉住”；grasp意为“掌握、理解、抓紧”；earn意为“赚得，挣得”。

H

handful /ˈhændful/ *n*. 少数，一把

例句 I drew a handful of coins from my pocket. 我从口袋里摸出一把硬币。

majority
minority
handy
minor
manual
handle

handful *n*. 少数，一把

— **minority** /maiˈnɔriti/ *n*. **少数，少数民族**

例句 The interests of the minorities should be protected.
少数民族的利益应该得到保护。

majority /məˈdʒɔriti/ *n*. 多数，大多数

【例句】 A majority vote enabled the passage of the resolution. 多数人投赞成票使议案得以通过。

minor /ˈmainə/ *a*. 次要的，较小的，未成年的

【例句】 She played a minor role in the opera.
她在那出歌剧里扮演了一个小角色。

— **handy** /ˈhændi/ *a*. **方便的，手边的，手巧的**

例句 She is a handy girl who can turn her hand to anything.
她是个心灵手巧的姑娘。

manual /ˈmænjuəl/ *a*. 手工的，体力的 *n*. 手册，指南

【例句】The school offers manual training to the pupils.

该校为学生开设手工课。

handle /ˈhændl/ *n*. 柄，把手 *vt*. 处理，应付，对待

【例句】His wise father knows how to handle him.

他聪明的父亲知道如何管教他。

给力短语

1. **in the majority** 占多数，拥有多数
2. **handle with** 处理

混淆词语辨析

deal with/cope with/dispose of/manage/handle 都含有"处理"、"对付"之意。

deal with 既可指处理具体事情，也可指处理或解决具有抽象意义的问题；

cope with 指成功地处理或对付更为重大、更为严重的问题或事物；

dispose of 与 **deal with** 同义，普通用法；

manage 指处理日常事务与工作，也可指经营管理；

handle 从原义"手柄"引申为"处理"解时，其内涵是"管理和操纵"。

单词大考验

Q: The ship's generator broke down, and the pumps had to be operated ________ instead of mechanically.

A. manually　　B. artificially

C. automatically　　D. synthetically

答案：A

（船的发电机坏了，水泵只能用人力而非机械来启动。）副词词义辨析。manually（用手工操作）与mechanically相对。B"人工地，不自然地"；C"自动地"；D"综合地，合成地"。

H

hunt /hʌnt/ *n.*/*v.* 狩猎，追捕，搜寻

例句 John set out that day to hunt for work. 约翰那天外出找工作。

clue

hint

pursue

trail

horrible

chase

hunt *n.*/*v.* 狩猎，追捕，搜寻

— **hint** /hint/ *n.* 暗示，提示　*v.* 暗示，示意

例句 He hinted his dissatisfaction with her work.
他暗示了对她工作的不满。

clue /kluː/ *n.* 线索；（故事等）情节

【例句】The police have no clue to his identity.
警察没有可以确定他的身份的任何线索。

trail /treil/ *n.* 踪迹，小径　*vt.* 跟踪；拖

【例句】The men had followed desert trails for days.
那些人沿着沙漠小道走了数日。

— **pursue** /pəˈsjuː/ *vt.* 追捕，追求，继续从事

例句 The police are pursuing an escaped prisoner.

警方正在追捕一个在逃的犯人。

horrible /ˈhɔrəbl/ *a*. 可怕的，令人讨厌的

【例句】The decision they made was horrible.

他们做出的决定令人感到恐怖。

chase /tʃeis/ *vt*. 追捕，追逐 *n*. 追捕；打猎

【例句】She chased the children from her yard.

她把那些孩子赶出院子。

给力短语

1. **hunt for** 搜寻；寻找；追猎
2. **hunt out** 找出；调查出
3. **chase after** 追捕；追猎；追求

混淆词语辨析

pursue/ chase/ hunt/ trace/ trail 均含“跟随、追踪”之意。

pursue 指坚持不懈、毫不动摇地紧跟、追赶某人、某物或某个事业；

chase 指快速追赶或决心追踪，褒义、贬义均可用；

hunt 原义为“追猎、猎取”，现用于指追捕或搜寻逃犯等；

trace 指根据线索或足迹进行跟踪，用于抽象意义时指找到某事物的根源；

trail 一般指跟踪追击。

单词大考验

Q: There is a ________ of impatience in the tone of his voice.

A. hint B. notion C. dot D. phrase

答案：A

（他说话的语调里多少有点不耐烦。）A“暗示，线索”；B“概念”；C“圆点”；D“成语，习语”。

H

H

hurt /hɜːt/ *n*. 痛苦，伤害　*v*. 刺痛，伤害，(使) 痛心，(使) 伤感情

例句 It was a severe hurt to her pride. 这对她的自尊心是一次严重的伤害。

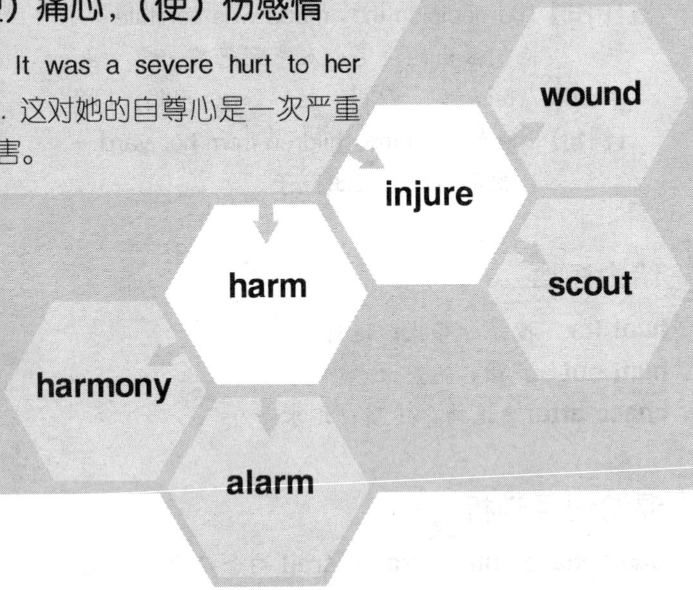

wound
injure
scout
harm
harmony
alarm

hurt *n*. 痛苦，伤害　*v*. 刺痛，伤害，(使) 痛心，(使) 伤感情

— **injure** /ˈindʒə/ *v*. 损害，伤害

例句 She was injured badly in the car accident.

她在车祸中受了重伤。

wound /wuːnd/ *n*. 创伤，伤口　*vt*. 伤，击伤，伤害

【例句】The soldier was wounded in the arm.

这个士兵的胳膊受伤了。

scout /skaut/ *vt*. 搜索，侦察，跟踪，搜寻　*n*. 侦察，搜索，侦察员

【例句】The scouts are watching out for enemy patrols.

侦察员提防着敌人的巡逻队。

— **harm** /hɑːm/ *n*. 伤害，损害，危害　*vt*. 使受到伤害

例句 Excessive drinking will do you harm.
过量饮酒对身体有害。

harmony /'hɑːməni/ *n*. 协调，融洽

【例句】There was perfect harmony between the two brothers. 兄弟俩的感情非常融洽。

alarm /ə'lɑːm/ *n*. 警报，警钟 *vt*. 警告，使惊慌

【例句】The doorkeeper gave the alarm as soon as he saw the smoke. 守门人一看见冒烟就发出警报。

给力短语

1. **do harm to sb. / sth.** 对……有害
2. **be in harmony with** 与……协调一致

混淆词语辨析

hurt/ injure/ wound 都表示“使受伤、伤害”的意思。

hurt 表示使肉体受伤或疼痛，也可以表示使感情受到伤害；

injure 指损害一个人的外表、健康、完好的东西等；

wound 通常指因外来的暴力使身体受伤，尤其在战争中或遭袭击受伤。

单词大考验

Q: The native Canadians lived in ________ with nature, for they respected nature as a provider of life.

A. coordination B. acquaintance C. contact D. harmony

答案：D
（本土的加拿大人与自然相处融洽，因为他们把自然当作生活的供养者来尊敬。）固定搭配 live in harmony with... “与……和睦相处”。

ignore /ig'nɔː/ *vt*. 不顾，不理，忽视

例句 We should not ignore his advice. 我们不应该忽略他的建议。

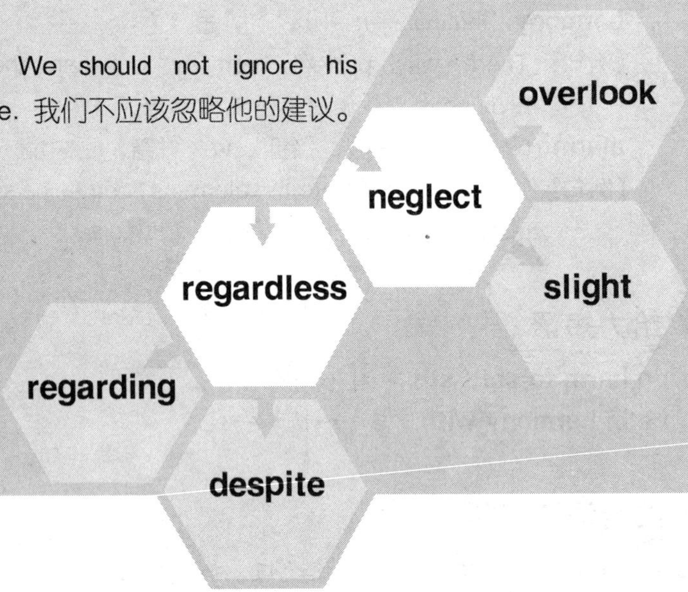

overlook

neglect

regardless

slight

regarding

despite

ignore *vt*. 不顾，不理，忽视

neglect /ni'glekt/ *n*. / *vt*. 疏忽，忽略，怠慢

例句 He was dismissed for neglecting his duty.
他因玩忽职守而被解雇。

overlook /ˌəuvə'luk/ *vt*. 忽视，监督，俯瞰

【例句】The foreman overlooked a large number of workers.
工头监督着许多工人。

slight /slait/ *a*. 轻微的，微小的，纤细的，脆弱的　*vt*. 轻蔑，忽视　*n*. 轻蔑，忽视，冷落

【例句】The wind seemed to lift her slight body.
风似乎要把她瘦弱的身体吹起来。

regardless /ri'gɑːdlis/ *a*. 不管，不注意，不顾

【例句】Regardless of danger, he climbed the tower.
他不顾危险地爬上了塔。

regarding /ri'gɑːdiŋ/ *prep*. 关于，至于

【例句】He knew nothing regarding the case.
关于这个案子他一无所知。

despite /dis'pait/ *prep*. 不管，尽管

【例句】Despite the fact that she is short, she is an excellent basketball player.
尽管她个子矮，却是个出色的篮球运动员。

给力短语

1. **regardless of** 不管（顾），不注意
2. **despite of ...** 不顾，尽管，任凭

混淆词语辨析

neglect/overlook/slight 含"忽略"、"疏忽"的意思。
neglect 强调"疏忽"、"忽略"；
overlook 指"由于粗心、放任而没看出或采取行动"；
slight 强调"轻蔑，怠慢"。

单词大考验

Q: He always did well at school ________ having to do part-time jobs every now and then.

A. in case of B. in spite of
C. regardless of D. on account of

答案：B
（尽管他不得不时常打工，但他在校成绩总是很好。）介词短语辨析。in spite of "虽然，尽管"，表示转折。in case of："假设，万一"；regardless 形容词，译作"不管，不顾"；on account of "由于"。

illegal /iˈliːgəl/ *a*. 不合法的，非法的

例句 It is illegal to park your car here. 把车停在这里是违法的。

illegal *a*. 不合法的，非法的

— **legal** /ˈliːgəl/ *a*. **法律的，合法的，法定的**

例句 He intends to take legal action.
他打算提出诉讼。

lawful /ˈlɔːful/ *a*. 合法的，法定的

【例句】He recognized John as his lawful heir.
他确认约翰为他的合法继承人。

magnificent /mægˈnifisnt/ *a*. 壮丽的，宏伟的

【例句】She looked magnificent in her wedding dress.
她穿着婚纱，看上去漂亮极了。

— **justice** /ˈdʒʌstis/ *n*. **正义，司法，审判员**

例句 He had justice on his side. 正义在他一边。

judge /dʒʌdʒ/ *n*. 法官 *vt*. 断定，判断，审判，裁决

【例句】You can't judge a book by its cover.

你不能根据封面来评价一本书。

justify /ˈdʒʌstifai/ *v*. 替……辩护，证明……是正当的

【例句】How can you justify spending so much money?

你对花掉这么多钱如何能做出令人满意的解释呢？

给力短语

judge by/from 根据……作出判断

混淆词语辨析

infer/conclude/judge 都含“推断”、“结论”、“推论”的意思。

infer 指“由已知的事实或信念进行推理而得出（结论）”；

conclude 指“由已知事实或信念预期或推导出必要的结果、意见、概念等”；

judge 强调“对前提进行衡量和核对以作出判断”。

单词大考验

Q: ________ in a recent science competition, the three students were awarded scholarships totaling $21, 000.

A. To be judged the best　　B. Having judged the best

C. Judged the best　　D. Judging the best

答案：C

（由于在最近的理科竞赛中成绩最好，这三位同学被奖励总计21000美元的奖金。）非谓语动词。句子的主语是 the three students，非谓语形式作状语，与逻辑主语之间是被动关系，故选 C。

illustrate /ˈiləstreit/ *vt*. 举例说明，给……做插图，阐明

例句 The company's bank statements illustrate its success. 这家公司的银行报表说明了它的成功。

prove

demonstrate

explain

verify

complain

interpret

illustrate *vt*. 举例说明，给……做插图，阐明

demonstrate /ˈdemənstreit/ *vt*. 证明，展示，论证

例句 All of those demonstrated the correctness of his analysis. 这一切都证明了他分析的正确性。

prove /pruːv/ *vt*. 证明，检验

【例句】Time will prove me to be right.
时间会证明我是对的。

verify /ˈverifai/ *vt*. 查证，核实

【例句】All those facts verified his innocence.
这一切事实都证明他是无辜的。

explain /iksˈplein/ *vt*. 解释，说明

例句 He explained that he had to leave at once.

他解释说他必须立即离开。

complain /kəm'plein/ *v*. 抱怨，投诉，发牢骚

【例句】She often complains that he is dishonest.

她常埋怨说他不诚实。

interpret /in'tə:prit/ *vt*. 解释，说明，口译

【例句】I interpreted his silence as a refusal.

我把他的沉默看作是拒绝的表示。

给力短语

1. **prove that...** 证明是……
2. **explain sth. to sb.** 向某人解释某事
3. **complain about** 抱怨；诉苦
4. **complain of** 主诉；诉说

混淆词语辨析

explain/interpret 都含"解释"的意思。

explain 指"解释不明的事情"；

interpret 侧重于"用特殊的知识、判断、了解或想象去阐明特别难懂的事物"。

单词大考验

Q: The university has launched a research center to develop new ways of ________ bacteria which have become resistant to drug treatments.

A. regulating　　B. halting　　C. interrupting　　D. combating

答案：D

（这所大学建立了一个研究中心，研究新的办法来对付已产生耐药性的细菌。）A "调节，校正"；B "停止，犹豫"；C "打扰"；D "对抗，战斗"。

imitate /ˈimiteit/ *vt*. 仿制，仿造，模仿，仿效

例句 I wish you would imitate your brother a little more. 希望你多学学你的兄弟。

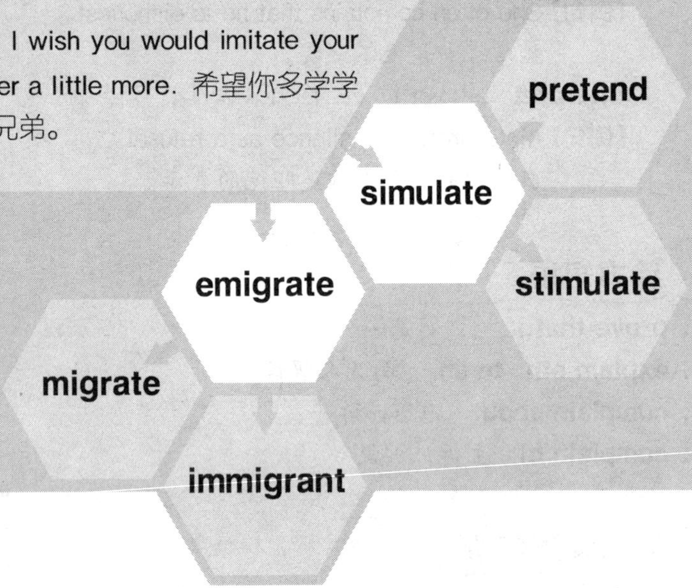

pretend

simulate

emigrate

stimulate

migrate

immigrant

imitate *vt*. 仿制，仿造，模仿，效仿

simulate /ˈsimjuleit/ *vt*. 假装，模仿，模拟

例句 A sheet of metal was shaken to simulate the noise of thunder. 猛力抖动金属片以模仿雷声。

pretend /priˈtend/ *v*. 假装

【例句】He pretended that he was innocent.
他假装无辜。

stimulate/ˈstimjuleit/ *vt*. 刺激，激励，鼓舞

【例句】They stimulated me to make greater efforts.
他们鼓励我要做出更大的努力。

emigrate /ˈemigreit/ *vi*. 迁居（外国），永久移居国外

例句 Einstein emigrated from Germany to the United States.

爱因斯坦从德国移居到美国。

migrate /mai'greit/ *vi*. 迁移，移居（移居海外）

【例句】Pioneers from New England migrated to all parts of the United States.

来自新英格兰的拓荒者移居到美国各地。

immigrant /'imigrənt/ *a*. 移民的 *n*. 移民，侨民（从外国移进来的）

【例句】Canada has many immigrants from Europe.

加拿大有许多欧洲移民。

给力短语

1. emigrate from ... 自（本国）移居外国

2. migrate to 移居到

混淆词语辨析

pretend/disguise 都含“伪装”的意思。

pretend 指明知是假的却装成是真的；

disguise 指改变外表使人认不出来。

单词大考验

Q: John Dewey believed that education should be a preparation for life, that a person learns by doing, and that teaching must ______ the curiosity and creativity of children.

A. seek B. stimulate C. shape D. secure

答案：B

（约翰·杜威认为教育应该是生活的准备，一个人应该通过实践来学习，教育必须激发孩子的好奇心和创造力。）词义辨析题。seek 意为“寻找、探求”等；stimulate 意为“激发、刺激、鼓励”等；shape 意为“形成、塑造”等；secure 意为“保卫、防护”等。

impress /imˈpres/ *n*. 印象，印记　*vt*. 使……有印象，盖印

例句 I was very impressed by her performance. 她的表演给我留下了深刻的印象。

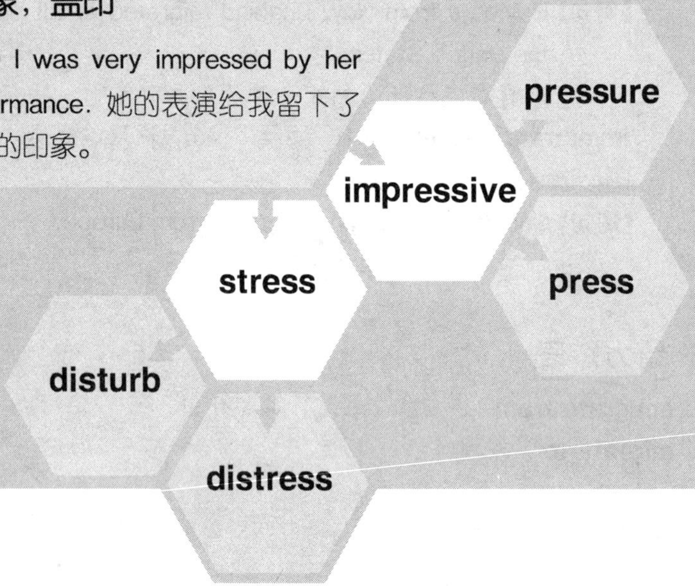

pressure
impressive
stress
press
disturb
distress

impress *n*. 印象，印记　*vt*. 使……有印象，盖印

— **impressive** /imˈpresiv/ *a*. 使人印象深刻的

例句 This cinema is so impressive that we can't help crying.
这影片如此感人以至于我们禁不住流下泪来。

pressure /ˈpreʃə(r)/ *n*. 压力，压迫

【例句】He works well under pressure.
他在有压力的情况下工作很出色。

press /pres/ *n*. 压，按；出版社　*vt*. 按，压；逼迫

【例句】The man was pressed to pay off his debt.
那人被逼还债。

— **stress** /stres/ *n*. 紧张，压力　*vt*. 强调，着重

例句 He was under stress before he gave his lecture.

演讲前的那一阵子他感到十分紧张。

disturb /dis'tə:b/ *vt*. 扰乱，妨碍，焦虑，扰乱

【例句】I'm sorry to disturb you so early.

对不起，我这么早打扰你。

distress /dis'tres/ *n*. 苦恼，贫困 *vt*. 使……苦恼，使痛苦

【例句】Nothing could alleviate his distress.

什么都不能减轻他的痛苦。

给力短语

1. **impress on (upon)** 使铭记，使……印象深刻
2. **be impressed by (at/ with)** 被……深深打动（感动）
3. **interrupt traffic** 中断交通

混淆词语辨析

interrupt/ disturb 都含“打断，中断”的意思。

interrupt 通常是指通过干扰某人正在做的事情，使其恼怒；

disturb 强调的是通过打扰使别人不能继续做某事。

单词大考验

Q: Not having a good command of English can be a serious ________ preventing you from achieving your goals.

A. obstacle B. fault C. offense D. distress

答案：A（没有良好的英语听说读写能力可能会成为严重的障碍阻止你实现你的目标。）A “障碍”；B “错误”；C “犯罪，进攻”；D “悲痛，危难”。

infer /inˈfəː/ *vt*. 推论，推断

例句 I infer that my proposal has been accepted. 我推测我的建议已被接受。

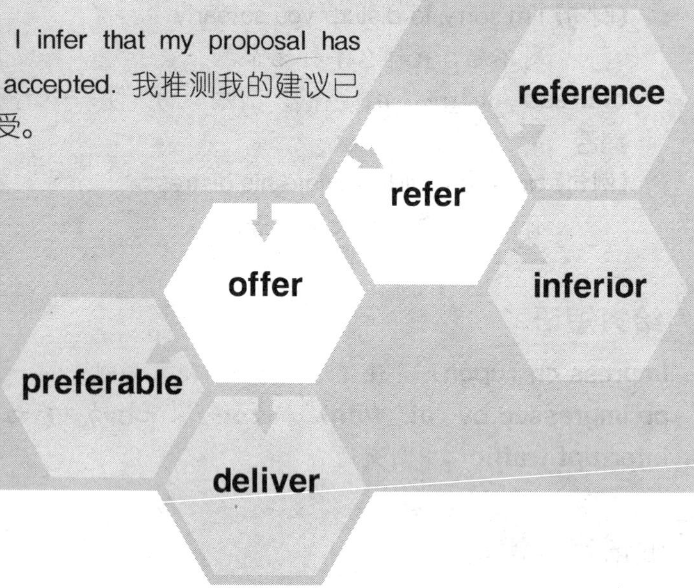

infer *vt*. 推论，推断

refer /riˈfəː/ *v*. 涉及，提到，参考，求助

例句 He referred to his friends for information.
他向朋友们打听消息。

reference /ˈrefərəns/ *n*. 参考，出处；谈及，提到

【例句】Our reference book proved to be insufficient.
我们的参考书显得不够。

inferior /inˈfiəriə/ *a*. 次等的，较低的

【例句】The food at that restaurant is inferior.
那家饭馆的饭菜质量差。

offer /ˈɔfə/ *vt*. 提供，出价 *n*. 提供，供应

例句 She offered to help me to learn English.
她提出要帮我学英语。

preferable /ˈprefərəbl/ *a*. 更好的，更合意的

【例句】Health without riches is preferable to riches without health. 有健康而无财富比有财富而无健康更好。

deliver /diˈlivə/ *v*. 递送，交付，发言，发动

【例句】The telegram was delivered early this morning. 这份电报是今天清晨送到的。

给力短语

1. **make an offer (of)...** 提议；出价
2. **refer to** 提到，谈到，涉及，参考
3. **deliver over /up** 交出，移交

混淆词语辨析

afford/ give/ offer/ provide/supply 都含“给予，提供”的意思。

afford 带双宾语，一般只能用于抽象事物，还可以特指经济能力，指“供给”；

give 供给，最普通用语；

offer 以使对方接受或被对方拒绝，主观上愿意“供给”的意思；

provide 强调有预见，并通过储存或准备的方式为某事做准备，以在需要时提供所需物品。牵涉到金钱时，**provide** 往往含有“免费供给”的意味，**supply** 一般需付钱；

supply “供给、供应”（供给缺乏或不足的东西），不可带双宾语。

单词大考验

Q: Their products are frequently overpriced and ________ in quality.

A. influential B. inferior C. superior D. subordinate

答案：B

（他们的产品经常价格过高，质量却很差。）A “有影响的”；B “差的”；C “优秀的，上级的”；D “从属的”。

injection /inˈdʒekʃən/ *n*. 注射，注入，充满

例句 The doctor prescribed three injections. 医生开了三支注射液的处方。

oppose
reject
object
refusal
article
subject

injection *n*. 注射，注入，充满

reject /riˈdʒekt/ *vt*. 拒绝，驳回，丢弃

例句 They rejected his application for membership.
他们拒绝考虑他的成员资格申请。

oppose /əˈpəuz/ *v*. 反对，以……对抗，抗争

【例句】They were bitterly opposed to the scheme.
他们强烈反对这个计划。

refusal /riˈfjuːzəl/ *n*. 拒绝

【例句】He shook his head in refusal. 他摇头表示拒绝。

object /ˈɔbdʒikt/ *vt*. 反对，不赞成 *n*. 物体，目标，宾语

例句 Our object is to get at the truth.
我们的目的是弄清事实真相。

article /ˈɑːtikl/ *n*. 文章，物品，条款

【例句】This article allows no other explanation.
这项条款不容有别的解释。

subject /ˈsʌbdʒikt/ *n*. 科目，主题 *v*. 使……服从，屈服

【例句】Students should be subject to the discipline of their university. 学生们应该服从学校的纪律。

给力短语

1. **on the subject of** 关于，论及
2. **(be) subject to** 服从，受……的支配
3. **as opposed to** 与……对照之下

混淆词语辨析

object/ oppose/ protest 都有“反对”的意思。
object 多指不赞成某事；
oppose 指反对而且试图阻止某项计划或想法等；
protest 是聚集到一起公开反对或抗议。
decline/refuse/reject 都含“拒绝”的意思。
decline 指“较正式地、有礼貌地谢绝”；
refuse 属于普通用语，指“坚决、果断或坦率地拒绝”；
reject 指“以否定、敌对的态度当面拒绝”。

单词大考验

Q: They were ________ admission to the military exhibition because they were foreigners.

A. denied B. declined C. deprived D. rejected

答案：A
（他们被拒绝进入军事博物馆，因为他们是外国人。）A “拒绝”；B “下降”；C “剥夺”；D “充满敌意地拒绝”。

invisible /in'vizəbl/ *a*. 看不见的，无形的

例句 Many stars are invisible without a telescope. 许多星星不用望远镜便看不见。

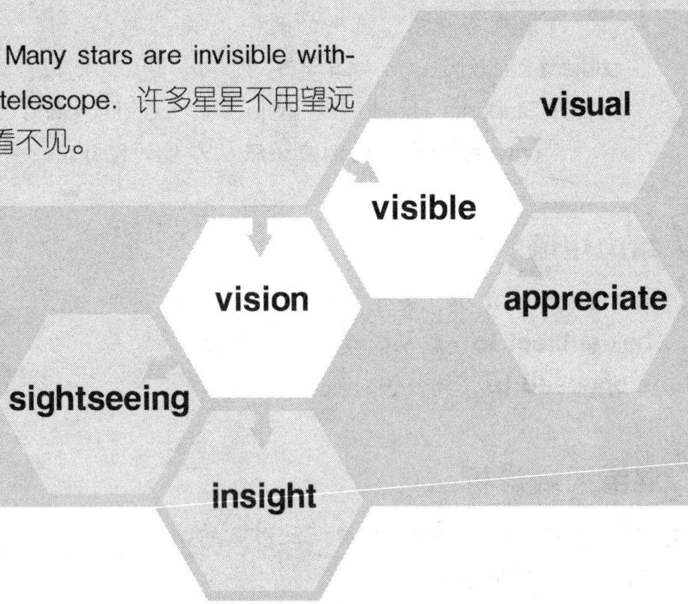

visual

visible

vision

appreciate

sightseeing

insight

invisible *a*. 看不见的，无形的

visible /'vizəbl/ *a*. **可见的，看得见的**

例句 The shore was barely visible through the fog.
在雾里海岸不可见。

visual /'viʒuəl/ *a*. 视觉的，看得见的，真实的

【例句】His designs have a strong visual appeal.
他的设计在视觉上很有感染力。

appreciate /ə'priːʃieit/ *vt*. 欣赏，感激，赏识

【例句】We greatly appreciate your timely help.
我们十分感激你们及时的帮助。

vision /'viʒən/ *n*. **洞察力，光景，视力，眼力，幻影**

例句 He is a man of great vision. 他是位有远见的人。

sightseeing /ˈsaitsiːiŋ/ *n*. 观光，游览

【例句】Some people like to lie on the beach, but I prefer sightseeing.

有些人喜欢躺在海滩上，而我则宁愿去游览观光。

insight /ˈinsait/ *n*. 洞察力，见识

【例句】His speech gave us an insight into the problems of education.

他的演讲使我们对教育问题有了深入的了解。

给力短语

1. **insight into** 对……有洞察力
2. **appreciate your help** 感激你的帮忙

混淆词语辨析

appreciate/ enjoy 都有"欣赏"的意思。

appreciate 表示"欣赏"时，是指一种理解和鉴别能力，又可以译为"珍视"，另外，**appreciate** 作"感谢"的时候后面只能接事或物；

enjoy 表示"欣赏"时，是指从某一活动中得到满足的感觉，也表示"喜爱"。

单词大考验

Q: Those gifts of rare books that were given to us were deeply ________.

A. appreciated　B. approved　C. appealed　D. applied

答案：A

（对于那些作为礼物送给我们的图书，我们非常重视。）动词词义辨析。appreciate "为……表示感激，重视，欣赏"；approve "同意，赞成，批准"；appeal "呼吁，要求，诉诸（于）"；apply "应用"。

invade /in'veid/ *vt*. 侵入，侵犯，干扰

例句 Thousands of tourists invaded the old town. 数以千计的游客涌入那古老的镇上。

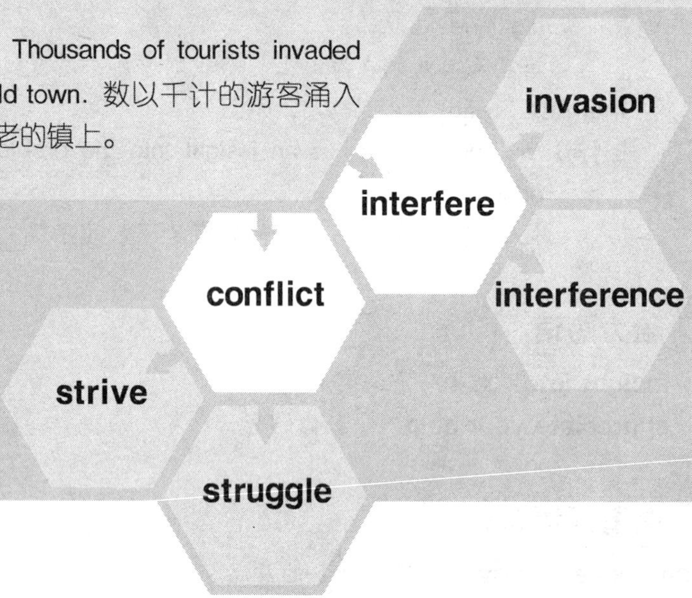

invasion

interfere

conflict

interference

strive

struggle

invade *vt*. 侵入，侵犯，干扰

interfere /ˌintə'fiə/ *vi*. 妨碍，冲突，干涉

例句 Don't interfere with him. He's preparing for the final exams. 不要打扰他，他正在准备期末考试。

invasion /in'veiʒən/ *n*. 侵入，侵略

【例句】I object to these invasions of my privacy. 我反对这些侵扰我私生活的行径。

interference /ˌintə'fiərəns/ *n*. 冲突，干涉

【例句】I couldn't hear the program because there was too much interference. 因干扰太大，我听不清节目。

conflict /'kɔnflikt/ *n*. 冲突，矛盾，争执 *vi*. 抵触，冲突

例句 Your statement is in conflict with the rest of the evidence.

你的陈述同其余证据有矛盾。

strive /straiv/ *vi*. 努力，奋斗，力争

【例句】This is the goal we are striving toward.

这是我们奋斗的目标。

struggle /ˈstrʌgl/ *n*. 搏斗，战斗，奋斗 *vi*. 搏斗，努力

【例句】We should struggle to learn advanced techniques.

我们应当努力学习先进技术。

给力短语

1. **interfere with/in** 妨碍；乱动；干涉
2. **in conflict with...** 同……相冲突
3. **struggle for** 为……而斗争
4. **struggle against（with）** 向……作斗争
5. **strive against** 反抗
6. **strive after/for** 为……奋斗

混淆词语辨析

conflict/ fight/ struggle 都含“战斗”、“ 斗争”的意思。

conflict 指“由于严重不一致，而引起抵触或冲突”；

fight 原义是“打仗”、“战斗”，指“任何形式的斗争”；

struggle 本义是“挣扎”，指“克服某种障碍或困难，以达到某种目的”，意味着“处境难”。

单词大考验

Q: We have planned an exciting publicity ________ with our advertisers.

A. struggle B. battle C. campaign D. conflict

答案：B

（我们已经计划了一个激动人心的宣传，与我们的广告商作斗争。）A “挣扎，奋斗”；B “战斗”；C “运动，战役”；D “冲突，矛盾”。固定搭配 battle with... “与……作战”。

isolate /ˈaisəleit/ *a*. 孤立的 *vt*. 使隔离，使孤立

例句 Several villages have been isolated by the heavy rain. 好几个村庄因大雨与外界隔绝。

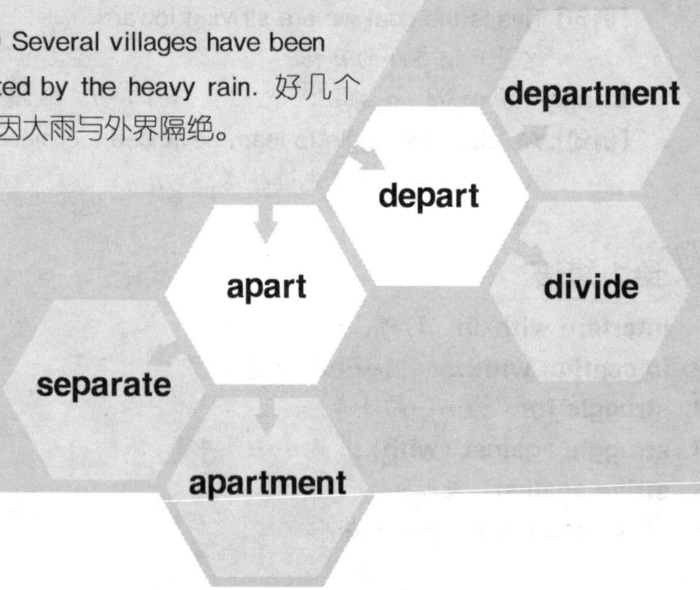

department

depart

apart

divide

separate

apartment

isolate *a*. 孤立的 *vt*. 使隔离，使孤立

depart /diˈpɑːt/ *vi*. 离开，出发

例句 He departed early in the morning.
他一大早就离开了。

department /diˈpɑːtmənt/ *n*. 部，部门，系

【例句】She's the head of the firm's personnel department.
她是公司人事部门的负责人。

divide /diˈvaid/ *v*. 除，分割，划分，隔开

【例句】The teacher divided the class into two groups.
这个老师把整个班分成了两个组。

apart /əˈpɑːt/ *ad*. 分别地，分开地

例句 He lives apart from his family. 他与家人不住在一起。

separate /ˈsepəreit/ *a*. 分开的，各自的，单独的 *v*. 分开，隔开，分居

【例句】They sit in separate seats. 他们都坐在各自的座位上。

apartment /əˈpɑːtmənt/ *n*. 一套公寓房间

【例句】Many city dwellers live in apartment buildings.
许多城市居民住在公共住宅楼里。

给力短语

1. **depart from** 离开；从……出发；违反
2. **divide into** 分成
3. **apart from** 离开；除……之外
4. **be separated from** 和……分开，和……分散
5. **separate into** 分离成

混淆词语辨析

separate/divide/part 都含“分开”的意思。
separate 指“把原来在一起的人或物分开”；
divide 指“施加外力或自然地把某人或某物由整体分成若干部分”；
part 指“把密切相关的人或物分开”。

单词大考验

Q: The house was very quiet, ________ as it was on the side of a mountain.

A. isolated　　B. isolating
C. being isolated　　D. having been isolated

答案：A
（这幢房子非常安静，是因为它处在山麓上，与外界隔绝。）
本题测试分词的语态。分析句子结构，后半句中的主语为it (house)，那么isolate就应该是过去分词形式，表示被隔离，该题中表语前置，以示强调。

J

jealous /ˈdʒeləs/ *a*. 妒忌的

例句 I'm very jealous of your new job. 我很羡慕你的这个新工作。

admire

envy

rage

tolerant

courage

encourage

jealous *a*. 妒忌的

— **envy** /ˈenvi/ *vt*. /*n*. 嫉妒，羡慕

例句 They were full of envy when they saw my new car.
他们看了我的新汽车，都非常羡慕。

admire /ədˈmaiə/ *vt*. 钦佩，羡慕，赞赏

【例句】We admire his working so hard.
我们钦佩他工作努力。

tolerant /ˈtɔlərənt/ *a*. 宽容的，容忍的

【例句】She's tolerant toward those impudent colleagues.
她对那些无礼的同事采取容忍的态度。

— **rage** /reidʒ/ *n*. 愤怒，狂暴，强烈的欲望

例句 He has a rage for collecting stamps. 他有集邮的癖好。

courage /ˈkʌridʒ/ *n*. 勇气

【例句】He didn't have the courage to tell his mother that he had failed in the exam.

他没有勇气告诉母亲他考试不及格。

encourage /inˈkʌridʒ/ *vt*. 鼓励，激励，支持

【例句】Teachers often encourage class participation.

教师常鼓励学生积极参与课堂活动。

给力短语

1. **jealous of** 妒羡的，羡慕的
2. **encourage sb. to do sth.** 鼓励某人（做某事）

混淆词语辨析

envious/ jealous 都有"嫉妒的"的意思。

envious 表示出于羡慕别人具有自己所不具有的东西而引起的嫉妒；

jealous 表示因害怕别人会夺走属于自己的事物而引起的嫉恨，感情色彩比 **envious** 强烈。

单词大考验

Q: He was ________ of his friend's reputation.

A. greedy B. controversial

C. competitive D. jealous

答案：D

（他很嫉妒他朋友的名声。）A"贪婪的"；B"矛盾的"；C"竞争的"；D"嫉妒的"。jealous of 为固定短语。

J

lead /liːd/ *vt*. 引导，带领，指挥 *n*. 榜样，领先

例句 Our team was in the lead at half time. 我们队在前半场领先。

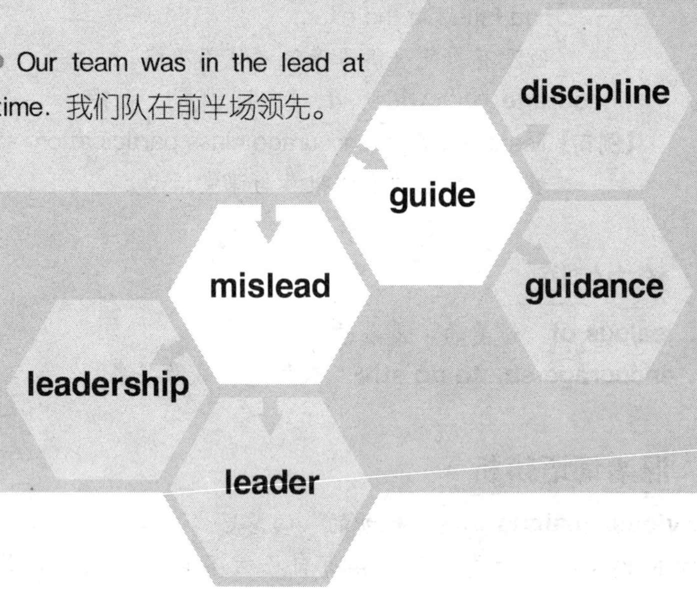

discipline

guide

mislead

guidance

leadership

leader

lead *vt*. 引导，带领，指挥 *n*. 榜样，领先

guide /gaid/ *n*. 引导者，指南，路标 *vt*. 指导，支配，管理

例句 A guide will show you round the Palace.
一位导游将陪你们参观宫殿。

discipline /ˈdisiplin/ *n*. 纪律，训练，惩罚；学科 *vt*. 训练，惩罚

【例句】 She must have been well disciplined for her orderliness. 她有条不紊，一定受过良好的训练。

guidance /ˈgaidəns/ *n*. 引导，指导

【例句】 We would appreciate guidance from an expert in this field. 我们将欢迎该领域专家的指导。

mislead /misˈliːd/ *vt*. 带错路，使误解，使误入歧途

【例句】He was misled by his companions.

他被伙伴们带坏了。

leadership /ˈliːdəʃip/ *n*. 领导

【例句】The vice-president took over the leadership of the country.

副总统接掌了国家领导权。

leader /ˈliːdə/ *n*. 领袖，领导者

【例句】He is a decisive leader.

他是一个有决断力的领袖。

给力短语

1. **lead off** 开始
2. **lead up to** 通向，导致

混淆词语辨析

lead/ **guide** 都有“引导”的意思。

lead 表示引导人在前面带路，强调“率领”的意思；

guide 表示引导别人，因其对路径十分熟悉，不会使人走错路。

单词大考验

Q: Generous public funding of basic science would ________ considerable benefits for the country's health, wealth and security.

A. lead to B. result from C. lie in D. settle down

答案：A

（足够的公共基金会对国民的健康、财富、安全带来相当可观的好处。）本题测试动词短语的辨析：lead to “导致”；result from “起因于，产生于”；lie in “在于”；settle down “定居”。lead to 相当于 result in “导致”。

L

liberate /ˈlibəreit/ *vt*. 解放，使……获自由，释放

例句 This will liberate him from economic worry. 这将消除他经济上的忧虑。

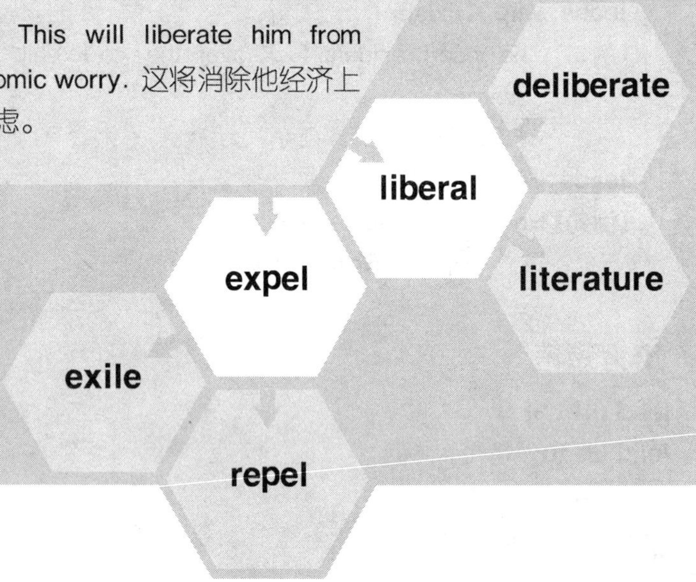

deliberate

liberal

literature

expel

exile

repel

liberate *vt*. 解放，使……获自由，释放

liberal /ˈlibərəl/ *n*. 自由主义者 *a*. 慷慨的，不拘泥的，宽大的

例句 This country adopts a liberal foreign policy.
该国采用的是开放的外交政策。

deliberate /diˈlibəreit/ *a*. 故意的，深思熟虑的 *v*. 仔细考虑

【例句】He was deliberate in his speech and action.
他谨言慎行。

literature /ˈlitəritʃə/ *n*. 文学，文献

【例句】He was an expert on ancient Chinese astronomical literature. 他是研究中国古代天文学文献的专家。

expel /iksˈpel/ *vt*. 驱逐，逐出，开除

例句 He was expelled from the club for breaking the rules.
他因违反了规定而被开除出俱乐部。

exile /ˈeksail,ˈegzail/ *vt*. 流放 *n*. 流放，放逐，被流放者

【例句】After an exile of eight years her uncle returned to Cairo. 她叔叔背井离乡8年后返回开罗。

repel /riˈpel/ *vt*. 击退，抵制，使……厌恶，反驳

【例句】They stood prepared to repel any attack.
他们准备好打退一切进攻。

给力短语

1. **at liberty** 自由的，不受囚禁的
2. **be literal with** 在……方面慷慨
3. **be literal in** 在……方面开明

混淆词语辨析

exile/ expel 均有"驱逐出境，流放"之意。

exile 指政府，但不一定含羞辱意味；将某人驱逐出境或流放到某地；

expel 含义广，可指驱逐出境或打消某一资历，含羞辱意味。

单词大考验

Q: The words of his old teacher left a ________ impression on his mind. He is still influenced by them.

A. long B. lively C. lasting D. liberal

答案：C
（他过去的老师说过的话给他留下了深刻的印象。他现在仍然受着这些话的影响。）词义的辨析。long"长的（多指长度）"；lively"活泼的，充满生气的"；lasting"永久的，持续的"；liberal"慷慨的，大方的，自由的"。

locate /ləu'keit/ v. 定位，位于

例句 The company located its branch office in the suburbs. 该公司把它的分公司设在郊区。

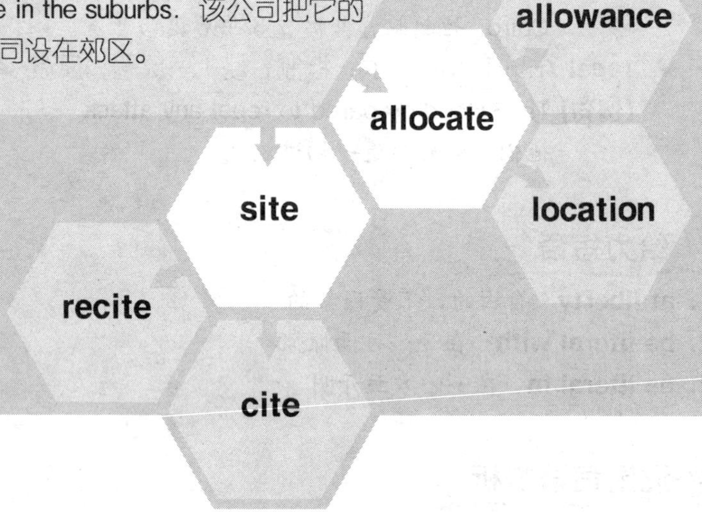

locate v. 定位，位于

allocate /'æləukeit/ vt. 分派，分配

例句 They lack the power to raise funds or to allocate spending. 他们没有权利筹集资金或分配消费。

allowance /ə'lauəns/ n. 限额，定量；津贴，零用

【例句】The child has a weekly allowance of five dollars. 这孩子每星期有五美元零用钱。

location /ləu'keiʃən/ n. 地点，位置

【例句】We must decide on the location of our new swimming pool. 我们必须得给新游泳池选个地点。

site /sait/ n. 地点，位置 v. 设置

例句 Our school has a good site in town.

我们学校位于镇上一个好地点。

recite /ri'sait/ *v*. 背诵，朗读，叙述

【例句】He recited the day's adventures.

他详细叙述了那一天的冒险经历。

cite /sait/ *vt*. 引用，引证，例证

【例句】The lawyer cited a previous case to support his argument. 律师引用了以前的案例来支持他的论点。

给力短语

make allowance for 考虑到；体谅

混淆词语辨析

position/ spot/ situation/ site/ location 均含"地点、位置、场所"之意。

position 多指物体相对于其他物体所处的位置或状态；

spot 指相对较小的特定地点或事物所在地；

situation 指物体在其周围环境中所处的位置或状态，侧重地点或场所的环境特征；

site 指或大或小的地方，既可指供专门用途或特定活动的地点，又可指某一事件的地址；

location 指某物设置的方向或地点。

单词大考验

Q: The more a nation's companies ________ factories abroad, the smaller that country's recorded exports will be.

A. lie B. spot C. stand D. locate

答案：D

（一个国家的公司在国外驻扎得越多，那么这国家的出口记录就会越小。）A"躺，位于"；B"认出"；C"坐落"；D"定位，驻扎"。

long /lɔŋ/ *a*. 长的，很久的，冗长的 *vi*. 渴望，热望，极想 *ad*. 长久地

例句 She longed for her husband to return home. 她渴望她的丈夫早日归来。

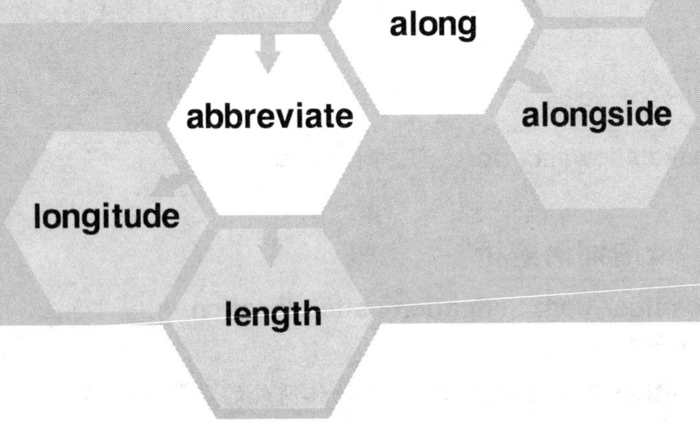

long *a*. 长的，很久的，冗长的 *vi*. 渴望，热望，极想 *ad*. 长久地

— **along** /ə'lɔŋ/ *ad*. 向前，一起 *prep*. 沿着

例句 I was driving my car along a muddy path.
我沿着泥泞的小路开车。

belong /bi'lɔŋ/ *vi*. 属于，隶属，附属；应归于（类别、范畴等）

【例句】The land belongs legally to the Government.
该地依法属政府所有。

alongside /ə'lɔŋ'said/ *ad*. 在旁边 *prep*. 在……旁边

【例句】The boat pulled up alongside the dock.
那条船在码头旁停靠。

— **abbreviate** /ə'briːvieit/ *v*. 缩写，缩短，简化，简写成

【例句】UFO is abbreviated from unidentified flying object. “UFO”是“unidentified flying object”（不明飞行物体）的缩写。

longitude /ˈlɔndʒitjuːd/ *n*. 经度

【例句】The line of zero degree longitude passes through Greenwich. 经度零度线穿过格林威治。

length /leŋθ/ *n*. 长度

【例句】The length of the movie is two hours. 影片长两小时。

给力短语

1. **along with** 和……一起，沿着
2. **long for/after** 渴望
3. **before long** 不久，不久以后
4. **belong to** 属于
5. **alongside of** 在……旁边；与……并排
6. **at length** 最后；终于；详细地

混淆词语辨析

shorten/ abbreviate 都含“使……短”的意思。

shorten 指“减少长度、范围或时间”；

abbreviate 指“词、短语、故事等的缩略”。

单词大考验

Q: Reading ________ the lines, I would say that the Government are more worried than they will admit.

A. behind B. between C. along D. among

答案：B

（若体会其言外之意，我要说政府比它自己所承认的更为担忧。）固定表达。read between the lines“读出字里行间的含义”是固定表达。

M

mark /mɑːk/ *n*. 标志，分数，马克 *vt*. 做标记于……，打分数

例句 The spilt coffee has left a mark on the table cloth. 洒出来的咖啡在桌布上留下了印渍。

signal

sign

remark

signature

comment

remarkable

mark *n*. 标志，分数，马克 *vt*. 做标记于……，打分数

sign /sain/ *n*. 标记，符号，记号，征兆，迹象 *v*. 签名(于)，署名，签署

例句 Would you fill out this card and sign it?

请你把这张卡填好并签名好吗?

signal /ˈsignl/ *n*. 信号，导火线，动机 *vt*. 发信号，用信号通知

【例句】She signaled that he was about to turn left.

她打手势表示他就要转到左面去了。

signature /ˈsignitʃə/ *n*. 签名，签署，识别标志

【例句】These two signatures are very similar.

这两处签名非常接近。

remark /riˈmɑːk/ *v*. 评论，注意，谈起 *n*. 备注，评论，注意

【例句】In the light of his remarks, we rejected her offer.

鉴于他的评语，我们拒绝了她的提议。

comment /ˈkɔment/ *n*. 评论；意见；批评 *v*. 评论

【例句】The discovery is hardly commented by the press.

这个发现很少为报界所评论。

remarkable /riˈmɑːkəbl/ *a*. 显著的，异常的，非凡的，值得注意的

【例句】He is a remarkable linguist. 他是一位杰出的语言学家。

给力短语

1. **mark down** 记下
2. **remark on/upon** 谈论，议论，评论
3. **sign in** 签到；签收

混淆词语辨析

remark/ comment/ review 都有“评论”的意思。

remark 是指评论刚注意到的事情；

comment 表达对某人或某事的看法；

review 是写短文评论新书、戏剧或电影。

单词大考验

Q: The most basic reason why dialects should be preserved is that language helps to ________ a culture.

A. retain B. relate C. remark D. review

答案：A

(方言之所以被保留下来的最基本的原因是语言帮助人们保留了一种文化。)A“保留，保持”；B“涉及，符合”；C“评论”；D“回顾，检讨”。

M

meet /miːt/ *n*. 会议 *v*. 遇见，满足，对付，接触

例句 Let's meet that problem when it comes up. 那问题一出现，我们就来对付它。

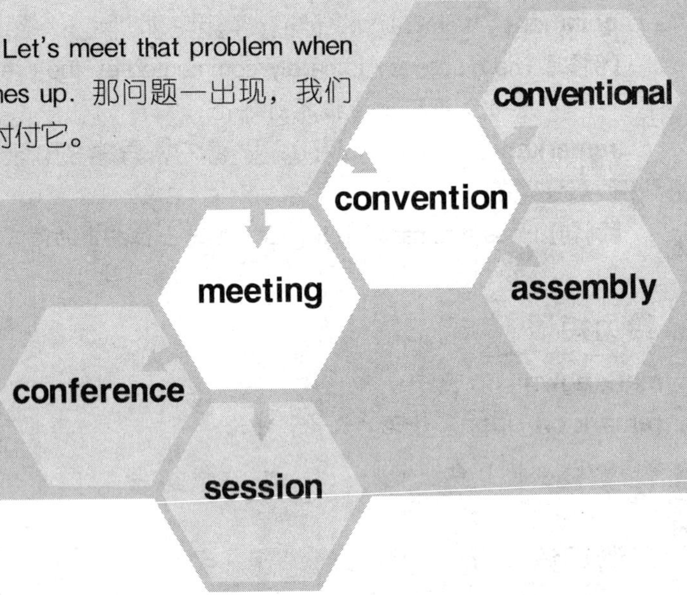

conventional
convention
meeting
assembly
conference
session

meet *n*. 会议 *v*. 遇见，满足，对付，接触

— **convention** /kənˈvenʃən/ *n*. 大会，惯例；习俗

例句 The two countries are reported to have concluded a military convention. 据报导，这两个国家已缔结军事协议。

conventional /kənˈvenʃənl/ *a*. 普通的，常见的，习惯的，常规的

【例句】I wish you weren't so conventional in the clothes you wear. 我真希望你穿衣不要那么保守。

assembly /əˈsembli/ *n*. 立法机构，议会；集合，集会，装配

【例句】The former president addressed a large assembly. 前总统向众多的与会者讲了话。

— **meeting** /miːtiŋ/ *n*. 会议，集会，相会

【例句】We all trooped into the hall to attend the meeting.
我们成群结队地走进大厅参加会议。

conference /'kɔnfərəns/ *n*. 会议

【例句】I attended a conference on disarmament last week.
我上周参加了一个裁军会议。

session /'seʃən/ *n*. 会议，一届会议；（从事某项活动的）集会

【例句】The committee held a session to discuss the proposed bill. 委员会开会讨论提出的议案。

给力短语

1. **attend a meeting** 参加会议
2. **call a meeting** 召开会议
3. **preside at/over a meeting** 主持会议
4. **in session** （议会等）开会
5. **out of session** 休会

混淆词语辨析

conference/ session/ meeting 都有"会议"的意思。
conference 通常是一个大型的、正式的会议，要持续几天；
session 是一个或一组正式会议，常常用于法庭或议会；
meeting 可以指运动会，尤其是指赛马，还可以指集合、聚会或会面。

单词大考验

Q: John doesn't believe in ________ medicine; he has some remedies of his own.

A. standard B. regular C. routine D. conventional

答案：D
（约翰不相信传统的药物，他自己就有一些自救方法。）
A "标准的"；B "定期的，有规律的"；C "日常的，例行的"；D "传统的，习俗的"。

M

N

nation /ˈneiʃn/ *n*. 国家，民族

例句 The war knit the nation together.
战争使全国人民团结起来。

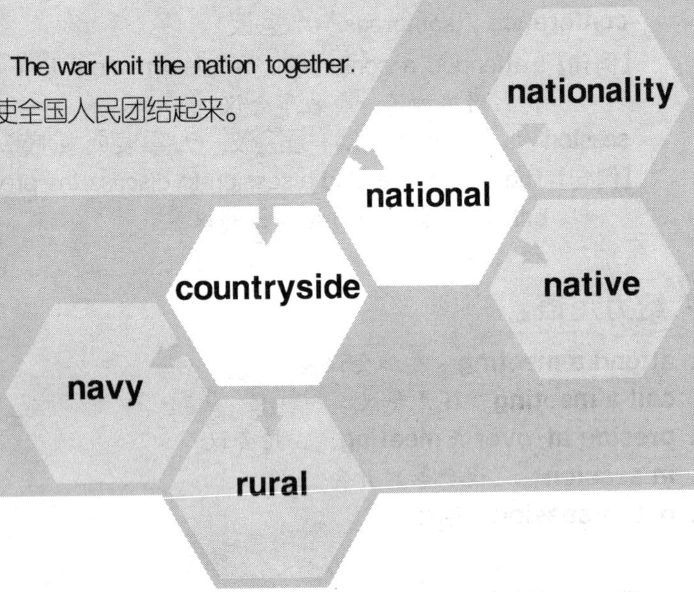

nationality
national
countryside
native
navy
rural

nation *n*. 国家，民族

— **national** /ˈnæʃənəl/ *a*. 国家的，民族的　*n*. 国民

例句 We must safeguard our national interests.
我们必须保卫国家的利益。

nationality /ˌnæʃəˈnæliti/ *n*. 国籍，民族

【例句】He is of British nationality.
他是英国籍。

native /ˈneitiv/ *a*. 本国的，本土的　*n*. 本地人

【例句】They are native speakers of English.
他们的母语是英语。

— **countryside** /ˈkʌntrisaid/ *n*. 乡下，农村

例句 He grew up in the countryside. 他在农村长大。

navy /ˈneivi/ *n*. 海军

【例句】He is an officer in the navy.

他是一个海军军官。

rural /ˈruər(ə)l/ *a*. 农村的，田园的

【例句】I am longing for a quiet rural life.

我极想过清静的乡村生活。

给力短语

1. **national park** 国家公园
2. **rural area** 农村

混淆词语辨析

nation/ state/ country 均含“国家”之意。

nation 普通用词，指在某一国定居的人民、民族，强调人民；

state 正式用词，指政治概念上的国家，即由政府所代表的国家；

country 普通用词，侧重国土与人民。

单词大考验

Q: A library with five thousand books ________ to the nation as a gift.

A. are offered　　B. is offered

C. have offered　　D. has offered

答案：B

（一座藏书五千册的图书馆被作为礼物赠给了这个国家。）

本题考查的是被动语态，with 作定语修饰 library，所以谓语要用单数。

N

note /nəut/ *n*. 笔记，注解，备忘录；票据，便条，纸币 *v*. 记录，注意

例句 There ought to be a note on this obsolete word. 这个过时的词应有注释。

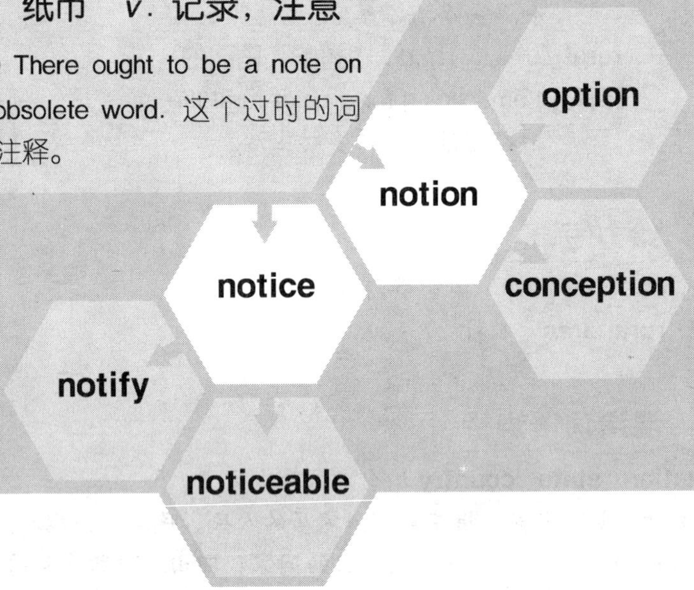

notion
option
conception
notice
notify
noticeable

note *n*. 笔记，注解，备忘录；票据，便条，纸币 *v*. 记录，注意

notion /ˈnəuʃən/ *n*. 观念，想法，主张；(怪) 念头

例句 I haven't the faintest notion what you're talking about.
我对于你所讲的话一点儿也不懂。

option /ˈɔpʃən/ *n*. 选择，选择权；配件

【例句】You will have to pay them; you have no option.
你必须付给他们钱，别无选择。

conception /kənˈsepʃən/ *n*. 概念，观念，想法

【例句】He's got a pretty strange conception of friendship.
他对友谊有一种非常独特的见解。

notice /ˈnəutis/ *n*. 注意，布告，通知 *v*. 注意，通知，留心

例句 She pretended not to notice. 她假装没看见。

notify /ˈnəutifai/ *vt*. 通知，通告，报告

【例句】He didn't notify me how to get in touch with him.
他没有告诉我怎样跟他联系。

noticeable /ˈnəutisəbl/ *a*. 显而易见的；引人注意的

【例句】There's been a noticeable improvement in his handwriting. 他的书法有了明显的进步。

给力短语

1. **note down** 把……记下
2. **take notice of** 注意，留心
3. **come to/into sb.'s notice** 引起某人的注意
4. **give notice of /that** 通知……
5. **notify sb. of sth. / that** 通知某人某事

混淆词语辨析

notify/ inform 都有"通知"的意思。

notify 通常是指以正式的公告、通知将事情通知某人；

inform 强调将某事直接告诉或透露给某人，是一般用语。

单词大考验

Q: Being ignorant of the law is not accepted as an ________ for breaking the law.

A. excuse　　B. intention　　C. option　　D. approval

答案：A

（法律知识的欠缺不是违反法律的理由。）A "理由，借口"；B "意图，目的"；C "选择"；D "批准，认可"。

N

O

office /ˈɔfis/ *n*. 办公室，营业所，官职

例句 He was elected to the office of mayor. 他被选上担任市长之职。

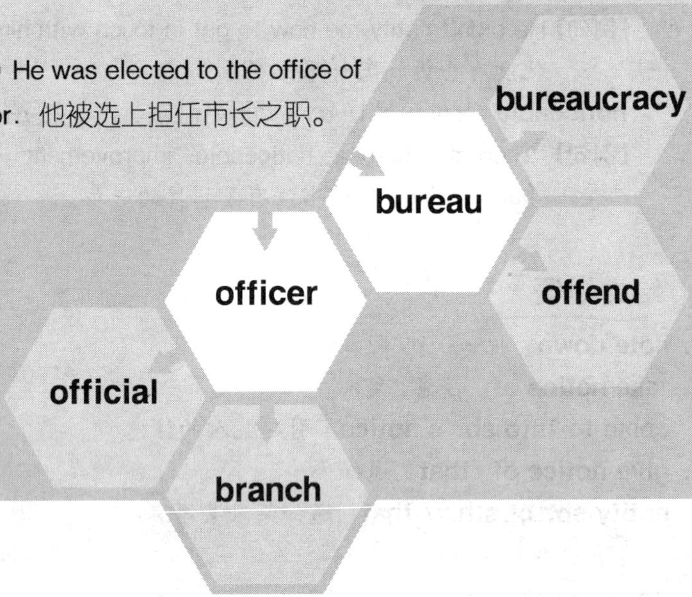

bureaucracy

bureau

officer

offend

official

branch

office *n*. 办公室，营业所，官职

bureau /ˈbjuərəu/ *n*. 局，处

例句 Here is the quality certificate from our Commodity Inspection Bureau. 这是我方商检局的质量检验证明。

bureaucracy /bjuəˈrɔkrəsi/ *n*. 官僚主义；官僚机构

【例句】The frustration we felt with the bureaucracy was based on solid reasons.

我们对官僚机构所感到的失望是有其确凿原因的。

offend /əˈfend/ *v*. 犯罪，冒犯，违反

【例句】We were offended by his vulgar language.

我们被他的粗话所激怒。

officer /ˈɔfisə/ *n*. 政府官员，军官，警官

【例句】His mother is a police officer.

他妈妈是个警官。

official /ə'fiʃəl/ *n*. 官员，公务员　*a*. 职务上的，官方的，正式的

【例句】He came here for official duties.

他由于公务来到这儿。

branch /brɑːntʃ/ *n*. 分支，树枝；机构的分部；分号；分科；分岔

【例句】The river has three main branches.

这条河有三条主要的支流。

给力短语

1. **be in office** 在职，当政
2. **come into office** 就职

混淆词语辨析

officer/ official 都有“官员”的意思。

officer 主要是武职官员；

official 是文职官员。

单词大考验

Q: Jessica is a very religious girl, she believes that she is always ________ supported by her god.

A. spiritually　B. typically　C. historically　D. officially

答案：A

（杰西卡是一个很虔诚的女孩子，她相信上帝总是在精神上支持她。）A “精神上”；B “典型地”；C “历史上地”；D “正式地”。

O

offense /ə'fens/ n. 犯罪，攻击

例句 She meant no offense by the remark. 她说那句话并无恶意。

insult

offensive

offend

aggressive

defence

congress

offense n. 犯罪，攻击

offensive /ə'fensiv/ a. 令人不快的，侮辱的，攻击用的

例句 The advertisements were highly offensive to woman.
这些广告令女士们大为反感。

insult /'insʌlt/ vt. /n. 侮辱，凌辱

【例句】I'm sorry for what I said; I never meant to insult you.
我为我所说的话道歉；我不是有意要侮辱你。

offend /ə'fend/ v. 犯罪，冒犯，违反

【例句】We were offended by his vulgar language.
我们被他的粗话所激怒。

aggressive /ə'gresiv/ a. 侵犯的，攻击性的，有进取心的

例句 Tom thought of the war as an aggressive one.

汤姆把这场战争视作侵略战争。

defence /di'fens/ *n*. 防护，防御；国防

【例句】The government has reduced its expense on defence.

政府减少了国防开支。

congress /'kɔŋgres/ *n*. 代表大会，国会，议会

【例句】Congress affirmed the treaty the President made.

议会通过了总统制订的条约。

给力短语

1. **be offended at/by** 被……激怒，因……生气
2. **be offended with** 对……生气

混淆词语辨析

insult/ scorn 都有“侮辱”的意思。

insult 主要是指侮辱人家的话语或者是态度；

scorn 是强调轻蔑的情绪。

单词大考验

Q: My brother's plans are very ________; he wants to master English, French and Spanish before he is sixteen.

A. arbitrary B. aggressive C. ambitious D. abundant

答案：C

（我哥哥的计划雄心勃勃，他想在十六岁之前精通英语、法语和西班牙语。）形容词辨析。ambitious“雄心勃勃的，有抱负的”；aggressive“积极进取的，挑衅的”；arbitrary“武断的”；abundant“丰富的，富有的”。

O

O

organ /ˈɔːgən/ *n*. 机构，机关；器官

例句 Parliament is an organ of government. 议会是政府的一个机构。

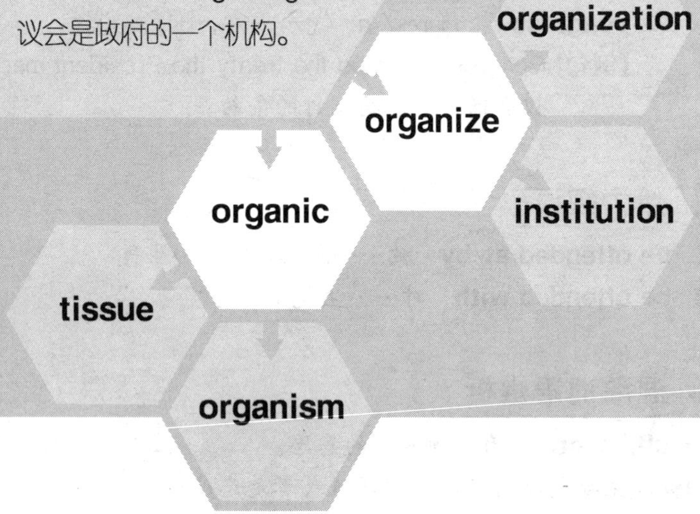

organ *n*. 机构，机关；器官

organize /ˈɔːgənaiz/ *v*. 组织，使系统化

例句 We'll organize an oratorical contest.
我们将筹划一次演说比赛。

organization /ˌɔːgənaiˈzeiʃən/ *n*. 机构，组织

【例句】He is engaged in the organization of a new club.
他正从事于组建一个新的俱乐部。

institution /ˌinstiˈtjuːʃən/ *n*. 机构，惯例，创立

【例句】Institution of such schools was geared to these needs.
建立这些学校适应了这些需要。

organic /ɔːˈgænik/ *a*. 器官的，有机的，根本的

例句 Oil-yielding organic matter is contained in the shales.

在这些页岩里有产油的有机物质。

tissue /ˈtisjuː/ *n*. （动、植物的）组织，薄的纱织品，纸巾

【例句】It's more hygienic to use disposable paper tissues.

使用一次性餐巾纸更为卫生。

organism /ˈɔːgənizəm/ *n*. 生物体，有机体

【例句】Factories and cities are more complex organisms.

工厂和城市是更为复杂的社会组织。

给力短语

the organization of... ……的组织

混淆词语辨析

college/ university/ institution/academy 都有“学院”的意思。

college 指高等专科学校；

university 指综合性大学；

institution 是（教育、慈善等）社会公共机构；

academy 指研究院、学会。

单词大考验

Q: The organization performed an important ________ in protecting the rights of children.

A. function B. fiction C. fraction D. friction

答案：A

（这个组织在保护儿童权益上发挥了重要的功能。）A “功能”；B “小说，虚构”；C “分数，部分”；D “摩擦”。

O

outer /ˈautə/ *a*. 外面的，外层的

例句 The outer door was wide open.
外面的门是敞开的。

initiative

original

preliminary

originate

limited

eliminate

outer *a*. 外面的，外层的

original /əˈridʒənl/ *a*. 最初的，原始的，有独创性的，原版的 *n*. 起源，原件，原稿

例句 Your designs are highly original. 你的设计很独特。

initiative /iˈniʃiətiv/ *a*. 创始的，初步的，自发的

【例句】It was evident that they had lost the initiative.
显然他们已丧失了主动权。

originate /əˈridʒineit/ *vt*. 起源于，产生 *vi*. 创造，开创，发明

【例句】His book originated from a short story.
他的书是根据一个短篇小说撰写的。

preliminary /priˈliminəri/ *a*. 初步的，开始的，预备的

【例句】Preliminary arrangements have been made for the talks. 会谈的准备工作已经就绪。

limited /ˈlimitid/ *a*. 有限的

【例句】The amount of money we have is limited.
我们的钱数额有限。

eliminate /iˈlimineit/ *vt*. 除去，排除，淘汰

【例句】Our team was eliminated in the first round.
我们队在第一轮中被淘汰。

给力短语

1. **originate from** 发源于……
2. **preliminary to** 做……的准备

混淆词语辨析

cancel/ **eliminate**/ **dispose**/ **exclude** 都有"取消，除掉"的意思。
cancel 将预先安排的某种活动（如旅行、计划、会议等）取消；
eliminate 指消除、淘汰已经存在但是现在不需要的东西；
dispose 表示"除掉、扔掉"时常与 **of** 连用；
exclude 排斥，排除，不包括在内；与 **include** 互为反义词。

单词大考验

Q: The film provides a deep ________ into a wide range of human qualities and feelings.

A. insight B. fancy C. imagination D. outlook

答案：A
（这个电影为我们提供了一种对于不同人的品质和情感的深刻了解。）A"洞察力，深刻的了解"；B"幻想，想象力"；C"想象力"；D"景色"。

O

outset /ˈautset/ *n*. 开始，开端

例句 I warned you at the outset not to trust her. 一开始我就警告过你不要信任她。

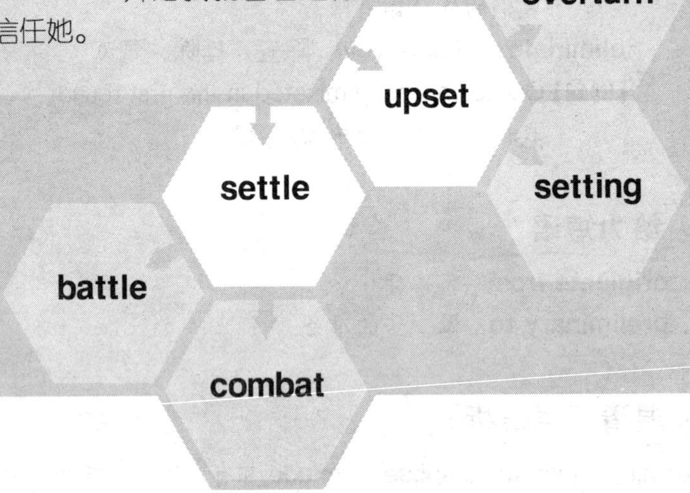

overturn

upset

settle

setting

battle

combat

outset *n*. 开始，开端

upset /ʌpˈset/ *a*. 烦乱的，不高兴的 *v*. 颠覆，推翻，使心烦意乱

例句 I'm always upset when I don't get any mail.

我接不到任何邮件时总是心烦意乱。

overturn /ˌəuvəˈtəːn/ *n*. 倾覆，革命 *v*. 推翻，颠倒

【例句】The rebels overturned the government.

反叛者们推翻了政府。

setting /ˈsetiŋ/ *n*. 安装，放置，周围，环境

【例句】The castle stands in a picturesque setting surrounded by hills. 这座城堡四周环山，风景如画。

settle /ˈsetl/ *v*. 安放，安顿，定居，解决

【例句】I must settle down this morning and finish the term paper. 我今天上午必须安下心来完成学期论文。

battle /'bætl/ *n*. 战争

【例句】The two armies battled all night. 两军彻夜战斗。

combat /'kɔmbət/ *n*. /*vt*. 争斗，战斗

【例句】The police are now using computers to help combat crime. 警方现在正在使用电脑打击犯罪活动。

给力短语

1. **settle down** 定居；安下心来
2. **settle on** 定居（短暂停留）
3. **battle for** 为……而奋斗

混淆词语辨析

upset/ overturn 都含“倾覆”、“颠覆”的意思。

upset 属于常用词，指“由于失去平衡而使倾倒”；

overturn 指“把一物体位置颠倒，使底部朝上”，特指“推倒某物，使一边着地”。

单词大考验

Q: After a few rounds of talks, both sides regarded the territory dispute ________.

A. being settled　　B. to be settled

C. had settled　　D. as settled

答案：D

（经过几轮谈判，双方认为领土纠纷已经解决。）regard sth. to be done 是一种非正式的用法，当我们在正式考题中应用 regard sth. as done，故D项正确。

O

outstanding /aut'stændiŋ/ *a*. 突出的，显著的；未解决的

例句 A good lot of work is still outstanding. 不少的工作尚未完成。

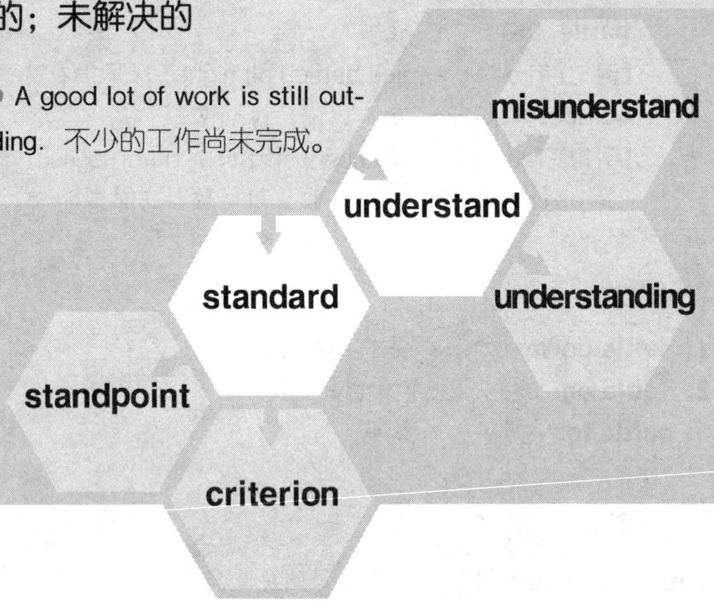

misunderstand

understand

understanding

standard

standpoint

criterion

outstanding *a*. 突出的，显著的；未解决的

understand /ˌʌndə'stænd/ *v*. 理解，了解，领会

例句 He is understood to be a man of ability.

他被认为是一个有能力的人。

misunderstand /'misʌndə'stænd/ *v*. 误解，误会

【例句】Don't misunderstand what I'm trying to say.

别误解我要说的话。

understanding /ˌʌndə'stændiŋ/ *n*. 谅解，理解

【例句】We have reached an understanding with them.

我们和他们达成了协议。

standard /'stændəd/ *a*. 标准的　*n*. 标准

例句 The people of the U.S. have a high standard of

living. 美国人民的生活水平很高。

standpoint /ˈstændpɔint/ *n*. 立场，观点

【例句】From my standpoint, this thing is just ridiculous.

依我看来，这件事简直荒唐。

criterion /kraiˈtiəriən/ *n*. 标准，准则，尺度

【例句】Only social practice can be the criterion of truth.

只有社会实践才是检验真理的唯一标准。

给力短语

by this standard 依据这个标准

混淆词语辨析

standard/ criterion 都含“衡量人或事物的标准”的意思。

standard 指“公认的衡量品质、才度、价值、道德等的标准、规则、原则等”；

criterion 系正式用语，指“判断某人、某事的真善美程度或价值的标准”。

单词大考验

Q: He is ________ about his chances of winning a gold medal in the Olympics next year.

A. optimistic　　　　B. optional

C. outstanding　　　　D. obvious

答案：A

（他对在明年的奥运会上赢得金牌的可能性持乐观态度。）

词义辨析。optimistic“乐观的”；optional“可选择的”；outstanding“杰出的”；obvious“明显的”。

O

O overtake /ˈəuvəˈteik/ v. 赶上，突然来袭，压倒

例句 Exports have already overtaken last year's figure. 出口量已超过了去年。

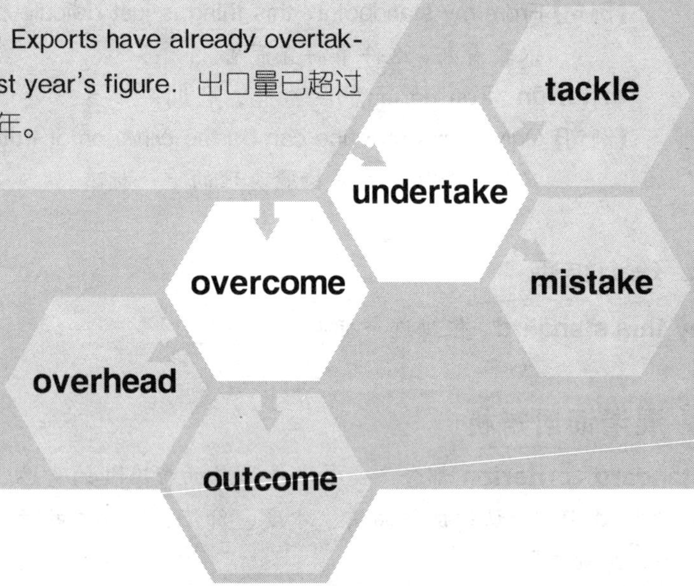

tackle

undertake

overcome

mistake

overhead

outcome

overtake v. 赶上，突然来袭，压倒

undertake /ˌʌndəˈteik/ vt. 从事，保证，承担

例句 He undertook to finish the job by Friday.
他答应星期五之前完成这项工作。

tackle /ˈtækl/ n. 工具，复滑车 v. 处理，抓住

【例句】I do not know how to tackle this problem.
我不知道该如何处理这个问题。

mistake /misˈteik/ n. 错误，误会 v. 犯错，误认

【例句】You mistook when you thought I laughed at you.
你以为我嘲笑你，那你误会了。

overcome /ˌəuvəˈkʌm/ v. 战胜，克服

例句 He has enough courage to overcome the difficulty.

他有足够的勇气来克服这个困难。

overhead /ˈəuvəhed, əuvəˈhed/ *ad*. 在头顶上；在空中 *a*. 头顶的，上空的

【例句】Many stars overhead are invisible to the naked eyes.

天上的许多星星是肉眼看不到的。

outcome /ˈautkʌm/ *n*. 结果

【例句】This book was the outcome of a tremendous amount of scientific work.

这本书是大量科学研究工作的成果。

给力短语

1. **mistake for** 把……错认为
2. **by mistake** 错误地

混淆词语辨析

defeat/ conquer/ overcome 都含"战胜"、"击败"的意思。

defeat 指"赢得胜利"，尤其指"军事上的胜利"；

conquer 指"征服"、"战胜"，特别指"获得对人、物或感情的控制"；

overcome 指"战胜"、"压倒"、"克服"，尤指"感情"。

单词大考验

Q: The local government leaders are making every effort to ________ the problem of poverty.

A. loosen B. tackle C. remove D. encounter

答案：B
（当地的政府领导正努力解决贫困问题。）A"放松"；B"处理，解决"；C"移动，迁移"；D"遭遇，邂逅"。

O

O

owe /əu/ *vt*. 欠（债等），归功于，应感谢 *vi*. 欠钱

例句 He owes his good health to plenty of exercise and a regular life.
他把他的身体健康归功于大量运动和有规律的生活。

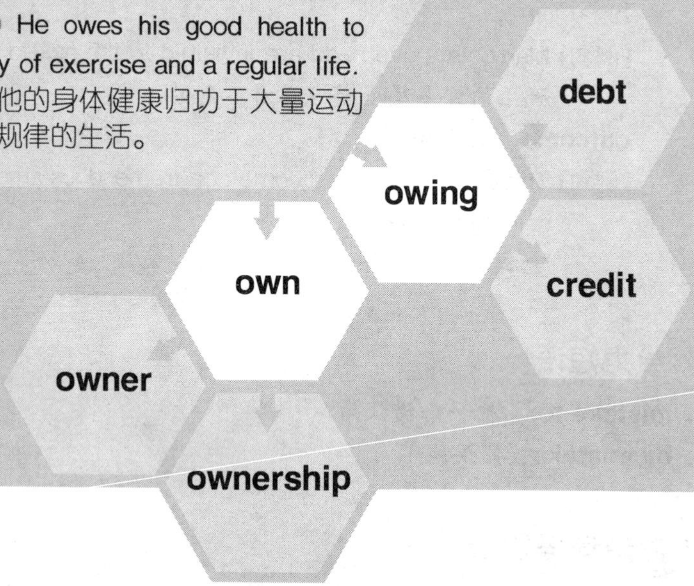

owing
debt
credit
own
owner
ownership

owe *vt*. 欠（债等），归功于，应感谢 *vi*. 欠钱

owing /ˈəuiŋ/ *a*. 欠着的，未付的

例句 He paid what was owing.
他付清了所有应付的钱。

debt /det/ *n*. 债，债务，欠款

【例句】If I pay all my debts I'll have no money left.
若还清所有欠债我就分文不剩了。

credit /ˈkredit/ *n*. 信用，相信，荣誉，贷款，学分 *vt*. 相信，存入

【例句】Do you place any credit in the government's story?
你相信政府的说法吗？

own /əun/ *a*. 自己的 *pron*. 自己 *vi*. 承认 *vt*. 拥有

例句 I own that you are right. 我承认你是对的。

owner /ˈəunə/ *n*. 所有人，物主

【例句】Who is the owner of that motorcycle?

谁是那辆摩托车的主人?

ownership /ˈəunəʃip/ *n*. 所有

【例句】He claimed ownership of the house.

他声称那幢房子归他所有。

给力短语

1. **owe sth. to** 把……归功于
2. **by mistake** 错误地
3. **on one's own** 独自，靠自己
4. **in debt** 欠债，负债
5. **in one's debt** 欠某人的人情
6. **on credit** 赊账
7. **owing to** 由于；因为

混淆词语辨析

due to/ because of/ owing to 均表示"由于"、"因为"的意思。**due to** 主要引导表语，而 **because of**、**owing to** 两者主要引导状语；**because of** 通常只用来引导状语，若引导表语，主语通常应为代词。

例句：**It is all because of what you said.** 那完全是因为你说的话。

单词大考验

Q: Being a pop star can be quite hard life, with a lot of traveling ________ heavy schedules.

A. with regard to　　B. as to

C. in relation to　　D. owing to

答案：D

（流行明星过着一种艰辛的生活，日程排得很满，还要到处奔波。）介词短语辨析。A 关于；B 关于，至于；C 关于，有关；D 由于，因为。

P

parcel /ˈpɑːsl/ *n*. 包裹 *vt*. 打包，捆扎

例句 The sales clerk parceled his purchase. 售货员把他买的东西打成包裹。

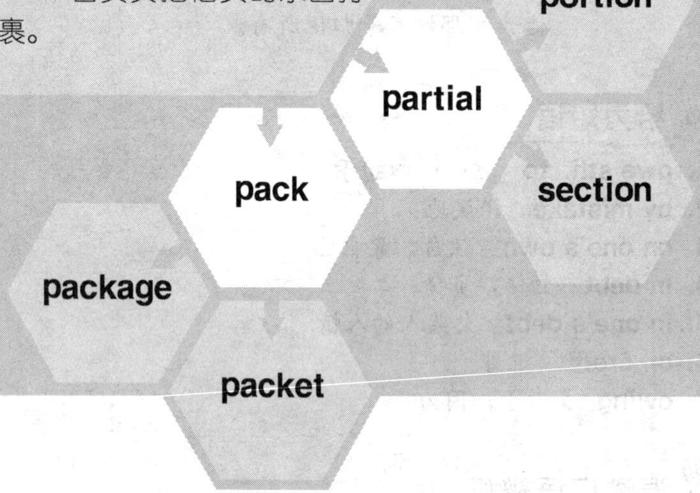

portion

partial

pack

section

package

packet

parcel *n*. 包裹 *vt*. 打包，捆扎

partial /ˈpɑːʃl/ *a*. 部分的，偏袒的，偏爱的

例句 I could give it only partial support.

我只能给它部分的支持。

portion /ˈpɔːʃən/ *n*. 部分，份 *vt*. 将……分配

【例句】All of his sons have been amply portioned.

他的所有儿子都继承到了丰厚的遗产。

section /ˈsekʃən/ *n*. 部分，截面

【例句】The chapter falls into three sections. 这一章共分为三节。

pack /pæk/ *n*. 包裹，一群，一副 *v*. 包装，捆扎，塞满

例句 We packed the books before we moved.

我们在搬迁前把书本捆好了。

package /ˈpækidʒ/ *n*. 包裹，包装　*v*. 包装

【例句】Those chocolates have been packaged very attractively. 那些巧克力包装得很吸引人。

packet /ˈpækit/ *n*. 小包裹，小捆　*v*. 装进小包，包装

【例句】The mailman brought a small packet.

邮差送来了一个小邮包。

给力短语

1. **portion out**　分配，把……分给
2. **pack away**　把……收起来放好
3. **pack in**　停止，放弃
4. **pack off**　把……打发走

混淆词语辨析

pack/ package/ packet/ parcel 均有"捆，包"之意。

pack 指专为背负而包扎的包裹，也指驮物等。

package 指包装整齐严密的包裹或一包、一捆、一盒东西。

packet 一般指小件行李、邮包、还可指更小一些的包。

parcel 着重指邮包，也指将东西扎成小包或不太大的包。

单词大考验

Q: It is said that the math teacher seems ________ towards bright students.

A. liable　B. partial　C. beneficial　D. preferable

答案：B

（听说数学老师似乎偏袒聪明的学生。）考查 be partial towards 的用法。liable 有……的倾向；partial 偏袒的，过分偏爱的；beneficial 有益的，有助的；preferable 更可取的，较好的，较合人意的。

P

participate /pɑːˈtisipeit/ v. 参加，分享，参与

例句 I don't want to participate in the party tonight. 我不想参加今晚的晚会。

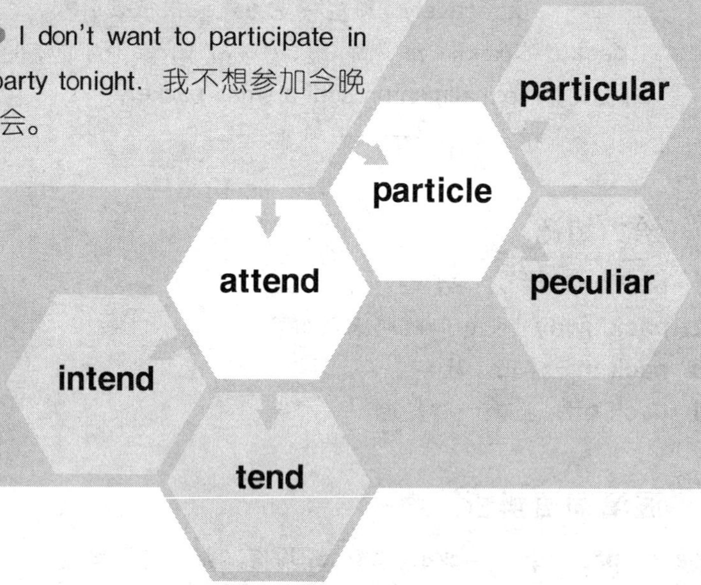

particular

particle

attend

peculiar

intend

tend

participate v. 参加，分享，参与

particle /ˈpɑːtikl/ n. 粒子，颗粒

例句 There are particles of dust in the air. 空气中有尘粒。

particular /ˈpəːtikjulə/ a. 特别的，独有的，挑剔的

【例句】Her particular way of smiling left a good impression on me. 她特有的微笑给我留下了美好的印象。

peculiar /piˈkjuːljə/ a. 奇怪的，古怪的，特殊的，独特的

【例句】He looked at me with a very peculiar expression. 他用一种很奇怪的表情看着我。

attend /əˈtend/ v. 参加，出席，注意，照料，陪伴

例句 He did not attend the meeting yesterday. 昨天他没有参加会议。

intend /in'tend/ *vt*. 打算；想要；计划

【例句】I intend this article as teaching material.

我打算把这篇文章用作教材。

tend /tend/ *vi*. 有某种倾向，易于 *vt*. 照料

【例句】My grandmother tends to go to bed early every day.

我祖母每天通常比较早睡。

给力短语

1. **participate in** 参与，参加
2. **in particular** 特别的，详细的
3. **attend on** 服侍，照料
4. **attend to** 注意，关心，照顾
5. **intend to do sth.** 打算做某事
6. **be intended to** 打算，意图是
7. **tend to...** 倾向于，有助于，易于，引起，造成

混淆词语辨析

intend/ mean/ propose 都含"想做某事"的意思。

intend 属于正式用语，指"心里已有做某事的目标或计划"，含"行动坚决"之意；

mean 可与 **intend** 互换，但强调"做事的意图"，较口语化；

propose 指"公开明确地提出自己的目的或计划"。

单词大考验

Q: I went along thinking of nothing ________ , only looking at things around me.

A. in particular B. in harmony C. in doubt D. in brief

答案：A

（我走过去，什么也不特意去想，只看着自己周围。）A "尤其，特别"；B "和谐"；C "怀疑"；D "简言之"。

P

P

passive /ˈpæsiv/ *a*. 被动的，消极的 *n*. 被动性

例句 He has a passive expression on his face. 他脸上有一种漠然的表情。

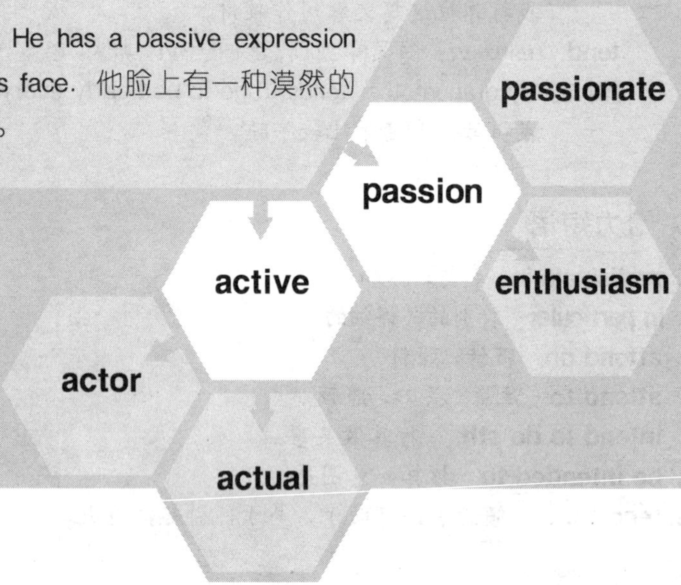

passionate
passion
active
enthusiasm
actor
actual

passive *a*. 被动的，消极的 *n*. 被动性

passion /ˈpæʃən/ *n*. 激情，热情

例句 He could not control his passion.
他无法控制自己的激情。

passionate /ˈpæʃənit/ *a*. 热情的，热烈的，激昂的

【例句】Joe is passionate about baseball.
乔十分爱好棒球。

enthusiasm /inˈθjuːziæzəm/ *n*. 热情，热心，很大的兴趣

【例句】The speech aroused the enthusiasm of the students.
那篇演说唤起了学生们的热情。

active /ˈæktiv/ *a*. 积极的，主动的，起作用的

例句 Mount Vesuvius is an active volcano.

维苏威是一座活火山。

actor /ˈæktə/ *n*. 男演员

【例句】An actor must be able to memorize his lines.

演员须善于熟记台词。

actual /ˈæktjuəl/ *a*. 实际的，真实的

【例句】All actual objects are concrete.

一切实际存在的物体都是具体的。

给力短语

enthusiasm for/about 热心；热情

混淆词语辨析

actual/ virtual 均有“真的”之意。

actual 指用于强调“某事或某物事实上是真的”；

virtual 指“和真的差不多”。

actor/ player/ performer 均有“演员”之意。

actor 指在舞台剧、电影、电视剧或广播剧中以演出为职业的男演员，侧重扮演的角色；

player 侧重指职业或业余舞台演员；

performer 使用广泛，不仅可指舞台或影视演员，而且可指舞蹈演员、乐器演奏等的演员，侧重在观众面前的实际表演。

单词大考验

Q: These overseas students show great ________ for learning a new language.

A. enthusiasm　B. authority　C. convention　D. faith

答案：A

（这些留学生表现出很大的学习新语言的热情。）A “热情”；B “权威”；C “大会”；D “信念”。

P

P personnel /ˌpəːsəˈnel/ *n*. 人事部门，全体人员

例句 The personnel are not happy to change these rules. 全体工作人员对改变这些规定很不高兴。

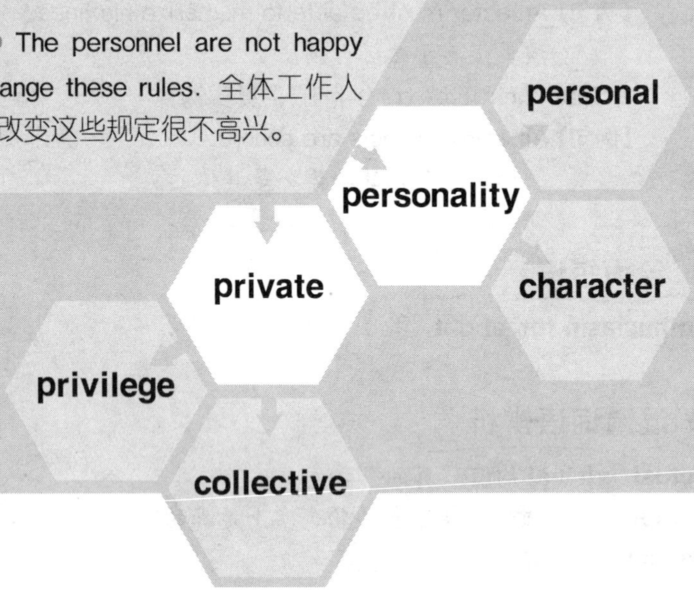

personal
personality
private
character
privilege
collective

personnel *n*. 人事部门，全体人员

personality /ˌpəːsəˈnæliti/ *n*. 个性

例句 His personality is in good taste.
他的品格很高尚。

personal /ˈpəːsənl/ *a*. 私人的，个人的，亲自的

【例句】He wanted to have a personal visit to that factory.
他想亲自去参观那家工厂。

character /ˈkæriktə/ *n*. 品质，性格，角色，名声

【例句】They are the two main characters in the play.
他们是该剧中的两个主角。

private /ˈpraivit/ *a*. 私人的，私有的，私营的

例句 Don't repeat what I've told you to anyone. It's private.

不要向别人转述我告诉你的事，这是保密的。

privilege /ˈprivilidʒ/ *n*. 特权，特别待遇，基本人权 *v*. 给予……特权

【例句】It was a privilege to have a dinner with you.

能与您一起进餐真是一种荣幸。

collective /kəˈlektiv/ *a*. 集体的，共同的 *n*. 集体

【例句】We all bear collective responsibility for this decision.

我们大家共同承担这项决定的责任。

给力短语

1. **in the character of** 以……的资格；扮演……角色
2. **grant sb. the privilege of doing sth.** 赋予某人做某事的特权

混淆词语辨析

personal/ private/ individual 均含“个人的，私人的”之意。

personal 指属于或关于某人或某些特定的人，以区别于其他人。

private 指属于私人所有或具有私营性质，以区别于集体或公共的，有时含不公开的意味。

individual 与集体的相对，指个别或个体的。

单词大考验

Q: John has great writing ________ , but he needs training to be a real writer.

A. promotion B. possibility C. privilege D. potential

答案：D

（约翰有很大的写作潜力，但是他需要训练才能成为一个真正的作家。）A“晋升，提升”；B“可能性”；C“特权”；D“潜力”。

P

P

plus /plʌs/ *prep*. 外加，加上　*a*. 正的，附加的　*n*. 加号

例句 He seems to have mistaken a minus for a plus. 他似乎把负号误作正号了。

plenty
surplus
plural
minus
single
singular

plus *prep*. 外加，加上　*a*. 正的，附加的　*n*. 加号

surplus /ˈsəːpləs/ *n*. 过剩，剩余物，盈余，顺差

例句 It's an essay heavy with surplus phrasing.
这是篇废话连篇的散文。

plenty /ˈplenti/ *n*. 充足，大量，丰富

【例句】They would have plenty to eat.
他们将会有充足的食物。

minus /ˈmainəs/ *a*. 负的，不利的　*n*. 减号，负号　*prep*. 减去

【例句】There is a minus before the number to be subtracted.
在要减去的数字前有一个减号。

plural /ˈpluərəl/ *a*. 复数的　*n*. 复数（语法）

例句 Here you should use plural pronoun.
这里你应该用复数代词。

single /ˈsiŋgl/ *a*. 单身的，单纯的，单一的，个别的

【例句】He bore off the first prize in the men's singles.
他获得男子单打冠军。

singular /ˈsiŋgjulə/ *a*. 单数的，独一的，唯一的，非凡的
n. 单数

【例句】The young man has a singular ear for music.
这个年轻人对音乐有非凡的欣赏力。

给力短语

1. **plenty of** 丰富，充足；富裕
2. **single out** 挑出，挑选

混淆词语辨析

single out/ select 均含“挑选”之意。

single out 指从一组人或物中分开挑选出，给予某种特殊的对待或注意。

select 指从同类事物中选择有价值或符合要求的事物，一般有一定的目的性。

单词大考验

Q: In no country ________ Britain, it has been said, can one experience four seasons in the course of a single day.

A. other than　　B. more than

C. better than　　D. rather than

答案：A

（除了在英国，其他国家的人都不能在一天的时间经历四个不同的季节。）词组辨析。other than 相当于 except，常用在否定词之后。rather than 表示“而不”，相当于 instead of。

P

policy /ˈpɔlisi/ *n*. 政策，方针，保险单

例句 The government must make new policies to reduce unemployment. 政府必须制定减少失业的新政策。

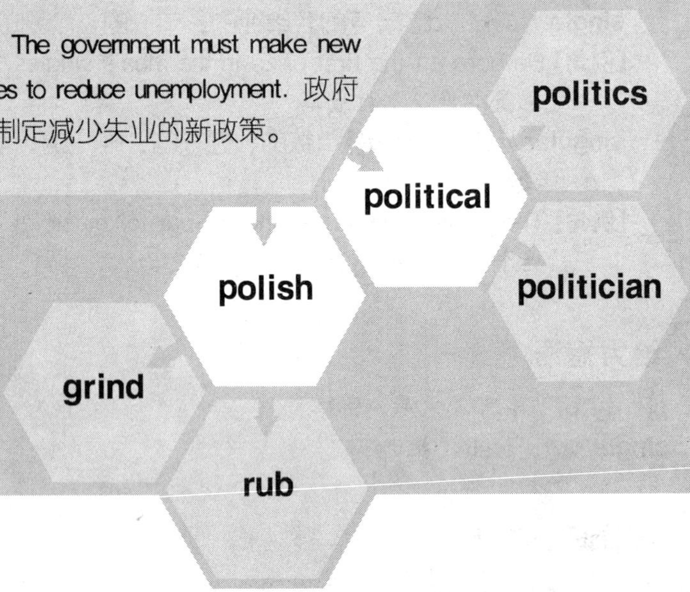

politics

political

polish

politician

grind

rub

policy *n*. 政策，方针，保险单

political /pəˈlitikəl/ *a*. 政治的

例句 The students in this university are very political.
这大学里的学生对政治很感兴趣。

politics /ˈpɔlitiks/ *n*. 政治

【例句】I am studying politics at university.
我在大学里学习政治学。

politician /pɔliˈtiʃən/ *n*. 政治家，政客

【例句】The mayor is a skilled politician.
市长是一位老练的政治家。

polish /ˈpɔliʃ/ *v*. 擦亮，修改，使光亮 *n*. 光泽，光亮，上光剂

例句 If you polish the article, we will print it in the newspaper.

如果你把这篇文章润色一下，我们就在报纸上发表它。

grind /graind/ *v*. 摩擦，磨碎

【例句】Mother usually grinds down the food for the baby.

母亲经常把食物嚼碎喂给宝宝。

rub /rʌb/ *vt*. 擦，搓，摩擦 *vi*. 接触，摩擦

【例句】If you spill coffee on the carpet, try to rub it out immediately with a damp cloth.

如果把咖啡洒在地毯上，立即用湿布擦掉。

给力短语

1. **polish up** 改善，润色，使完美
2. **rub down** 用力擦遍，擦掉
3. **rub off** 擦掉，使显得暗淡
4. **grind out** 费力地做出
5. **grind... into** 把……碾成

混淆词语辨析

politician/ statesman 均可表示"政治家"之意。

politician 指有才能的职业政治家或政坛人物。在美国英语中，多含贬义，特指玩弄阴谋、勾心斗角以谋私利的政客、政治骗子。

statesman 与 **politician** 相反，常用于褒义，指有远见、为国为民的正派的政治家，既着重才能，又侧重身居要职。

单词大考验

Q: With World Expo drawing near, volunteers are making use of every minute to ________ their foreign language because language volunteers must pass a written test and an interview.

A. polish up B. take up C. put up D. make up

答案：A

（随着世博会的临近，志愿者们正努力利用好每一分钟来改善他们的外语，因为语言的志愿者们要通过一个笔试和面试。）

固定搭配 polish up "改善，使完美"。

P

pose /pəuz/ *n*. 姿势，姿态　*vt*. 使摆好姿势；造成，引起（困难），提出（问题），陈述（观点）　*vi*. 摆姿势，装腔作势

例句 You've posed an awkward question. 你已经提出了一个难题。

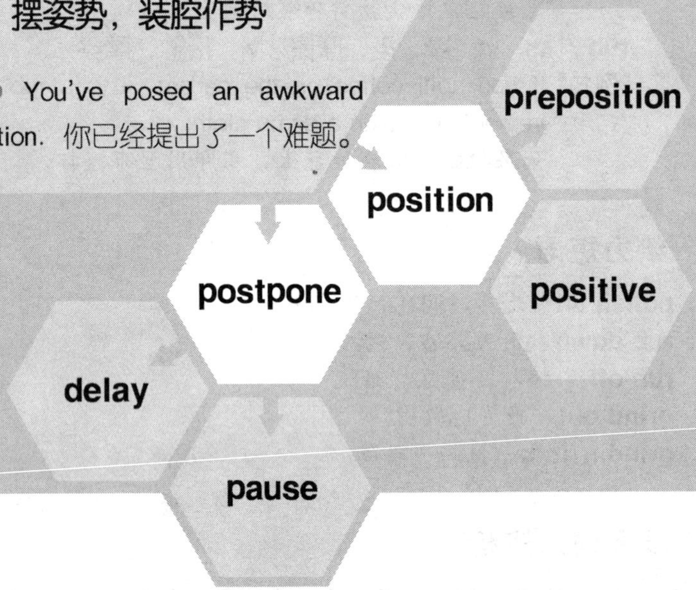

preposition

position

postpone

positive

delay

pause

pose *n*. 姿势，姿态　*vt*. 使摆好姿势；造成，引起（困难），提出（问题），陈述（观点）　*vi*. 摆姿势，装腔作势

— **position** /pəˈziʃən/ *n*. **位置，职位，立场，形势，阵地**

例句 Both sides made their positions clear. 双方立场鲜明。

preposition /ˌprepəˈziʃən/ *n*. 介词

【例句】She lays a lot of emphasis on the usage of prepositions.
她把重点放在介词的使用上。

positive /ˈpɔzətiv/ *a*. 肯定的，积极的，正面的，正数的，阳性的

【例句】There is positive proof that he did it.
有确切的证据证明他做了此事。

— **postpone** /pəustˈpəun/ *vt*. **推迟，延期**

【例句】They postponed leaving because of the weather.

他们因天气原因而延期离开。

delay /di'lei/ *v*. 耽搁，延迟 *n*. 耽搁，迟滞

【例句】The driver delayed the drive until the weather cleared. 驾驶员延迟到天气转晴后才出车。

pause /pɔːz/ *vi*. 暂停，中止 *n*. 停顿，暂停

【例句】He broke off and paused a moment.

他说不下去了，停了一会儿。

给力短语

1. **delay (doing) sth.** 推迟做某事
2. **postpone doing sth.** 推迟做某事

混淆词语辨析

stop/ cease/ pause 都含“停止”的意思。

stop 属于常用词，指动作、运行、进展等被停下来，含突然、断然的意味。

cease 指逐渐、徐徐中止某种状态的存在。书面用词。

pause 指暂时的、瞬间的停顿，隐含有“再进行”之意

单词大考验

Q: As we can no longer wait for the delivery of our order, we have to ________ it.

A. delay B. refuse C. cancel D. postpone

答案：C

（由于我们订购的货物还未送到，我们不得不取消定单。）本题测试的是根据语境选择适当的单词以及近义词的辨析。delay 推迟；refuse 拒绝；cancel 取消；postpone 推延，推迟。

P

preceding /pri(ː)'siːdiŋ/ *a*. 在前的，在先的

例句 The plots of this novel in the preceding chapters are so complicated.
这本小说前几章的情节如此复杂。

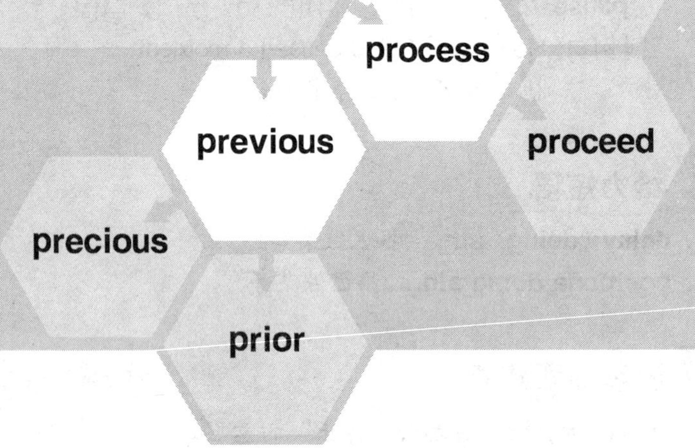

procession
process
previous
proceed
precious
prior

preceding *a*. 在前的，在先的

— **process** /prə'ses/ *n*. 过程，方法，程序，步骤，进行 *vt*. 加工，处理

例句 The bridge is in the process of being built.
大桥正在建设中。

procession /prə'seʃən/ *n*. 队伍，行列

【例句】The students entered the school in procession.
学生们排队进入学校。

proceed /prə'siːd/ *vi*. 前进，继续进行，行进

【例句】The project is proceeding as planned.
工程正在按计划进行。

— **previous** /'priːvjəs/ *a*. 在……之前，以前的，在先

例句 The author mentioned it in the previous paragraph.

作者在前一段里提到这件事。

precious /'preʃəs/ *a*. 宝贵的，珍贵的

【例句】He has sent me most precious gifts.
他送给我极其珍贵的礼物。

prior /'praiə/ *a*. 更重要的，较早的，在先的

【例句】All the arrangements should have been completed prior to our departure. 全部事宜都应该在我们出发之前安排好。

给力短语

1. **previous to** 在……之前
2. **in the process of** 在……的过程

混淆词语辨析

previous/ preceding/ prior/ former 均可表示“在前的”之意。

previous 指时间上、顺序上较早的，或指正在谈论的某事的前一个；

preceding 特指时间和地位上紧接在前；

prior 与 **previous** 同义，常可换用，但 **prior** 有时强调更大的重要性，对比意味强；

former 系 **latter** 的反义词，比 **prior** 更着重对比。

单词大考验

Q: Because of a ________ engagement, Lora couldn't attend my birthday party last Saturday.

A. pioneer　B. premature　C. prior　D. past

答案：C

（由于之前的约定，罗拉无法参加我上个星期六的生日派对。）A“先驱，先锋”；B“早产的，不成熟的”；C“较早的，早期的”；D“过去的”。

P prevail /pri'veil/ *vi*. 获胜，流行，盛行

例句 This custom prevails over the whole area. 这一习俗在整个地区盛行。

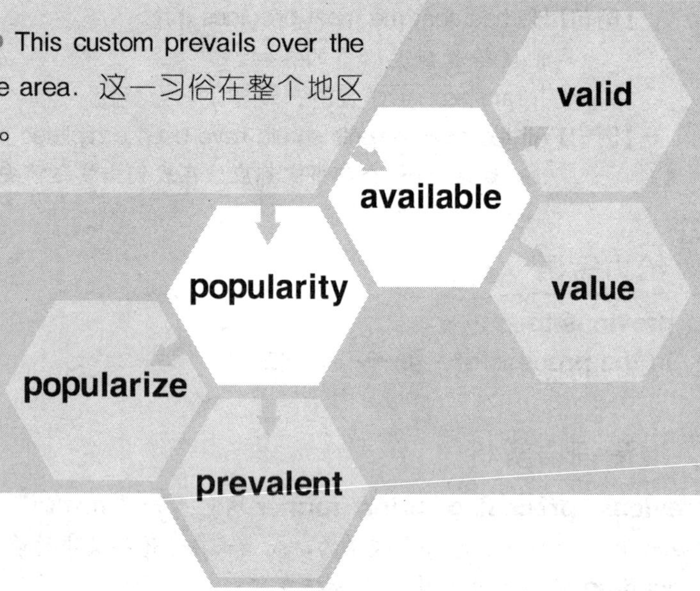

valid
available
popularity
value
popularize
prevalent

prevail *vi*. 获胜，流行，盛行

available /ə'veiləbl/ *a*. 可用的，有效的

例句 She is not available for the job.
她不适宜做这个工作。

valid /'vælid/ *a*. 有确实根据的，有效的，正当的

【例句】This railway ticket is valid for three days.
这张火车票的有效期是三天。

value /'vælju:/ *n*. 价值，重要性，价格　*vt*. 评价，估价，重视

【例句】I valued my friendship with my classmates.
我珍视我和同学们之间的友谊。

popularity /ˌpɔpju'læriti/ *n*. 通俗性；普及，流行

【例句】The rose was chosen as the star flower because of its immense popularity.

玫瑰花被选作明星花是因为它极负盛名。

popularize /'pɔpjuləraiz/ *vt*. 使受欢迎，普及，推广

【例句】The company is trying to popularize its new products.

公司努力推广新产品。

prevalent /'prevələnt/ *a*. 普遍的，流行的；盛行的

【例句】The habit of travelling by aeroplane is becoming more prevalent.

乘飞机旅行的习惯变得越来越普遍了。

给力短语

1. prevail on/upon 说服，劝说，诱使

2. prevail over /against 压倒，战胜

单词大考验

Q: So far, ________ winds and currents have kept the thick patch of oil southeast of the Atlantic coast.

A. governing B. blowing C. prevailing D. ruling

答案：C

（到目前为止，盛行风和洋流保住了大西洋海岸线厚厚的油层。）A "统治的，控制的"；B "吹起的"；C "盛行的，流行的"；D "统治的，支配的"。

P

prominent /ˈprɔminənt/ *a*. 突出的，杰出的，显著的

例句 He is a prominent physician.
他是位著名的医生。

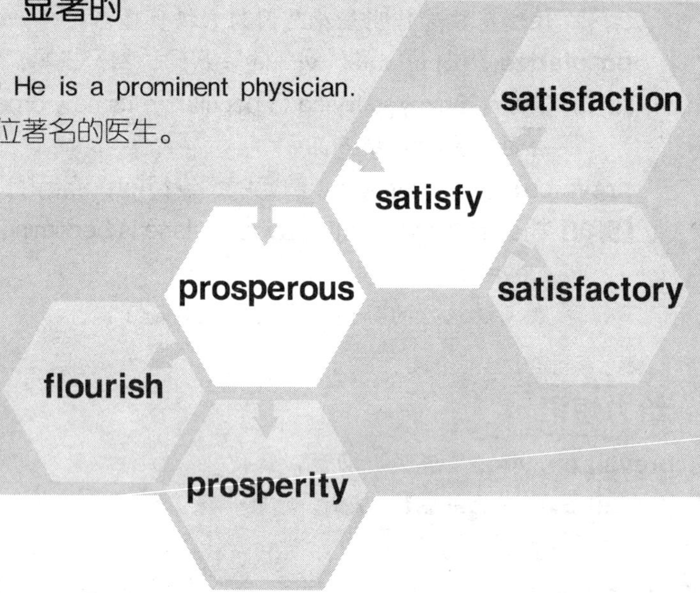

satisfaction
satisfy
prosperous
satisfactory
flourish
prosperity

prominent *a*. 突出的，杰出的，显著的

satisfy /ˈsætisfai/ *v*. 使……满意，满足，赔偿

例句 I wasn't satisfied with our treatment at that hotel.
我不满意我们在那家旅馆受到的待遇。

satisfaction /ˌsætisˈfækʃən/ *n*. 满意

【例句】She laughed her satisfaction.
她以笑表示满意。

satisfactory /ˌsætisˈfæktəri/ *a*. 令人满意的

【例句】I hope this arrangement will be satisfactory to you.
我希望这种安排会使你满意。

prosperous /ˈprɔspərəs/ *a*. 繁荣的，兴旺的

例句 It used to be a very prosperous town.

这个城镇过去很繁荣。

flourish /ˈflʌriʃ/ *vi*. 繁荣，茂盛，活跃

【例句】Plants will not flourish without water.

没有水植物就不会长得茂盛。

prosperity /prɔsˈperiti/ *n*. 繁荣，兴旺

【例句】I wish you the life of happiness and prosperity.

我祝你生活幸福、万事如意。

给力短语

be satisfied with... 对……满意

混淆词语辨析

flourish/ **thrive**/ **succeed**/ **prosper** 都有“兴旺，成功”之意。

flourish 指处于成功、繁荣、进步的鼎盛阶段；

thrive 指蓬勃发展，常指显而易见的成功；

succeed 表示成功，强调完成某件向往或企图去做的事，与 **fail** 相对；

prosper 指持续不断地成功，也指越来越成功。

单词大考验

Q: Britain has the highest ________ of road traffic in the world—over 60 cars for every mile of road.

A. popularity B. density C. intensity D. prosperity

答案：B

（英国是世界上道路交通最密集的国家——每1英里道路上有60辆以上的汽车。）A“普及，流行”；B“密度”；C“度”；D“繁荣”。

P

provide /prə'vaid/ *vi*. 供给，提供，装备

例句 The government provide disaster area with food and money. 政府给灾区提供了食物和钱。

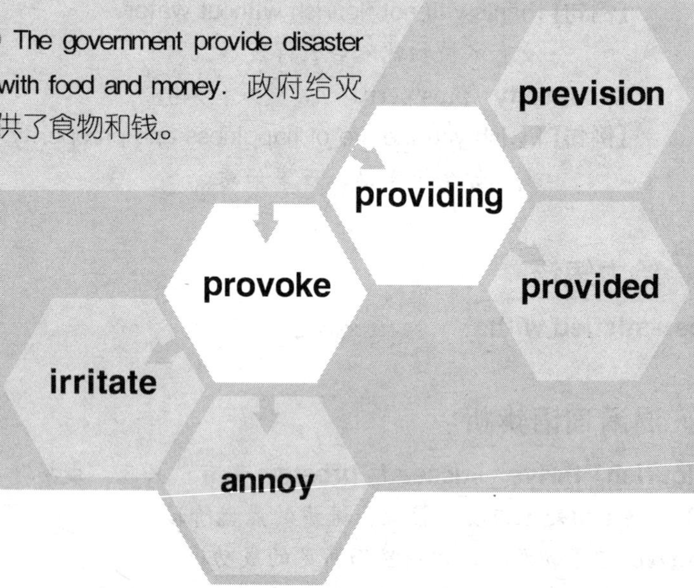

prevision
providing
provoke
provided
irritate
annoy

provide *vi*. 供给，提供，装备

providing /prə'vaidiŋ/ *conj*. 倘若

例句 I will agree to go providing (that) my expenses are paid. 只要为我负担费用，我就同意去。

prevision /pri(ː)'viʒən/ *n*. 先见，预知

【例句】Some prevision warned the explorer of trouble. 某种预感警告探险者将有麻烦发生。

provided /prəː'vaidid/ *conj*. 假如，若是

【例句】Provided it's fine we will have a pleasant holiday. 如果天气良好，我们的假日将过得非常愉快。

provoke /prə'vəuk/ *v*. 对……挑衅；激怒；激起，引起

例句 Her constant nagging provoked him.

她不断的唠叨激怒了他。

irritate /ˈiriteit/ *vt*. 激怒，使……发怒；使感到不适

【例句】The noise of the children was irritating me.

孩子们的吵闹声让我很恼火。

annoy /əˈnɔi/ *vt*. 打扰，干扰；使烦恼

【例句】He was annoyed to learn that the train would be delayed. 他听说火车要晚点，心里感到烦恼。

给力短语

1. **provide for** 为……做准备；提供生活费
2. **provide with** 给……提供；以……装备
3. **be annoyed with sb. for sth.** 对（某人）为（某事）而生气

混淆词语辨析

annoy/ **irritate**/ **bother** 都含有“使恼怒”或“使烦恼”的意思。

annoy 指由于干扰、不顺利或受不了某种外界情况等而“使烦恼、懊恼”；

bother 指不停地“扰乱”、“麻烦”，使人不能安宁而产生烦恼的心理；

irritate 表示“恼怒”、“不耐烦”的意思，着重指一种暂时或短期的“恼怒”。

单词大考验

Q: Rod is determined to get a seat for the concert ________ it means standing in a queue all night.

A. as if B. even if C. provided D. whatever

答案：B

（Rod 决心弄到一张音乐会的票，即使通宵排队也行。）连词辨析。as if “好像”；even if “即使”；provided “假如”；whatever “无论什么”。

Q qualify /ˌkwɔlifai/ *v*. 取得资格，有资格

例句 He will qualify as a solicitor next year. 明年他将取得初级律师的资格。

proper

fit

quality

outfit

quantity

quote

qualify *v*. 取得资格，有资格

fit /fit/ *n*. 适合 *a*. 合适的，恰当的，健康的 *v*. 适合，安装，使合身

例句 His great height fitted him to play basketball.
他身材高大，适合打篮球。

proper /ˈprɔpə/ *a*. 适当的，正确的，合适的，正当的

【例句】This kind of folk art is proper to Tianjian.
这种民间艺术是天津特有的。

outfit /ˈautfit/ *n*. 全套装备；一套服装

【例句】Jenney bought a new outfit for her daughter's wedding. 珍妮为参加女儿的婚礼买了一套新装。

quality /ˈkwɔliti/ *n*. 品质，特质，优点，特征

【例句】He possesses the quality of inspiring confidence.
他有本事能让别人信任他。

quantity /ˈkwɔntiti/ *n*. 量，数量，大量

【例句】There is a small quantity of water left in the bottle.
瓶子里还剩下少量的水。

quote /kwəut/ *n*. 引用 *v*. 引述，举证，报价

【例句】This is the best price I can quote you.
这是我能向你提出的最好价格。

给力短语

1. **qualify as** 取得……资格
2. **be proper to** 为……所特有

混淆词语辨析

fit/ proper/ suitable/ appropriate 均表示"适当的"或"适合的"之意。

fit 指具有适合于某个目的、某种工作或某种用途等必需的品质或条件；

proper 往往侧重于符合某个标准或习惯；

suitable 指具有适合于某种特定场合、地位或情况等的品质；

appropriate 指专门适合于某人或某事，语气较重，强调"恰如其分"。

单词大考验

Q: ________ information ________ stored in this computer.

A. Large quantities of, have been　　B. A great many, has been

C. A large quantity of, were　　D. Quite a lot, is

答案：A

（大量的信息已经被存入了电脑。）本题考查的是 quantities of + 可数或不可数名词，谓语动词要用复数，另外要注意的是句子的时态要用完成时。

Q

R

raid /reid/ *n*. 突然袭击，搜捕 *vt*. 袭击，突击

例句 There was a raid on a bank by armed mobs yesterday. 昨天发生了一起武装暴徒抢劫银行的事件。

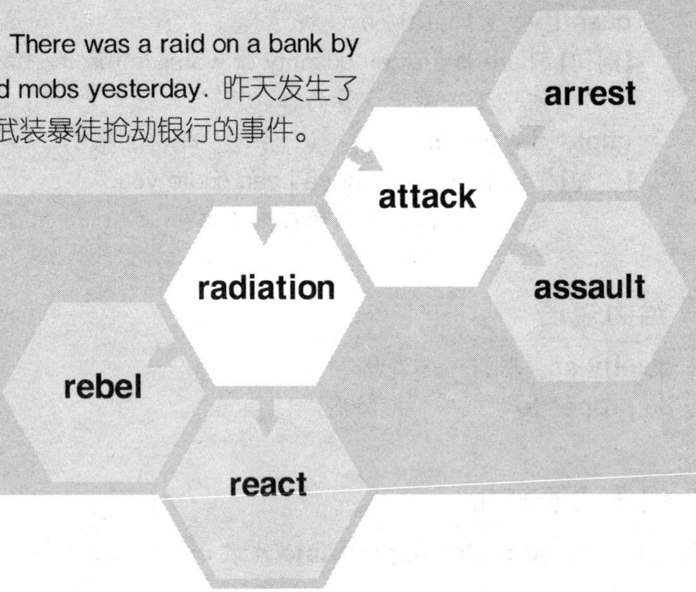

raid *n*. 突然袭击，搜捕 *vt*. 袭击，突击

— **attack** /əˈtæk/ *n*. 攻击，抨击 *v*. 攻击，动手

例句 The enemy attack took us by surprise.
敌人的进攻使我们感到意外。

arrest /əˈtæk/ *vt*. 拘捕，妨碍，吸引 *n*. 逮捕，监禁

【例句】Policemen have authority to arrest law-breakers.
警察有权逮捕犯法者。

assault /əˈsɔːlt/ *n*. 攻击，突袭 *vt*. 袭击，殴打

【例句】We assaulted the city on all sides.
我们从四面八方向该城发起攻击。

— **radiation** /ˌreidiˈeiʃən/ *n*. 辐射，发光，放射物

【例句】The sun, a lamp, or an electric heater all warm us by radiation. 太阳、灯或电热器都可以通过辐射来温暖我们。

rebel /ˈrebəl/ *n*. 叛徒，反叛者　*vi*. 反抗，谋反，抵抗

【例句】All the rebels have been captured. 叛逆者全部被捕了。

react /riˈækt/ *vi*. 反应，影响，反抗　*vt*. 起化学反应

【例句】She didn't look up or react in any way.
她既不抬头，也没有任何反应。

给力短语

1. **make an attack on** 攻击，向……进攻
2. **arrest sb. for** 因某事而逮捕某人
3. **react to** 对……作出反应
4. **react against** 反抗，反对

混淆词语辨析

attack/ assault 都含有“攻击”的意思。

attack 是常用词，指“攻击敌人”或“用言论攻击他人”；

assault 指“突然猛烈地进攻”，暗示“武力的直接接触”，也有“暴力”的意思。

单词大考验

Q：The two sisters ________ each other so closely that people sometimes cannot tell them apart.

A. assemble　B. attack　C. resemble　D. remember

答案：C
（两个姐妹长得太相似了，大家有时都不能分辨她们。）
A“集合，聚集”；B“攻击，袭击”；C“像，类似”；
D“记得”。

R

R rational /ˈræʃənl/ *a*. 合理的，理性的

例句 It was a rational plan and bound to succeed. 这是一个合理的计划，肯定会成功。

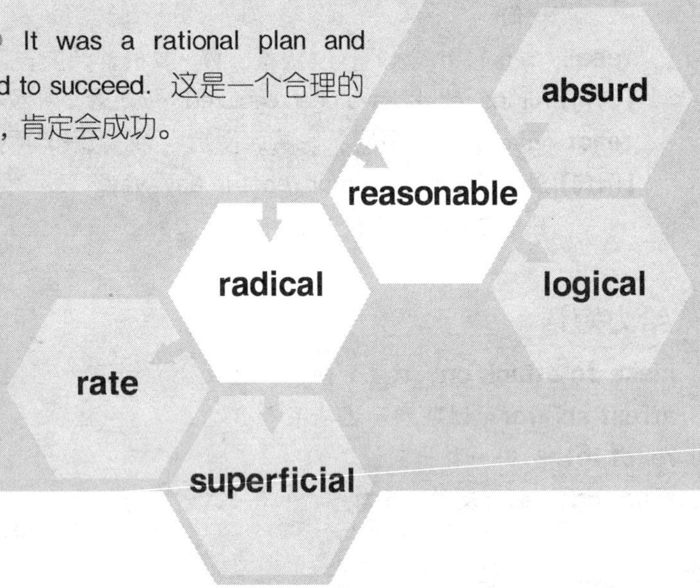

absurd

reasonable

radical

logical

rate

superficial

rational *a*. 合理的，理性的

reasonable /ˈriːznəbl/ *a*. **合理的，有道理的，通情达理的**

例句 He is a reasonable fellow. 他是位通情达理的人。

absurd /əbˈsəːd/ *a*. 荒唐的，荒谬的

【例句】It is absurd to go out in such terrible weather.
在这么恶劣的天气里出去真是荒唐。

logical /ˈlɔdʒikəl/ *a*. 符合逻辑的，逻辑上的

【例句】To be specific, the argument in your graduation thesis is logical. 具体地说，你的毕业论文符合逻辑。

radical /ˈrædikəl/ *a*. **根本的，激进的，基本的，彻底的**

例句 She is radical in her demands. 她的要求十分偏激。

rate /reit/ *n*. 比率，等级，价格

【例句】The rate of inflation decreased to 20% last year.

去年通货膨胀率降低为 20%。

superficial /ˌsuːpəˈfiʃl/ *a*. 表面的，肤浅的

【例句】He has a superficial knowledge of this subject.

他对这门学科略知皮毛。

给力短语

1. **the ratio of** ……的比率
2. **at any rate** 无论如何，至少
3. **at this rate** 照这种情况

混淆词语辨析

rational/ reasonable 都含“有理性的”、“合理的”意思。

rational 强调“有理性和思考、推理能力的”；

reasonable 指“合情合理的”、“（价格）公平合理的”。

单词大考验

Q：Politically these nations tend to be ________, with very high birth rates but poor education and very low levels of literacy.

A. unstable　　B. reluctant　　C. rational　　D. unsteady

答案：A

（政治上这些国家会不稳定,因为它们具有很高的出生率,但教育和读写能力水平很低。）A“不稳定的”；B“不情愿的”；C“合理的”；D“无常的，不规则的”。

R

realize /ˈriəlaiz/ *v*. 了解，实现，察觉，领悟

例句 She realized her intention of becoming an actress. 她实现了当演员的愿望。

recognition
recognize
reality
acknowledge
realistic
readily

realize *v*. 了解，实现，察觉，领悟

— **recognize** /ˈrekəgnaiz/ *vt*. 认出，认可，承认

例句 I can recognize his voice easily.
我很容易就听出他的声音来了。

recognition /ˌrekəgˈniʃən/ *n*. 认出，承认

【例句】Their recognition of the new law is unlikely.
这项新法律不大可能获得他们的承认。

acknowledge /əkˈnɔlidʒ/ *vt*. 承认，答谢，告知收到

【例句】He grudgingly acknowledged having made a mistake.
他勉强承认他做错了。

— **reality** /ri(ː)ˈæliti/ *n*. 现实，实际，真实

例句 The film showed life in the poor areas with great reality.

影片非常逼真地展现了贫困地区的生活。

realistic /riəˈlistik/ *a*. 现实的，现实主义的

【例句】They were much more realistic about its long-term commercial prospects.

他们认为它的长远商业前景更为现实。

readily /ˈredili/ *ad*. 容易地，乐意地，很快地

【例句】He readily accepted an invitation to dinner.

他欣然接受邀请去吃晚饭。

给力短语

be acknowledged as... 被认为是……

混淆词语辨析

acknowledge/ **recognize** 均含"承认"之意。

acknowledge 通常指公开承认某事的真实情况或自己的过错；

recognize 作"承认"解时，系书面用词，主要指合法的或外交上的承认，也指公认。

单词大考验

Q："You are very selfish. It's high time you ________ that you are not the most important person in the world," Edgar said to his boss angrily.

A. realized　　B. have realized

C. realize　　D. should realize

答案：A

（"你太自私了。你早应该认识到你并不是这世界上最重要的人。"埃德加生气地对他的老板说。）虚拟语气。It is high time结构要求用虚拟语气，表示早该干什么事了。从句中的动词应用一般过去时。

R

R

rear /riə/ *vt*. 饲养，培植；抚养　*n*. 后部；背后　*a*. 后面的，背面的

例句 The rearing of children is a very challenging job. 养育孩子是一件十分有挑战性的工作。

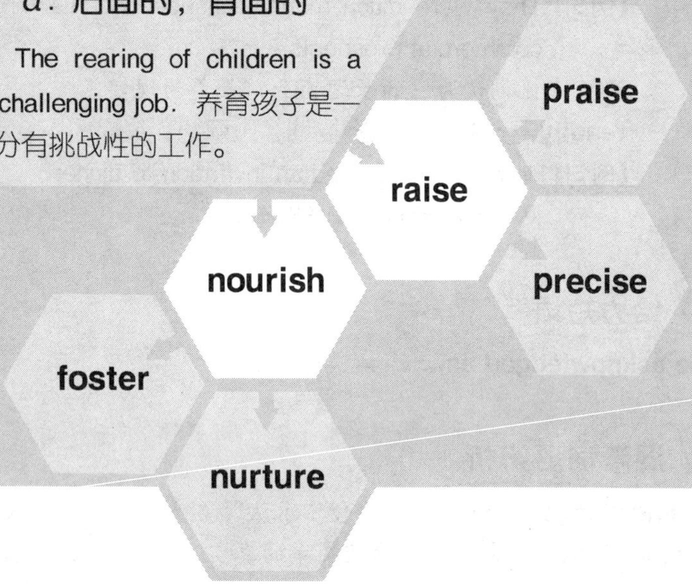

praise
raise
nourish
precise
foster
nurture

rear *vt*. 饲养，培植；抚养　*n*. 后部；背后　*a*. 后面的，背面的

raise /reiz/ *n*. 上升，增高　*v*. 升起，举起，饲养

例句 We must do everything we can to raise the people's living standards.

我们要想一切办法来提高人民的生活水平。

praise /preiz/ *vt*. 称赞，归荣誉于，赞美

【例句】He was praised for his neat and careful work.

他因工作认真利索而受到赞扬。

precise /pri'sais/ *a*. 精确的，准确的

【例句】His instructions were not very precise.

他的指示不太明确。

nourish /'nʌriʃ/ *vt*. 滋养，养育

【例句】The old man needed good food to nourish their bodies.
那个老年人需要营养丰富的食物来滋补自己的身体。

foster /ˈfɔstə/ *v*. 养育，抚育，培养

【例句】Nowadays young couples sometimes foster.
现今年轻夫妇有时领养别人的孩子。

nurture /ˈnəːtʃə/ *n*. 养育，教养，营养品 *vt*. 养育，鼓励

【例句】She is looking fondly at the plants he had nurtured.
她深情地看着他培育的植物。

给力短语

1. **raise up** 提出；建立
2. **in praise of** 颂扬，赞美

混淆词语辨析

foster/ adopt/ nurture 都有“养育”的含义。

foster 表示“收养、认养”的含义时，侧重养育，而不强调法律程序或效力。

adopt 指履行了法律程序后的收养，具有法律效力。

nurture 指花大量时间和精力培养，养育。

单词大考验

Q：Though ________ in a big city, Peter always prefers to paint the primitive scenes of country life.

A. grown B. raised C. tended D. cultivated

答案：B
（尽管是在大城市长大的，但是皮特总还是更喜欢画那种乡村比较原始的生活景象。）A“生长，变成”；B“养育，抚养”；C“照顾，照料”；D“发展，耕作”。

R

R

reckon /ˈrekən/ *vt*. 计算，总计，评估

例句 We have to reckon with many problems. 我们必须考虑到许多问题。

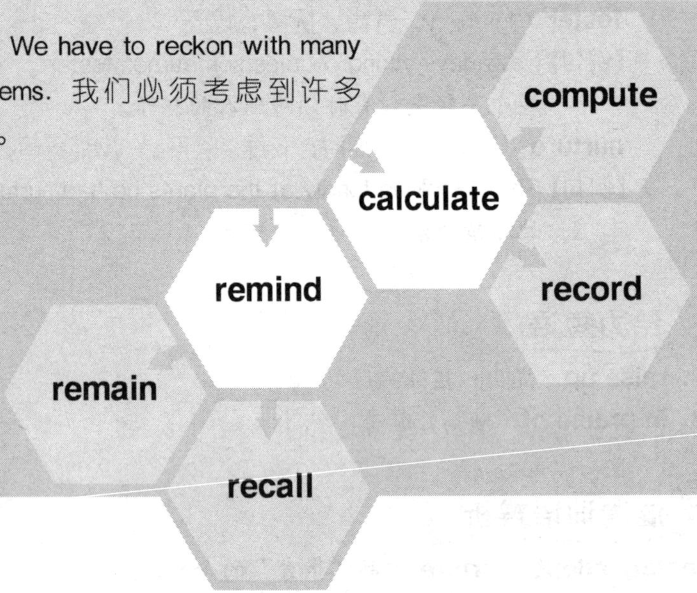

compute

calculate

remind

record

remain

recall

reckon *vt*. 计算，总计，评估

calculate /ˈkæljuleit/ *v*. 计算，估计；打算

例句 I calculated that the trip would take two days.
我估计这段路程要走两天时间。

compute /kəmˈpjuːt/ *v*. 计算

【例句】He computed that the project would take seven years to complete. 他估计这项计划要花七年时间才能完成。

record /ˈrekɔːd/ *v*. 记录，将（声音等）录下 *n*. 记录，唱片，履历

【例句】Listen to the speaker and record what he says.
认真听讲演并记下他的话。

remind /riˈmaind/ *vt*. 使想起，提醒

例句 Be sure to remind her to come back early.
一定要提醒她早点回来。

remain /riˈmein/ *vi*. 剩下，余留，保持，仍然是　*n*. 残余，遗迹

【例句】You can't let the room remain like this.

你不能把房间老是弄成这样。

recall /riˈkɔːl/ *n*. 回忆，召回　*v*. 回想起，召回，恢复

【例句】I recalled that he had mentioned the problem once.

我回忆起他曾经有一次提到过这个问题。

给力短语

1. **reckon with**　向……算账；将……加以考虑
2. **keep a record（of）**　记下来，记录
3. **remind sb. of doing sth.**　提醒某人想起做某事
4. **remind sb. of**　使某人想起、记起……
5. **remind sb. that**　提醒某人

混淆词语辨析

remember/ recall/ remind 都含"记住"、"忆起"的意思。

remember 属于常用词，指"过去的事情仍在记忆中，不必费劲就能想起"；

recall 较 **remember** 正式，指"对自己或他人的过去进行有意的回忆"；

remind 指"由于受到提醒或启发而想起往事"。

单词大考验

Q：Dr. Smith was always ________ the poor and the sick，often providing them with free medical care.

A. reminded of　　B. absorbed in

C. tended by　　D. concerned about

答案：D

（史密斯医生总是关心贫困者和一些病人，经常免费为他们提供医疗护理。）A"想起"；B"全神贯注于"；C"被照顾"；D"关心，担忧"。

R recover /ri'kʌvə/ *v*. 恢复，复原，补偿

例句 The police recovered the stolen jewellery. 警察追回了失窃的珠宝。

discover

cover

recovery

uncover

recreation

discovery

recover *v*. 恢复，复原，补偿

cover /'kʌvə/ *vt*. 覆盖，涉及，包含 *n*. 封面，盖子，表面，掩护

例句 His reading covers a wide range of subjects.
他阅读的书籍涉及多种学科。

discover /dis'kʌvə/ *vt*. 发现，碰见；了解到

【例句】When returning back, he discovered the room to be in disorder. 回家后，他发现屋子里乱七八糟。

uncover /ʌn'kʌvə/ *vt*. 揭露，发现

【例句】It was two young reporters who uncovered the whole plot. 是两位年轻记者揭露了整个阴谋。

recovery /ri'kʌvəri/ *n*. 恢复，复原，痊愈

例句 Will the government's policies lead to an economic recovery? 政府的政策能使经济复苏吗？

recreation /rekri'eiʃ(ə)n/ *n*. 消遣，娱乐

【例句】My only recreations are drinking beer and working in the garden.

我仅有的消遣方式就是喝啤酒和在花园里种花草。

discovery /dis'kʌvəri/ *n*. 发现，发觉

【例句】Many great discoveries have been made in the field of science. 在科学领域已有许多重大发现。

给力短语

1. **be covered with** 盖满，覆满，充满
2. **under the cover of** 在……掩护下

混淆词语辨析

recover/ **reclaim**/ **restore** 均有“重新获得，重新找到，恢复”之意。

recover 普通用词，含义广，可泛指收回去物质的或精神的东西，也指无意中找到失物；

reclaim 主要指回收或利用废物；

restore 指建筑物、工艺品恢复原状，也指健康、能力等的恢复。

单词大考验

Q：All their attempts to ________ the child from the burning building were in vain.

A. regain B. recover C. rescue D. reserve

答案：C

（所有尝试去救大火中楼里面的孩子都是徒劳的。）A “恢复，收回”；B “复原，恢复”；C “营救”；D “储备，保留”。

R

refine /ri'fain/ *vt*. 精炼，精制，使优雅

例句 He has refined his taste and manners. 他已使自己的趣味爱好和举止仪态变得高雅完美。

dense
condense
compress
density
depress
squeeze

refine *vt*. 精炼，精制，使优雅

condense /kən'dens/ *v*. 浓缩，摘要，缩短

例句 He condensed his report from 2,000 words to 1,000. 他将报告从2000字压缩到1000字。

dense /dens/ *a*. 不易看透的，密集的，浓厚的

【例句】Traffic slowed down because of the dense fog. 因浓雾车辆减速行驶。

density /'densiti/ *n*. 密（集）度

【例句】The area had a population density of five people per square mile. 该地区人口密度为每平方英里5人。

compress /kəm'pres/ *vt*. 压缩，压紧；归纳

例句 Can you compress your speech into five minutes?

你能把你的讲话精简为 5 分钟吗?

depress /di'pres/ *vt*. 使……沮丧，压低，使萧条

【例句】A rise in oil prices depresses the car market.

石油价格的上涨使汽车市场不景气。

squeeze /skwi:z/ *vt*. 压榨，挤出，捏，握 *vi*. 挤入，挤进

【例句】He squeezed an orange to get the juice out.

他挤压橘子来榨出橘汁。

给力短语

depress price 压低价格

混淆词语辨析

condense/ **compress**/ **contract** 均含“收缩，压缩”之意。

condense 指将东西压缩得更紧密、紧凑，但不失去原有的内容；

compress 指把乱而不成形的东西压成一定形状；

contract 主要指以内、外部力量进行紧缩，也可用作引申。

单词大考验

Q：All the key words in the article are printed in ________ type so as to attract readers' attention.

A. dark B. bold C. dense D. black

答案：B（文中关键词都用黑体印刷，以引起读者注意。）形容词辨析。bold 粗体的，符合句意。dark 深色的，暗的；dense 密集的；black 黑色的。

R

relevant /ˈreləvənt/ *a*. 相关的，切题的，中肯的

例句 I don't think his remarks are relevant to our discussion. 我认为他的话不切我们的议题。

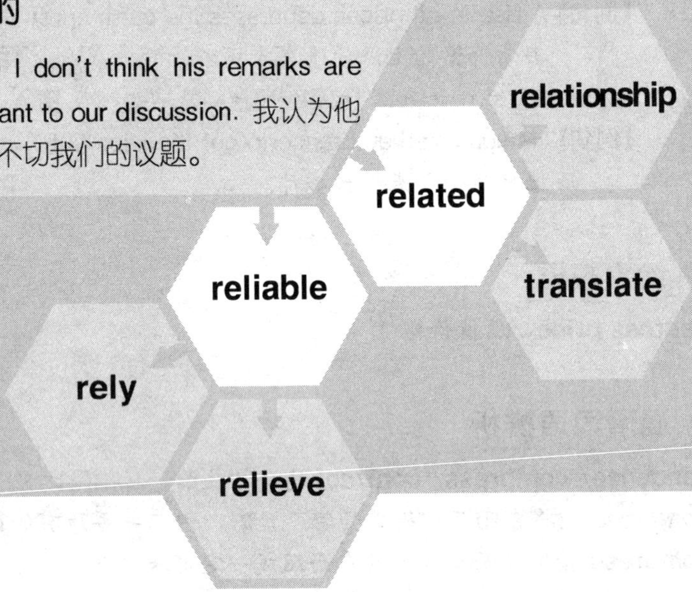

relationship

related

reliable

translate

rely

relieve

relevant *a*. 相关的，切题的，中肯的

related /riˈleitid/ *a*. 有关系的，有关联的，叙述的

例句 The two ideas are very closely related.
这两种观点紧密相关。

relationship /riˈleiʃənʃip/ *n*. 关系，关联

【例句】They aren't married, but they have a pretty close relationship. 他们没有结婚，但关系很密切。

translate /trænsˈleit/ *v*. 翻译

【例句】Can you translate this story into French?
你能把这个故事译成法语吗？

reliable /riˈlaiəbl/ *a*. 可靠的，值得信赖的

例句 John is very reliable; if he says he'll do something he

will do it. 约翰非常可靠，他说过要做的事就一定会做。

rely /ri'lai/ *vi*. 信赖，倚赖，信任

【例句】We can rely on him to help us.

我们可以指望他帮助我们。

relieve /ri'liːv/ *vt*. 减轻，救济，解除

【例句】The fund is for relieving distress among the flood victims. 这笔款项是用于减轻洪水灾民的困苦的。

给力短语

1. **be related to** 与……有关系
2. **translate into** 翻译成
3. **relevant to** 与……有关的
4. **relieve sb. of sth.** 解除某人的负担
5. **rely on/upon** 依靠；信任，信赖

混淆词语辨析

relative/ relation 均有“亲戚、亲属”之意。

relative 普通用词，常可与 **relation** 换用，有时指一般的亲戚；

relation 一般指因血统或婚姻关系形成的亲戚。

单词大考验

Q：We have arranged to go to the cinema on Friday，but we can be ________ and go another day.

A. reliable B. probable C. feasible D. flexible

答案：D

（我们安排在周五去看电影，但是我们也可以比较灵活，也可以改日去。）A “可依靠的”；B “有可能的”；C “可行的”；D “灵活的，可变通的”。

R

remove /ri'muːv/ *vt*. 移走，排除 *vi*. 迁移，移居

例句 Our office has removed to Shanghai from Beijing. 我们的办公室已从北京迁到上海。

movement

removal

render

prompt

rent

remote

remove *vt*. 移走，排除 *vi*. 迁移，移居

removal /ri'muːvəl/ *n*. 移动，移居，除去

例句 He consented to the removal of the flags.
他同意撤走旗帜。

movement /'muːvmənt/ *n*. 活动，运动，倾向

【例句】We're starting a movement against smoking.
我们正掀起一场反对吸烟的运动。

prompt /prɔmpt/ *a*. 敏捷的，迅速的；即时的，马上的 *vt*. 促使；怂恿

【例句】The company was prompt in its response to these accusations? 该公司对这些指责迅速做出反应。

render /'rendə/ *vt*. 呈递，归还，汇报，致使，放弃，表

演，实施　*vi*. 给予补偿

【例句】Thanks a lot for you，you have rendered me a great service. 真的太感谢你啦，你给了我很大的帮助。

rent /rent/ *n*. 租金　*v*. 出租

【例句】They rented a cabin for their vacation.
他们为度假租了一间小屋。

remote /riˈməut/ *a*. 偏僻的，遥远的，遥控的，冷淡的

【例句】That happened in the remote past.
那发生在久远的过去。

给力短语

1. **render into**　译成（某种语言）
2. **render oneself up to**　投降
3. **render down**　把……熬成油；把……熬成液体

混淆词语辨析

rent/ hire 都有“出租”的意思。
rent 是指“较长期地租用或租出（房屋、土地等）”；
hire 有“雇”、“短期租借”的意思。

单词大考验

Q：He hoped the firm would ________ him to the Paris branch.

A. exchange　B. transmit　C. transfer　D. remove

答案：C
（他希望公司能将他调到巴黎分部。）exchange 意为“交换、调换”；transmit 意为“传播、转送、输送”；transfer 意为“迁移、调动”；remove 意为“排除、消除、搬迁”。

R

represent /ˌrepriˈzent/ *v*. 代表，表现，描绘，提出异议

例句 This photograph represents my childhood. 这张照片反映了我的童年生活。

represent *v*. 代表，表现，描绘，提出异议

— **present** /ˈpreznt/ *n*. 礼物，现在 *a*. 现在的，出席的，当面的 *v*. 赠送，提出，呈现

例句 How many people were present at the meeting?
会议有多少人出席?

representative /ˌrepriˈzentətiv/ *a*. 代表性的，典型的 *n*. 代表

【例句】We have a representative sample.
我们有一个代表性的样品。

presentation /ˌprezenˈteiʃən/ *n*. 陈述，介绍，赠予

【例句】The presentation of food can be as important as the taste. 食物的外观和味道同样重要。

— **reproduce** /ˌriːprəˈdjuːs/ *v*. 再生，复制，生殖

例句 The machine can reproduce a key in two minutes.
这机器能在两分钟内复制一把钥匙。

create /kri'eit/ *vt*. 创造，造成，产生

【例句】The project will create up to 40 new jobs.

这项工程将提供 40 个新的工作岗位。

produce /prə'djuːs/ *n*. 产品，农产品 *v*. 产生，生产，创作，引起

【例句】Jimmy's jokes produced a great deal of laughter.

吉米的笑话逗得人们哈哈大笑。

给力短语

1. **at present** 现在，目前
2. **for the present** 暂时，暂且
3. **representative of** 代表性的，典型的

混淆词语辨析

create/ compose/ design/ produce 均有"创造"、"制作"之意。

create 侧重创造出来的东西以前并不存在，或者指独具特色的创作；

compose 多指音乐或诗歌、画的创作；

design 主要指在艺术或技术领域的创作设计，强调构思多于实际制造；

produce 指产品的生产，或作品创作的完成。

单词大考验

Q：The suggestion that the mayor ________ the prizes was accepted by everyone.

A. would present　　B. ought to present

C. present　　D. presents

答案：C

（由市长颁奖的建议被每个人都接受了。）虚拟语气的用法。that the mayor present the prizes 作 suggestion 的同位语。suggestion 要求此从句用be型虚拟语气。

R

R republic /riˈpʌblik/ *n*. 共和国，共和政体

例句 Most of the countries in the world are republics. 世界上大多数国家是共和政体。

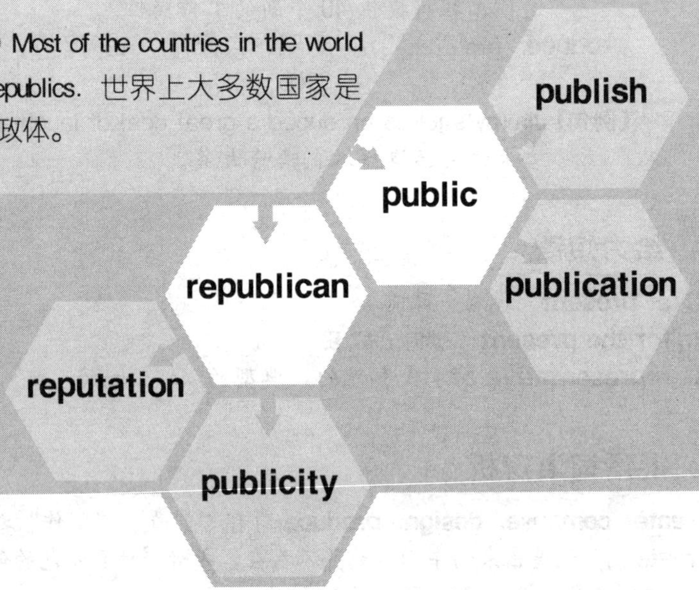

publish

public

republican

publication

reputation

publicity

republic *n*. 共和国，共和政体

public /ˈpʌblik/ *a*. 公共的，公众的

例句 We must be careful of public property.
我们必须爱护公共财物。

publish /ˈpʌbliʃ/ *vt*. 出版，发行

【例句】She has recently published her fourth book with the Commercial Press.
她最近在商务印书馆出版了她的第四本专著。

publication /ˌpʌbliˈkeiʃən/ *n*. 出版，发行，出版物，公布，发表

【例句】They don't think this article is suitable for publication.
他们认为这篇文章不宜发表。

republican /riˈpʌblikən/ *n*. 共和党人 *a*. 共和政体的

例句 Many countries have a republican form of government.

很多国家采用共和政体。

reputation /ˌrepju'teiʃən/ *n*. 声望，声誉，名誉

【例句】This store has an excellent reputation for fair dealing. 该商店因买卖公道而享有极高的声誉。

publicity /pʌb'lisiti/ *n*. 宣传，宣扬；众所周知

【例句】The British press has given considerable publicity to it. 英国媒体界已经对它作了很多宣传。

给力短语

1. **in public** 公开地，当众
2. **publish the news** 发布消息

混淆词语辨析

fame/ honour/ reputation 均有"名声，名誉"之意。

fame 普通用词，含义广，一般指好名声，可大可小、可远可近；

honour 侧重指因高尚的举止、忠心或诚实而受到公众钦佩和崇敬，得到好名声和荣誉；

reputation 通常指熟悉某人或某地的人对该人、该地的看法，可好可坏。

单词大考验

Q：As a public relations officer，he is said ______ some very influential people.

A. to know　　　　C. to have been knowing

B. to be knowing　　D. to have known

答案：A

（作为一名公共关系官员，据说他认识一些颇有影响的人物。）不定式的时态。原句相当于It is said that he knows some very influential people，用不定式的现在时。动词know的动作性不强，通常用一般时，而不用完成时，它是一个瞬间动词，所以也不使用进行时。

R

R

replace /ri(:)ˈpleis/ *vt*. 取代，替换，代替，把……放回原处

例句 He picked them up and replaced them in the bag. 他把它们捡了起来，放回包里。

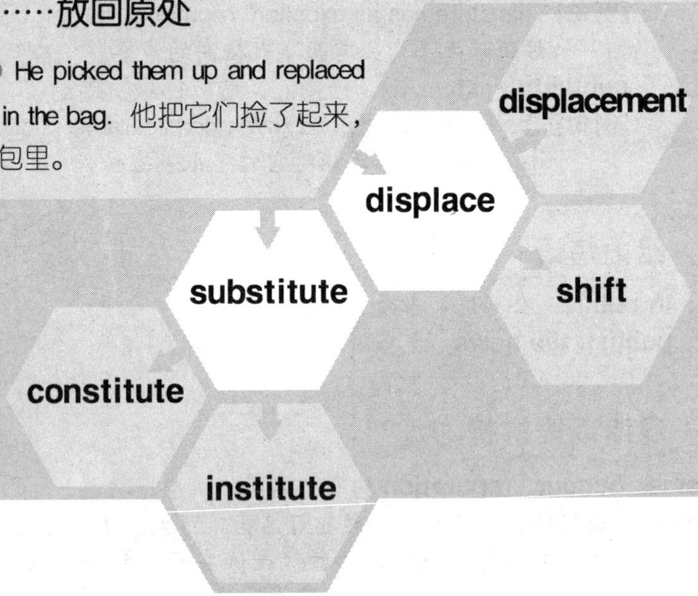

displacement

displace

substitute

shift

constitute

institute

replace *vt*. 取代，替换，代替，把……放回原处

— **displace** /disˈpleis/ *v*. 移置，替换

例句 He was displaced by another young man.
他已被另一个年轻人顶替。

displacement /disˈpleismənt/ *n*. 换置，转位，移动

【例句】This is doubtless due to the displacement of hand labour by machinery.
无疑这是使用机器代替手工所产生的结果。

shift /ʃift/ *n*. 变化，移动 *v*. 替换，转移，改变，移转

【例句】Soon the conversation between us would shift to more interesting subjects.
很快我们之间的话题转到更有趣的地方。

— **substitute** /ˈsʌbstitjuːt/ *n*. 代替者，代用品 *v*. 代替

例句 If you cannot go yourself, please find someone to substitute you. 你如果不能亲自去，请找人代替你。

constitute /ˈkɔnstitjuːt/ *vt*. 构成，组成，任命

【例句】The court constituted him legal guardian of the child. 法庭指定他为这个孩子的合法监护人。

institute /ˈinstitjuːt/ *n*. 学会，学院，协会

【例句】I visited a number of scientific institutes in Asia. 我访问了亚洲的许多科学协会。

给力短语

1. **substitute sth. for sth.** 用某物代替某物
2. **substitute for sth. /sb.** 代替某物或某人

混淆词语辨析

replace/ substitute/ displace 均含“替代、取代”之意。

replace 最普通用词，指任何形式的替代，尤指以新的替代旧的、老的和坏的等，指人指物均可；

substitute 指某人因故不在时，由别人代理其职，有时也可指由一物去代替另一物；

displace 侧重指用另外的人或物强行取代并非称职的人或无用之物，指人时往往暗含带不满情绪的意味。

单词大考验

Q：You should try to ________ your ambition and be more realistic.

A. reserve B. restrain C. retain D. replace

答案：B

（你应该试着抑制下你的野心，变得更加现实些。）A “储备，保留”；B “抑制，约束”；C “保持”；D “代替”。

R

R respond /ris'pɔnd/ *vi*. 回答，答复；作出反应，响应

例句 Their envoy showed no sign of responding to our proposals. 他们的代表对我方的提议毫无回应的迹象。

responsibility
response
responsible
correspond
sponsor
corresponding

respond *vi*. 回答，答复；作出反应，响应

— **response** /ris'pɔns/ *n*. 反应，回答，响应

例句 There has been very little response to our call for help. 我们求助的号召没有多少响应。

responsibility /risˌpɔnsə'biliti/ *n*. 责任

【例句】He has no responsibility for that accident.
他对那个事故没有责任。

responsible /ris'pɔnsəbl/ *a*. 有责任的，负责的，责任重大的

【例句】The police are responsible for the preservation of public order and security.
警察有责任维护公共秩序和安全。

— **correspond** /kɔris'pɔnd/ *vi*. 符合；通信

例句 I assure you my actions will correspond with my words. 我向你保证，我将言行一致。

sponsor /ˈspɔnsə/ *n*. 主办方，赞助 *vt*. 发起，赞助

【例句】Would you like to sponsor this Forum?

是否愿意成为论坛赞助商？

corresponding /ˌkrisˈpɔndiŋ/ *a*. 一致的，相同的，相应的，相当的

【例句】All rights carry with them corresponding responsibilities.

一切权利都带有与之相应的责任。

给力短语

1. **respond to** 响应
2. **be responsible for** 对……负责

混淆词语辨析

responsible/ liable 均有“对某人或某事负责的”之意。

responsible 指能熟练而出色地履行职责或完成任务，或指在出差错而对其原因有争执时承担过失；

liable 着重指在不履行债务等时应负法律责任或受罚。

单词大考验

Q：A ________ to this problem is expected to be found before long.

A. result B. response C. settlement D. solution

答案：D（这个问题的解决方法有望在不久后被找到。）result (*n*.) 意为“结果，效果，成绩”等；response 意为“回答，反应”；settlement 意为“（问题的）解答，解决方式或方法”。

R

R

restore /ris'tɔː/ *vt*. 恢复，还原，归还

例句 I wonder if this picture can be restored. 我很想知道这幅画能否修复。

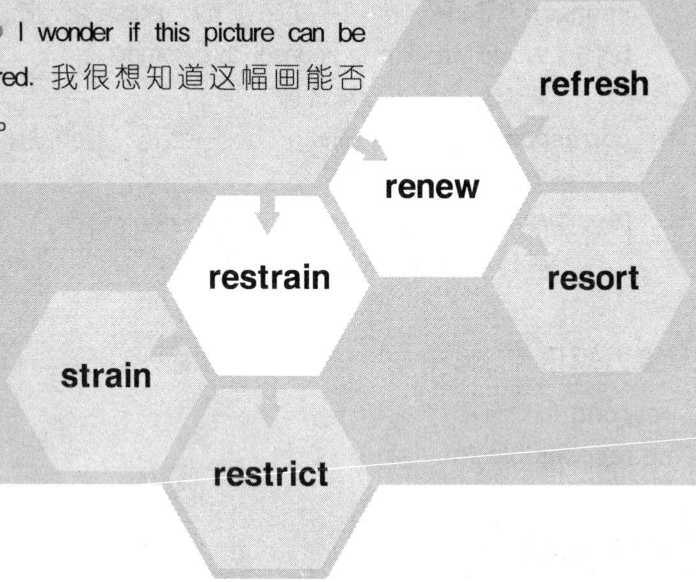

refresh

renew

restrain

resort

strain

restrict

restore *vt*. 恢复，还原，归还

renew /ri'njuː/ *vt*. 使更新，使恢复　*vi*. 更新，重新开始

例句 We must renew a stock of goods.

我们必须更新库存货物。

refresh *vt*. 使……生气蓬勃，提起精神，恢复精神

【例句】I looked at the map to refresh my memory of the road. 我看看地图以唤起对这条路的回忆。

resort /ri'zɔːt/ *vi*. 求助于，诉诸　*n*. 胜地，求助，凭借，诉诸

【例句】He couldn't have passed the exam without resort to cheating. 他要不是靠作弊是通不过这次考试的。

restrain /ris'trein/ *vt*. 抑制，阻止，束缚

【例句】He tried to restrain the boy from playing computer games. 他试图限制那个男孩玩暴力游戏。

strain /strein/ *n*. 拉力，拉紧，拉伤；旋律；家系品种，气质 *v*. 扭伤，拉伤；拉紧

【例句】The strain on the rope made it broken.
绳子因受力过大而断了。

restrict /ris'trikt/ *vt*. 限制，约束

【例句】He feels this new law will restrict his freedom.
他觉得这一新法律会限制他的自由。

给力短语

1. **restrain from** 抑制，制止
2. **resort to** 常去；采用，使用（手段）；诉诸（法律）

混淆词语辨析

renew/ restore/ refresh 都含"恢复"、"更新"的意思。
renew 属于常用词，指"使旧的或已失去力气、活力的物体变新或复原"；
restore 指"把用旧、用坏的东西恢复原样"；
refresh 指"使恢复力量、精力"。
strain/ stress/ tension 都含"压力"的意思。
strain 是指影响身心健康的紧张状态；
stress 指由生活、工作导致的心理上或生理上的紧张；
tension 是指关系的紧张形势。

单词大考验

Q：I would never have ________ a court of law if I hadn't been so desperate.

A. sought for　　B. accounted for
C. turned up　　D. resorted to

答案：D
（如果我不是那么绝望的话，我就不会诉诸法庭了。）固定搭配 resort to "诉诸法律"。

R

retire /ri'taiə/ *vi*. 退休，引退，撤退

例句 He retired from the business when he was 60. 当他 60 岁的时候就退休了。

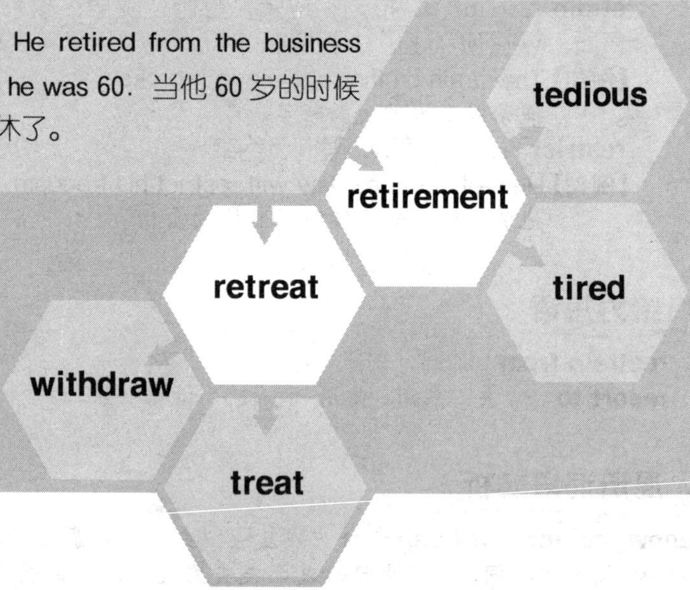

tedious

retirement

tired

retreat

withdraw

treat

retire *vi*. 退休，引退，撤退

retirement /ri'taiəmənt/ *n*. 退休，引退

例句 She took to painting after retirement.

她退休后爱上绘画。

tedious /'tiːdiəs/ *a*. 沉闷的

【例句】The arguments are tedious and complicated.

那些论点冗长而繁复。

tired /'taiəd/ *a*. 疲劳的，累的，厌烦的

【例句】I'm so tired that I could sleep for a week.

我真是累极了，简直能睡上一个星期。

retreat /ri'triːt/ *vi*. 撤退，隐退　*n*. 撤退；隐退处

例句 Our soldiers force the enemy to retreat.

我们的战士迫使敌人后退。

withdraw /wið'drɔː/ *v*. 撤回，取回，撤退

【例句】I want to withdraw a statement I made earlier.

我想收回我早些时候发表的一项声明。

treat /triːt/ *vt*. 对待；处理；把……看作；治疗；请客，款待 *n*. 招待

【例句】Do not treat me as if I were a child.

不要把我当小孩子来对待。

给力短语

1. **be tired of** 对……不再感兴趣
2. **treat with sb.** 与某人谈判，与某人交涉
3. **treat... as** 把……当成

混淆词语辨析

retire/ retreat/ withdraw 均含"退下、退却"之意。

retire 指从公开或公共场合退下到私下场所，也指被免除职务或自动辞职、退役等；

retreat 含消极意味，多指被迫采取退下或退却的行动；

withdraw 侧重因某种原因而有意离开，常含礼貌、谦恭等理由。也指军队的撤退。

单词大考验

Q：I hope that you'll be more careful in typing the letter. Don't ________ anything.

A. lack　B. withdraw　C. omit　D. leak

答案：C

（我希望你在打这封信时再仔细一点，别漏掉任何内容。）lack "缺少，缺乏"；withdraw "退出，撤除，收回，提取"；omit "省略，遗漏"；leak "漏水，漏气"。

R

revenue /ˈrevinjuː/ *n*. 收入，国家的税收，总收入

例句 The Board of Directors was concerned at the drop in the company's revenues 董事会对公司总收入的减少甚为关注。

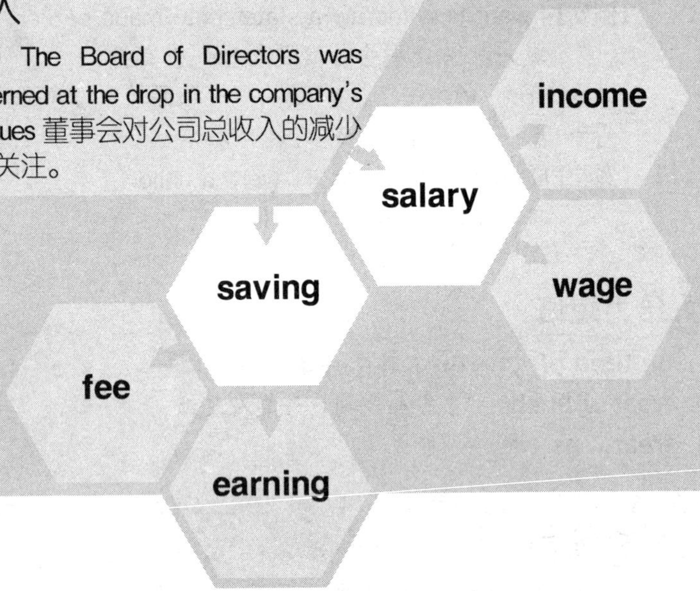

income

salary

saving

wage

fee

earning

revenue *n*. 收入，国家的税收，总收入

salary /ˈsæləri/ *n*. 薪水

例句 He finally got a job in a company paying good salaries.
他终于在一家薪水高的公司里找到一份工作。

income /ˈinkʌm/ *n*. 收入，所得，收益

【例句】She lives within her income. 她过着量入为出的生活。

wage /weidʒ/ *n*. 薪水，报偿，代价　*v*. 开展，进行

【例句】His wages are three hundred dollars a week.
他的工资为每周三百美元。

saving /ˈseiviŋ/ *n*. 节约，存款

例句 Policy changes can also help nudge up saving rates.
政策的改变也可以帮助上调储蓄率。

fee /fiː/ *n*. 费用，小费　*v*. 付费给

【例句】They charge a small registration fee.
他们收一点注册费。

earning /ˈəːniŋ/ *n*. 所得，收入

【例句】*Spider-Man* 3 was the top earning film in the United States.《蜘蛛侠3》是美国票房收入最高的影片。

给力短语

handing fee 手续费

混淆词语辨析

revenue/ income/ earnings/ salary/ wage/fee 都可表示"工资、收入"之意。

revenue 专指国家或企业的收入，主要指国家的税收；

income 主要指个人收入，包括劳动所得和利润；

earnings 多指通过劳动或投资等手段所得到的收入；

salary 指按年定下，按月或星期平均给予的报酬，指脑力劳动者的薪水；

wage 多用复数形式，指按小时、日或星期的报酬，通常指体力劳动者的工资；

fee 指提供某种服务收取的固定费用。

单词大考验

Q：Some women ________ a good salary in a job instead of staying home, but they decided not to work for the sake of the family.

A. must make　　C. would make

B. should have made　　D. could have made

答案：D

（有的妇女本可能挣到高薪而不是像现在这样呆在家里，但她们却决定为了家庭的缘故不出去工作。）虚拟语气。should+现在完成时表示"本应该做某事而没有做"；could+现在完成时表示"本可能做某事而没有做"。

R

review /riˈvjuː/ *vt*. 温习，检查，评论 *n*. 检讨，复习，回顾

例句 We will review your economic situation and decide how we can help you. 我们将审查你的经济情况，然后决定如何帮助你。

viewpoint

view

interview

preview

interviewer

introduce

review *vt*. 温习，检查，评论 *n*. 检讨，复习，回顾

view /vjuː/ *n*. 视野，风景，见解，观察，观看，认为 *vt*. 看，考虑，认为

例句 In view of our long-standing relationship, we agree to allow you a discount.
考虑到我们长期的关系，我方同意给你方折扣。

viewpoint /ˈvjuːˌpɔint/ *n*. 观点，看法

【例句】He explained his viewpoint that taxes should be increased. 他解释了他认为应该增加税收的观点。

preview /priːˈvjuː/ *n*. （电影等的）预映，预演；预告片

【例句】We saw a preview of the new movie.
我们看了那部新电影的式映。

interview /ˈintəvjuː/ *n*. 面试，面谈，访问，接见 *v*. 面试，采访

【例句】The matter can't be discussed except at a personal interview. 这件事只能在面谈时讨论。

interviewer /ˈintəvjuːə/ *n*. 采访者，面试者

【例句】It really helps if you look at it from the point of view of the interviewer. 如果你从面试者的角度来看问题的话是很有帮助的。

introduce /ˌintrəˈdjuːs/ *vt*. 介绍，引进，提出

【例句】He introduced his friend to me. 他把朋友介绍给我。

给力短语

1. **in review** 回顾，检查中
2. **in view of** 关于……，考虑到……
3. **with the view of** 为……的目的
4. **in one's view** 依照个人的见解

混淆词语辨析

view/ watch 均含“看”之意。
view 表示仔细观察或看某物，还可以指查看房子以便购买或租用；
watch 强调注视或观察会有什么事情发生。

单词大考验

Q：Studies show that the things that contribute most to a sense of happiness cannot be bought, ________ a good family life, friendship and work satisfaction.

A. as for　　B. in view of　　C. in case of　　D. such as

答案：D
（研究表明那些能给人带来幸福感的东西无法用金钱买到，诸如良好的家庭生活、友谊和工作上的满意感。）as for 意为“关于……至于”等；in view of 意为“考虑到……，鉴于……”；in case of 意为“假设……，万一……”；such as 意为“如……一样”。

R

roll /rəul/ *n*. 卷，滚动 *vt*. 使滚动，转动，使卷起

例句 She rolled out the flour and water mixture to make bread. 她用面粉和水和成的面团来做面包。

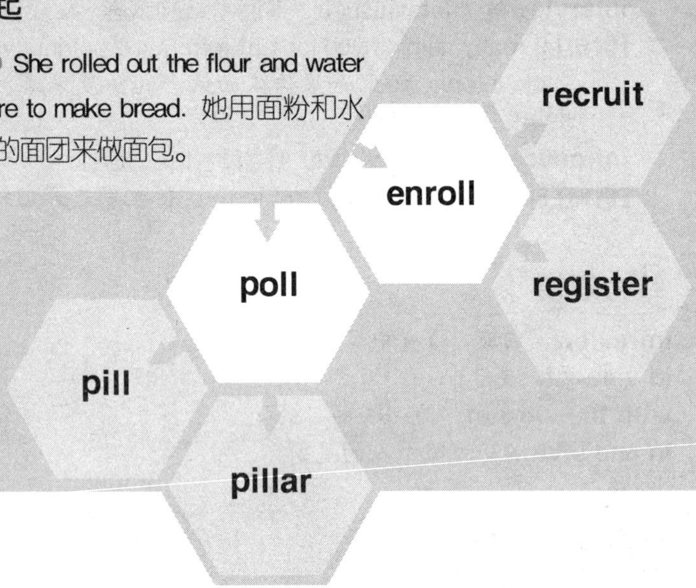

recruit

enroll

poll

register

pill

pillar

roll *n*. 卷，滚动 *vt*. 使滚动，转动，使卷起

enroll /in'rəul/ *v*. 登记，使加入

例句 They enrolled us as members of the club.
他们将我们吸收为该俱乐部会员。

recruit /ri'kru:t/ *n*. 招聘，新兵，新会员 *vt*. 招募新兵，接受新成员

【例句】They recruited a number of old teachers for the new school. 他们给这所新学校聘请了一些老教师。

register /'redʒistə/ *n*. 登记 *v*. 登记，注册；表达；挂号

【例句】They registered a strong protest with the United Nations. 他们向联合国提出强烈抗议。

poll /pɔl/ *n*. 投票，民意测验 *vi*. 投票

【例句】We are going to conduct a public opinion poll.

我们将进行民意测验。

pill /pil/ *n*. 药丸，药片

【例句】She had to take sleeping pills every night.

她每天夜里都得服安眠药。

pillar /pilə/ *vt*. 用柱支撑 *n*. 柱子，柱形物，栋梁

【例句】He had been the pillar of the club all his life.

他一生都是这个俱乐部的台柱。

给力短语

1. **roll in** 滚滚而来；蜂拥而来
2. **roll up** （烟雾）袅袅上升；卷起
3. **roll over** （睡时）侧身，打滚
4. **enroll in** 登记（参加）

混淆词语辨析

roll/ turn 均有“转动、旋转”之意。

roll 指某物在平面上滚动或翻滚；

turn 普通用词，中性，含义不确切，可指做一个圆周运动或连续地做圆周运动，也可指仅是沿圆的弧形转动。

单词大考验

Q：A word processor is much better than a typewriter in that it enables you to enter and ________ your text more easily.

A. register B. edit C. propose D. discharge

答案：B

（文字处理器比打字机好在它使文本的输入和编辑变得更加容易。）A “登记，注册”；B “编辑”；C “建议，打算”；D “排放，卸下，解雇”。

R rotate /rəu'teit/ v. 旋转，转动，循环

例句 Interns will rotate through the various departments. 实习生要轮流去各个部门。

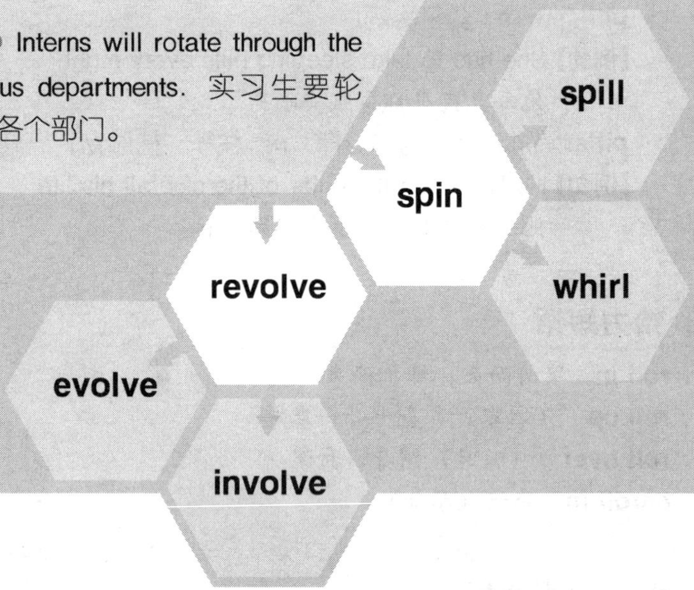

spill
spin
whirl
revolve
evolve
involve

rotate v. 旋转，转动，循环

— **spin** /spin/ v. 旋转；眩晕；纺纱，甩干 n. 旋转，自转

例句 I would like to spin the wheel. 我想要转动这个轮子。

spill /spil/ v. 使溢出，使散落，洒，使流出 n. 溢出，溅出，摔下，木片，小塞子

【例句】I spilt the coffee — it spilt all over my book.

我洒了咖啡，溅了我一书。

whirl /hwəːl/ n. 旋转，混乱 v. 使旋转，卷走，头晕

【例句】The wind whirled the leaves into the air.

风把树叶刮到了天上。

— **revolve** /ri'vɔlv/ v. 旋转，绕着转；反复思考 n. 旋转，循环

例句 He revolved the main points in his mind. 他在心里反复思考了各个重要的方面。

evolve /iˈvɔlv/ *v*. 进展，进化，进展，逐渐形成

【例句】The simple plan evolved into a complicated scheme.

这个简单的计划发展成了一项复杂的规划。

involve /inˈvɔlv/ *vt*. 包含，含有，使陷入，使卷入，牵涉

【例句】Don't involve me in your quarrel.

不要把我卷进你们的争吵中。

给力短语

1. **spin out** 拖长（谈话、工作等的）时间；使（钱）尽可能多维持些日子
2. **revolve about/round** 围绕……而旋转；反复考虑
3. **evolve into** 发展（进化）成
4. **be involved in** 包含在……；与……有关；被卷入

混淆词语辨析

rotate/ revolve/ spin/ turn/ whirl 均有"转动、旋转"之意。

rotate 侧重指物体围绕自己的轴或中心旋转，即自转；

revolve 强调指物体围绕本身以外的中心旋转，即公转；

spin 指沿内轴迅速而连续旋转，或沿外部一个点作快速圆周运转；

turn 普通用词，中性，含义不确切，可指作一个圆周运动或连续地作圆周运动，也可指仅是沿圆的弧形转动；

whirl 指旋转或作圆周运动，侧重急速或力量。

单词大考验

Q：Most laboratory and field studies of human behavior ________ taking a situational photograph at a given time and in a given place.

A. involve　B. compose　C. enclose D. attach

答案：A

（大多数关于人类行为的实验室和野外研究活动包括在指定的时间和指定的地点拍照。）A"包含，牵涉"；B"构成，组成"；C"围绕"；D"附加，附属"。

R

revolt /ri'vəult/ *vi*. 叛乱，反抗，起义 *vt*. 使厌恶

例句 Children always revolt against parental disciplines. 孩子们总是反抗父母的管束。

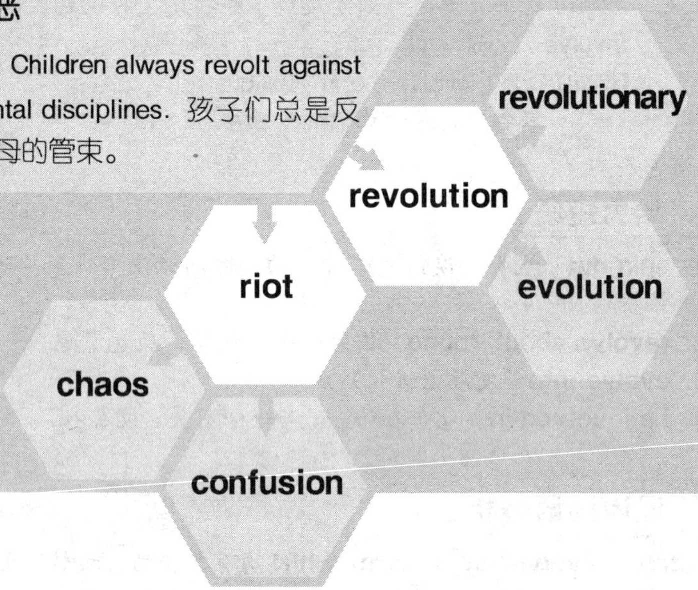

revolutionary
revolution
riot
evolution
chaos
confusion

revolt *vi*. 叛乱，反抗，起义 *vt*. 使厌恶

— **revolution** /ˌrevə'luːʃən/ *n*. 革命，旋转，运行

例句 That country must have an industrial revolution.
那个国家必须进行工业革命。

revolutionary /'revə'luːʃənəri/ *a*. 革命的 *n*. 革命者

【例句】He suffered for his revolutionary principles.
他为了自己的革命原则而蒙受苦难。

evolution /ˌiːvə'luːʃən，ˌevə-/ *n*. 进化，发展，进展

【例句】A cultural and social evolution now becomes rapid.
现在文化和社会发展很快。

— **riot** /'raiət/ *v*. 暴乱 *n*. 喧闹，暴乱，大混乱

例句 They were drowned in riot all night.

他们通宵沉浸在狂欢之中。

chaos /ˈkeiɔs/ *n*. 混乱

【例句】There was chaos in the town after the hurricane had struck. 飓风过后，城里一片混乱。

confusion /kənˈfjuːʒən/ *n*. 混乱，混淆，困惑，糊涂

【例句】His room was in a state of confusion.
他的房间一片杂乱。

给力短语

1. in revolt 反抗；造反，起义

2. revolt at/from/against 对……反感，对……感到恶心

混淆词语辨析

confusion/ disorder/ chaos 都含“混乱”的意思。
confusion 指“不加区别地混在一起，很难区分”；
disorder 指“秩序或东西安排得混乱”；
chaos 指“完全无秩序或明显不整齐”。

单词大考验

Q：The computer revolution may well change society as ________ as did the Industrial Revolution.

A. certainly　　B. insignificantly
C. fundamentally　　D. comparatively

答案：C
（计算机革命将会同工业革命一样对社会产生深远的影响。）词义辨析。certainly “当然地”；insignificantly “无关紧要地”；fundamentally “基础地，根本地”；comparatively “相对地”。

R

rigid /ˈridʒid/ *a*. 严格的，坚硬的，死板的

例句 The new recruits are not used to the rigid disciplines of the army.
新兵不习惯于军队的严格纪律。

strict

rigorous

severe

elaborate

reverse

sheer

rigid *a*. 严格的，坚硬的，死板的

— **rigorous** /ˈrigərəs/ *a*. 严密的，缜密的；严格的，严厉的

例句 He made a rigorous study of the plants in the area.
他对该地的植物进行了慎密的研究。

strict /strikt/ *a*. 严格的，精确的

【例句】She was pledged to keep it a strict secret.
她发誓对此事绝对保密。

elaborate /iˈlæbərət/ *a*. 精细的，详尽的，精心的

【例句】She made an elaborate study of Shakespeare's works. 她刻苦研究莎士比亚的著作。

— **severe** /siˈviə/ *a*. 严重的；严厉的，严格的；严峻的，艰难的

例句 We are suffering from a severe shortage of fuel.

我们苦于严重缺乏燃料。

reverse /riˈvəːs/ *n*. 相反，背面　*a*. 反面的，相反的，颠倒的　*v*. 颠倒，逆转，倒退

【例句】This time it came in the reverse direction.

这一次它是从相反的方向来的。

sheer /ʃiə/ *a*. 绝对的，全然的，峻峭的　*v*. 躲开，躲避，使……避开　*ad*. 完全，全然，峻峭

【例句】It's very difficult to climb a sheer cliff.

攀登陡峭的悬崖是很困难的。

给力短语

1. **be strict with sb.**　对某人严格
2. **be strict about/ on sth.**　对某事要求严格

混淆词语辨析

rigid/ strict/ rigorous 均含"刻板的，严格的"之意。

rigid 指没有灵活性、机动性；

strict 指在行为规则上要求严格；

rigorous 侧重指严格到毫不宽容的地步。

单词大考验

Q：The statistical figures in that report are not ________. You should not refer to them.

A. accurate　B. fixed　C. delicate　D. rigid

答案：C

（那个报告中的数据不准确，你不能参考它们。）形容词辨析。accurate "精确的"；fixed "固定不变的"；delicate "微妙的，精密的"；rigid "严酷的，陡峭的"。

R

ripe /raip/ *a*. 熟的，成熟的，时机成熟的

例句 The time is ripe for a new foreign policy. 采用新外交政策的时机已成熟。

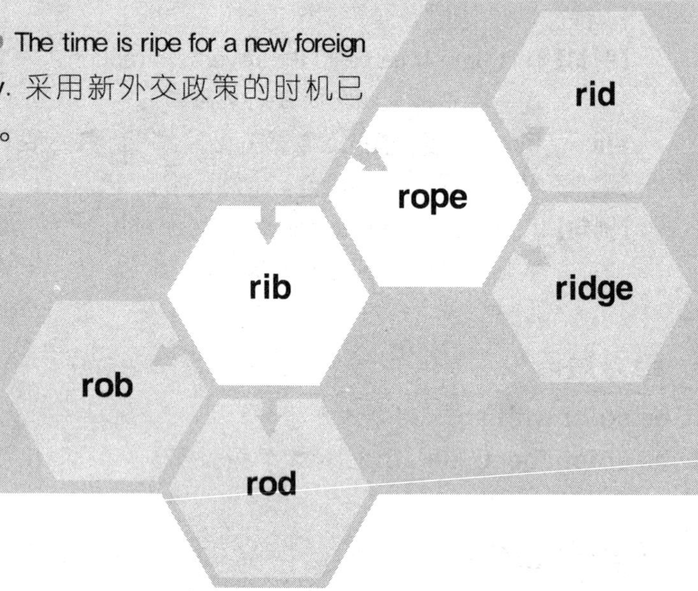

ripe *a*. 熟的，成熟的，时机成熟的

rope /rəup/ *n*. 绳子 *v*. 捆绑

例句 The police roped off the playing field to keep back the crowd. 警察把比赛场地用绳子围起来，以防人群靠近。

rid /rid/ *vt*. 使摆脱，使去掉

【例句】We'll have to get rid of him. 我们必须摆脱掉他。

ridge /ridʒ/ *n*. 山脊，山脉

【例句】We drove up a hillside and finally stopped on a high ridge. 我们沿着山腰往上开，最后停在一个高高的山脊上。

rib /rib/ *n*. 肋骨

例句 He broke a rib when he fell off his horse. 他从马上摔下来折断了一根肋骨。

rob /rɔb/ *vi*. 抢劫，盗窃

【例句】They robbed the jewelry store in broad daylight.

他们在光天化日之下抢劫了那家珠宝店。

rod /rɔd/ *n*. 杆子，棒子

【例句】The rod bent as he pulled in the fish.

当他把鱼拉上来时，鱼竿都弯了。

给力短语

1. **get rid of** 摆脱，驱除，除去
2. **rid sb. of sth.** 使某人摆脱某物
3. **rob sb. / somewhere of sth.** 从某人或某地抢走某物

混淆词语辨析

rob/ steal 都含“偷，抢，夺”之意。

rob 最常用词，指用暴力恐吓或哄骗等非法手段抢夺财物；

steal 普通用词，指暗中行窃。

ripe/ mature 都含“成熟”的意思。

ripe 常指作物成熟，也指人生理成熟；

mature 一般指人的心理、生理都成熟。

单词大考验

Q：The bank is reported in the local newspaper ________ in broad daylight yesterday.

A. robbed B. to have been robbed

C. being robbed D. having been robbed

答案：B

（据当地报纸报道，该银行昨天在光天化日之下遭抢劫。）非谓语动词。根据句意，“报道时，银行已经被抢”，因此只有B正确，是不定式的完成式。

R

S

sacrifice /ˈsækrifais/ *n*. 牺牲，供奉，祭品 *v*. 牺牲，祭祀

例句 A mother will sacrifice her life for her children. 母亲会为自己的孩子操劳一生的。

sacred
saint
saucer
divine
sauce
sausage

sacrifice *n*. 牺牲，供奉，祭品 *v*. 牺牲，祭祀

saint /seint, sənt/ *n*. 圣人，圣徒

例句 You would need to be a saint to put up with her children. 只有圣人才能容忍她的那几个孩子。

sacred /ˈseikrid/ *a*. 神圣的，宗教的，庄严的

【例句】The Koran is the sacred book of Islam. 《古兰经》是伊斯兰教的圣典。

divine /diˈvain/ *a*. 神的，敬神的；非凡的，超人的

【例句】People used to believe in the divine right of kings. 过去人们相信君权神授。

saucer /ˈsɔːsə/ *n*. 茶托，碟子

例句 She offered me tea in her best cup and saucer.

她用她最好的茶杯和茶碟请我用茶。

sauce /sɔːs/ *n*. 调味汁，酱汁

【例句】This sauce uses mushroom as its seasoning.

这酱油用蘑菇作调料。

sausage /ˈsɔsidʒ/ *n*. 香肠，腊肠

【例句】We lunched on garlic sausage and some bread.

我们午餐吃大蒜香肠肉加面包。

给力短语

Sunday saint 伪善者，伪君子

混淆词语辨析

sacred/ divine/ holy 均含“神圣的”之意。

sacred 指由于是献给上帝或神的事物，因而是神圣的，不容亵渎；也指被普遍视为神圣不可侵犯的东西；

divine 指来源于神或与神有关，侧重神性；在现代英语中指绝妙或非人世所有的事物；

holy 可与 **sacred** 换用，但 **holy** 侧重于内含一种神圣的本质，使之值得崇拜，通常具有传统、世袭或固有的性质。

单词大考验

Q：Many manufacturers were accused of concentrating too heavily on cost reduction, often at the ________ of the quality of their products.

A. expenses B. exposure

C. expansion D. sacrifice

答案：D

（很多制造商被指控过于关注成本的降低，常常因此而付出产品质量降低的代价。）A “开销；花费”；B “暴露”；C “扩张”；D “牺牲”。

S

S

sad /sæd/ *a*. 难过的，阴郁的，悲哀的，悲痛的

例句 The queen was very sad over the death of her daughter. 女王为她女儿的死非常的难过。

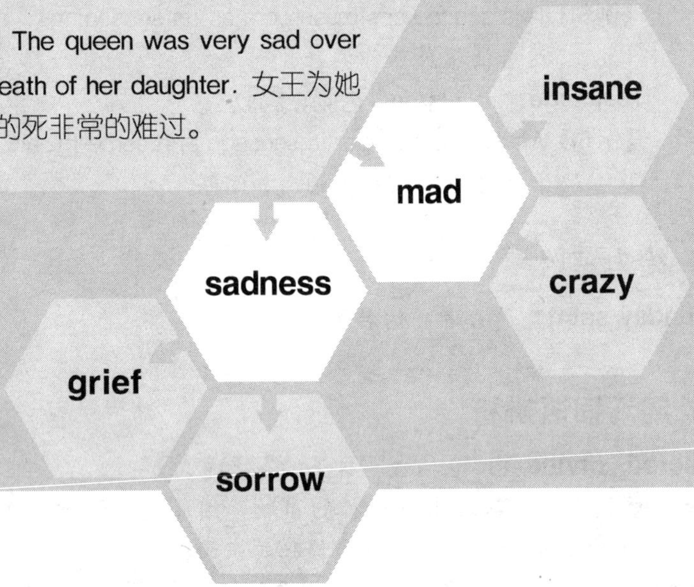

insane

mad

sadness

crazy

grief

sorrow

sad *a*. 难过的，阴郁的，悲哀的，悲痛的

— **mad** /mæd/ *a*. 发疯的；狂热的；恼火的

例句 Both brothers are mad about tennis.

兄弟俩对网球都很入迷。

insane /in'sein/ *a*. 疯狂的，精神错乱的

【例句】An insane person is unaccountable for his autions.

一位精神病人对自己的行为是无法负责的。

crazy /'kreizi/ *a*. 疯狂的，发疯的，狂热爱的

【例句】You're crazy to go out in this stormy weather.

在这种暴风雨的天气外出，你疯了。

— **sadness** /'sædnis/ *n*. 悲哀，悲伤

例句 One of many sadnesses in his life was that he never

had children. 他一生中的许多遗憾之一是没有子女。

grief /griːf/ *n*. 悲痛，悲伤

【例句】Love, hate, joy, fear and grief are emotions.

爱、恨、高兴、恐惧、悲伤都是情感。

sorrow /ˈsɔrəu/ *n*. 悲伤，遗憾，忧患

【例句】The many sorrows turned her hair white.

这许多的不幸事件使她的头发变白了。

给力短语

1. **be mad at** 对……发怒
2. **be crazy about** 热衷于，醉心于
3. **go crazy** 发疯
4. **come to grief** 遭遇灾难，失败，受伤

混淆词语辨析

mad/ crazy 都含“不理智的，疯狂的，愚蠢的，气愤的”的意思。

mad 多用于英式英语中，用来表示疯狂而且愚蠢的；

crazy 多用在美式英语中，常常表示患精神病的，精神错乱的。

单词大考验

Q：Crossing the Pacific on a raft seemed ________, and no one would try it.

A. mad B. usual C. royal D. insane

答案：A

（乘木筏横渡太平洋看起来是疯狂的，且没有人会尝试。）

mad “疯狂的”；usual “平常的”；C “皇室的”；D “精神病的”。

S

S

scale /skeil/ *n*. 鳞，刻度，衡量，数值范围 *vt*. 测量，攀登

例句 The scale of this map is one centimeter to the kilometer. 这个地图的比例是用1厘米代表1公里。

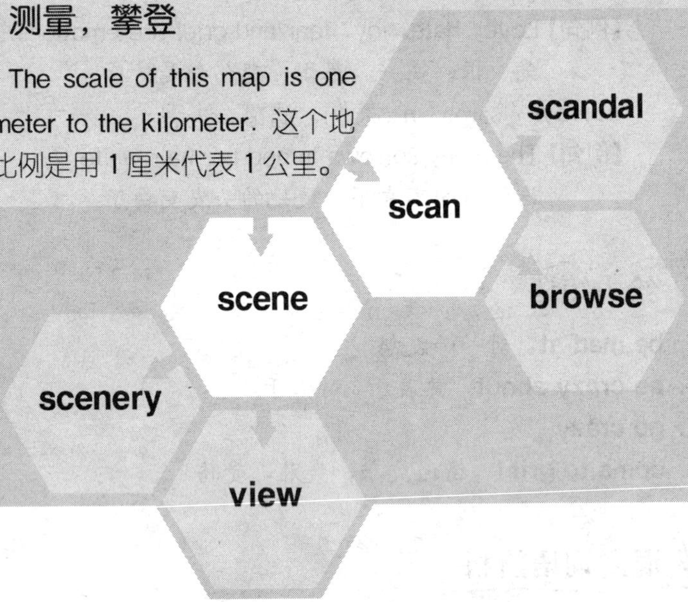

scandal
scan
browse
scene
scenery
view

scale *n*. 鳞，刻度，衡量，数值范围 *vt*. 测量，攀登

scan /skæn/ *vt*. 扫描，详细调查，浏览，扫描 *n*. 扫描

例句 He scanned the headlines of the evening paper.
他浏览晚报的大标题。

scandal /'skændl/ *n*. 丑闻

【例句】It is a scandal for officials to take bribes.
政府官员接受贿赂是可耻的事。

browse /brauz/ *v*. 浏览

【例句】I browsed through some magazines while I waited.
我边等边浏览几本杂志。

scene /siːn/ *n*. 场景，情景

例句 What a fantastic mountain scene! 多么迷人的山景！

scenery /ˈsiːnəri/ *n*. 风景

【例句】The mountain scenery is majestic. 这山景十分壮丽。

view /vjuː/ *n*. 视野，风景，见解，观察，观看，认为 *vt*. 看，考虑，认为

【例句】There's a fine view of the lake from our hotel window. 从我们旅馆的窗口可以看到湖的美丽风光面包。

给力短语

1. **on a larqe scale** 大规模地
2. **in scale** 成比例，相称
3. **out of scale** 不成比例，不相称

混淆词语辨析

view/ prospect/ scene 都含"所看到的东西"的意思。
view 属于常用词，指"能看到的或在视野之内的实物"；
prospect 指"广阔的视野"、"眺望"；
scene 指"展现在眼前的风景、景色、景象"。

单词大考验

Q：According to the American federal government, residents of Hawaii have the longest life ________: 77.2 years.

A. rank B. scale C. span D. scope

答案：C

（根据美联邦政府的统计，夏威夷居民的寿命最长，平均达77.2岁。）名词近义词辨析。A"官衔，地位"；B"大小，规模"；C"一定时间，跨度"，life span是固定搭配，意为"寿命"；D"范围"。

S

scatter /ˈskætə/ *v*. 散开，散布，散播 *n*. 分散，散播，撒播

例句 The farmer scattered the corn in the yard for the hens. 农民把谷子撒在院子里喂鸡。

scrape

scratch

disperse

shave

diffuse

spread

scatter *v*. 散开，散布，散播 *n*. 分散，散播，撒播

scratch /skrætʃ/ *n*. 抓痕，抓痕，刮擦声 *v*. 抓，搔，刮伤，去掉

例句 His arms were scratched by thorns.
他的手臂被荆棘划破了。

scrape /skreip/ *v*. 刮掉，擦掉 *n*. 刮，擦，擦伤

【例句】She scraped the rust off the kitchen knife.
她擦掉了菜刀上的锈。

shave /ʃeiv/ *n*. 刮胡子，刮面 *vt*. 剃，刮，修剪

【例句】He asked me to shave the lawn. 他叫我修剪草坪。

disperse /disˈpəːs/ *v*. 分散，传播，散开

例句 The police dispersed the crowd. 警察驱散了人群。

diffuse /di'fjuːz/ *v*. 散播，使扩散，弥漫

【例句】He resolved to diffuse the special knowledge that he possessed. 他决心要传播他所具有的特别的知识。

spread /spred/ *v*. 伸展，展开，散布 *n*. 传播，伸展

【例句】She was told not to spread this secret around.
她被告知不要把这个秘密传出去。

给力短语

1. **scratch out** 把……划掉
2. **scrape off** 擦掉，擦伤

混淆词语辨析

scatter/ disperse/ spread/ diffuse 均含“使分散、使散开”之意。

scatter 普通用词，指用暴力等手段使人或物向四处散开，或把物随意撒开；

disperse 多指把一群人或物等彻底驱散；

spread 指一直延伸、蔓延，侧重遍及；

diffuse 指光线、声音或气味等在空中传送或散布，强调覆盖面积与物质分布相对密度之间的关系。

单词大考验

Q：Harry was ________ by a bee when he was collecting the honey.

A. stung　　B. stuck　　C. bitten　　D. scratched

答案：A
（哈里采蜜时被蜜蜂蜇了一下。）stung 的原型为 sting “刺，蜇，叮”。其余三项的意思分别为 B “戳，刺死”；C “咬”；D “抓”。

S

scold /skəuld/ v. 责骂，训斥

例句 She is always scolding her children. 她老是斥责自己的子女。

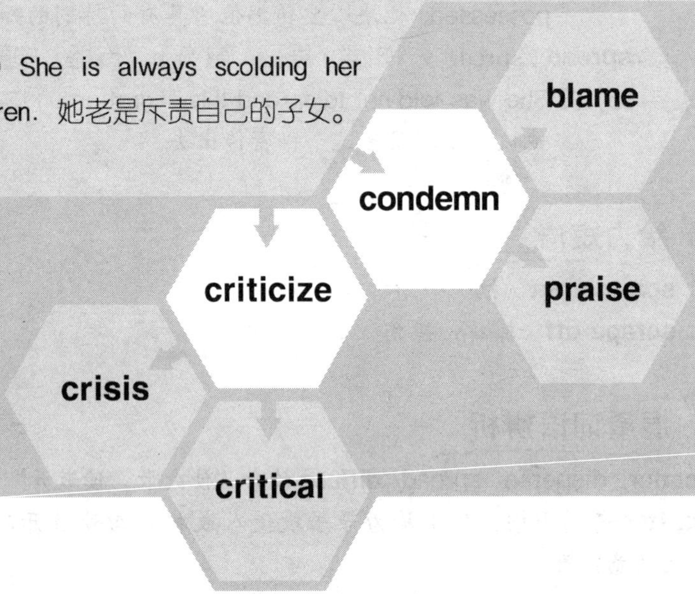

blame

condemn

criticize

praise

crisis

critical

scold v. 责骂，训斥

condemn /kən'dem/ vt. 谴责，判刑

例句 The judge condemned the thief to one year of hard labor. 法官判这个贼服一年苦役。

blame /bleim/ vt. 指责，责备 n. 过失，责备

【例句】He blamed you for the neglect of duty.
他责备你玩忽职守。

praise /preiz/ vt. 称赞，赞赏；赞美；颂扬 n. 称赞，赞扬，表扬，崇拜

【例句】The publishers praised his novel pretty highly.
出版商们对他的小说评价甚高。

criticize /'kritisaiz/ v. 批评，吹毛求疵

例句 She's always criticizing her children for being sloppy.

她总是指责她的孩子们做事马虎。

crisis /ˈraisis/ *n*. 危急关头，危机

【例句】The economic crisis lasted for several years.
经济危机持续了好几年。

critical /ˈkritikəl/ *a*. 批评的，决定性的，危险的，挑剔的

【例句】Your critical analysis helped me a great deal.
你的评论分析对我帮助很大。

给力短语

1. **blame sb. for sth.** 因某事责备某人
2. **blame sth. on sb.** 把某事怪到某人头上
3. **condemn sb. for sth.** 因某事面谴责某人
4. **condemn sb. to** 判决
5. **criticize sb. for doing sth.** 责备某人做某事

混淆词语辨析

blame/ condemn/ scold 均含有“责备”之意。

blame 普通用词，语气较弱，仅是一般的责难、归咎于，不含“用语言责骂”之意；

condemn 正式用词，表示谴责，有较强的司法意味，侧重从道义或原则上的谴责；

scold 普通用词，多指上级对下级、长辈对后辈或雇主对雇员的态度粗暴、言词激烈的数落。

单词大考验

Q：The soldier was ________ of running away when the enemy attacked.

A. scolded　　B. charged　　C. accused　　D. punished

答案：B

（这个士兵被指控在敌军进攻时临阵脱逃。）scold意为“斥责”，后常和for、at连用；charge 意为“指控，指责”，其用法为charge sb. with sth. be charged with sth.；accuse 意为“指控，控诉”等，其用法为be accused of doing punish 意为“惩罚”等。根据搭配我们可选C项。

S

scare /skɛə/ vt./n. 惊吓，惊恐，惊慌

例句 The dogs scared the children away. 那条狗把孩子们给吓跑了。

rarely

rare

scarce

seldom

shortage

scarcity

scare vt./n. 惊吓，惊恐，惊慌

rare /reə/ a. 稀有的，稀薄的 ad. 非常，极其

例句 The higher you climb up the mountain, the rarer the air is. 越往山上爬，空气越稀薄。

rarely /ˈreəli/ ad. 很少地，难得，罕有

【例句】She rarely visits her aunt in the holiday. 她难得在假期时去看望姨妈。

seldom /ˈseldəm/ ad. 很少，不常

【例句】She seldom showed her feelings. 她很少表露感情。

scarce /skeəs/ a. 缺乏的，不足的，稀有的 ad. 仅仅，几乎不

例句 Food and fuel were scarce in this region.

这个地区的食物和燃料都很缺乏

shortage /'ʃɔːtidʒ/ *n*. 不足，缺少

【例句】There is a shortage of salt in this country.

这个国家缺少盐。

scarcity /skeəsiti/ *n*. 缺乏，不足

【例句】The scarcity of fruit was caused by the drought.

水果缺乏是由干旱引起的。

给力短语

1. **make oneself scarce** 溜走，躲开
2. **shortage of** 缺少

混淆词语辨析

scarce/ **rare** 均含有“稀少的”之意。

scarce 表示暂时缺乏而表现得稀少罕见；

rare 表示长期缺乏而变得珍贵。

特别要注意的是：表示时间或频率的时候，用 **rare** 而不用 **scarce**

单词大考验

Q：If this kind of fish becomes ________, future generations may never taste it at all.

A. scarce　C. short　B. minimum　D. seldom

答案：A

（若这类鱼变得稀少，那么后人将无缘品尝它们了。）形容词近义词辨析。A（常作表语）“稀缺的，珍贵的”；B“最小的”；C“短的，不足的”；D（副词）“很少，不常”。

S

S

shallow /ˈʃæləu/ *a*. 浅的，浅薄的，肤浅的 *n*. [*pl*.] 浅滩，浇水处

例句 The boys splashed in the shallows of the pond. 男孩子们在池塘的浅水处嬉水。

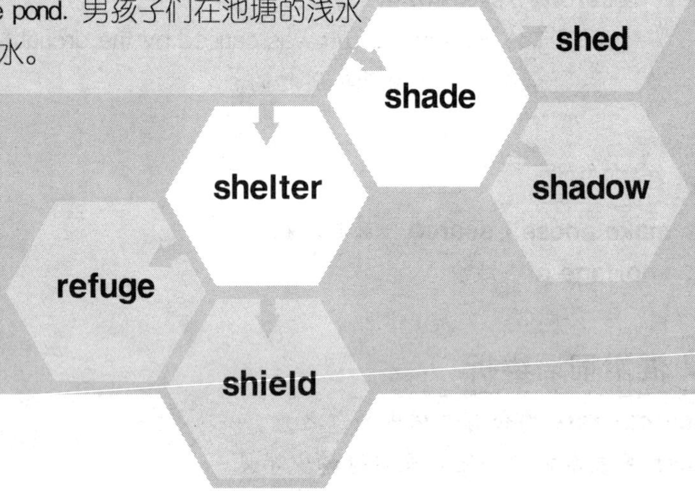

shed

shade

shelter

shadow

refuge

shield

shallow *a*. 浅的，浅薄的，肤浅的

— **shade** /ʃeid/ *n*. 荫凉处，黑暗，颜色深浅，遮光物 *vi*. 渐变 *vt*. 遮蔽，使阴暗，使渐变

例句 She shaded her eyes from the sun.

她遮着眼睛，以避开阳光。

shed /ʃed/ *n*. 车棚，小屋 *vt*. 流出，发散，散发，脱落

【例句】Some trees shed their leaves in cold weather.

有些树在寒冷的天气里落叶。

shadow /ˈʃædəu/ *n*. 阴影，影子 *v*. 遮蔽，变阴暗

【例句】A broad hat shadowed her face.

一顶宽边帽遮住了她的脸。

— **shelter** /ˈʃeltə/ *n*. 庇护所，避难所，遮蔽 *vt*. 掩蔽，庇

护 *vi*. 躲避，避难

例句 We took shelter from the storm in a barn.

我们在一个谷仓里躲避暴风雨。

refuge /ˈrefjuːdʒ/ *n*. 庇护，避难，避难所

【例句】In the storm we took refuge under a big tree.

在那次暴风雨中，我们躲在一棵大树下。

shield /ʃiːld/ *n*. 盾，防卫物 *vt*. 保护，庇护；掩盖，挡住

【例句】He lied to the court to shield his friend.

他对法庭说谎以包庇自己的朋友。

给力短语

1. **seek refuge from** 躲避
2. **under the shelter of** 在……的庇护下

混淆词语辨析

shade/ shadow 均有“荫，荫凉处”之意。

shade 指阳光被遮挡后出现的荫凉处，如树荫等，无一定的轮廓或边界；

shadow 常指光线被物体挡住所产生的阴影、影子，有明显的轮廓。

单词大考验

Q：Nancy is only a sort of ________ of her husband's opinion and has no ideas of her own.

A. sample B. reproduction C. shadow D. echo

答案：D

（南希只是一一呼应她丈夫的意见，并没有发表自己的观点。）A“样品，样本”；B“繁殖，复制”；C“阴影”；D“回音，呼应”。

S

S

shake /ʃeik/ *v*. 摇动，动摇 *n*. 摇动，震动

例句 Shake up the salad-dressing before you put it on. 把色拉调味汁摇匀后再洒在色拉上。

vibrate
quiver
swing
shiver
sway
swell

shake *v*. 摇动，动摇 *n*. 摇动，震动

quiver /ˈkwivə/ *n*. 震动，颤抖 *vt*. 颤抖，振动

例句 Can you feel a quiver of her hands?

你感觉到她的手在发抖吗？

vibrate /vaiˈbreit/ *vt*. 摇动，震动

【例句】The bridge vibrated when a heavy truck passed.

当重型卡车经过时，这座桥就会震动。

shiver /ˈʃivə/ *n*. 颤抖，碎片 *vt*. 颤动，碎裂

【例句】A sudden gust of cold wind made me shiver.

一股突然刮来的冷风吹得我打哆嗦。

swing /swiŋ/ *n*. 摇摆，摇动 *vt*. 摇摆，使……旋转，转向

例句 The value of the pound swung downwards.

英镑的价值突然下跌。

sway /swei/ *vt*. 使摇动，支配 *n*. 摇摆，影响力，支配

【例句】He felt the sway of the deck under his feet.

他感觉到脚下甲板的摇动。

swell /swel/ *v*. 增大，使……膨胀，扩大，隆起

【例句】A bee has stung her leg and the leg has swollen badly. 一只蜜蜂咬了她的腿，这条腿肿得很厉害。

给力短语

1. **shake hands with** 与……握手
2. **shake off** 抖掉，甩掉；摆脱

混淆词语辨析

shake/ tremble/ quiver/ shiver 都含“颤动”、“摇动”的意思。

shake 指“上下来回短促而急速地摇动”；

tremble 指“由于恐惧、悲愤、兴奋等情绪或因寒冷、疲劳等无意识地颤抖”；

quiver 指“轻微而急速地颤动、摇动”；

shiver 指“由于寒冷、恐惧或生病而发抖”。

单词大考验

Q：We believe people in the quake-devastated area can quickly ________ their negative experience and begin their new lives with the help of the whole nation.

A. shake off　　B. cut off　　C. put off　　D. break off

答案：A

（我们相信生活在地震毁坏地区的人们都能快速地摆脱掉消极的经历并会在整个国家的帮助下开始新的生活。）A“抖落，摆脱”；B“切断”；C“推迟”；D“折断”。

S

simple /ˈsimpl/ *a*. 简单的，简朴的，单纯的

例句 He is a simple and well liked man. 他是一个纯朴可爱的人。

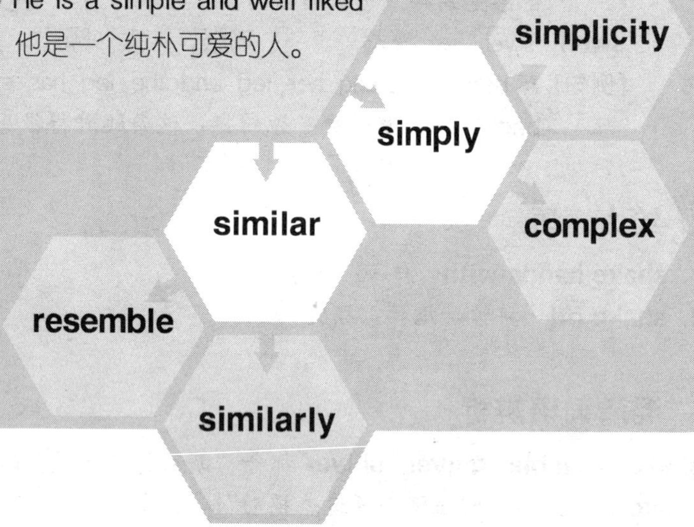

simplicity

simply

similar

complex

resemble

similarly

simple *a*. 简单的，简朴的，单纯的

simply /ˈsimpli/ *ad*. 简单地，完全，简直，仅仅

例句 My brother's English is simply terrible.

我兄弟的英语实在糟透了。

simplicity /simˈplisiti/ *n*. 单纯，简朴，简单

【例句】The advantage of the idea was its simplicity.

这个主意的优点是简单明了。

complex /ˈkɔmpleks/ *a*. 复杂的；合成的；综合的 *n*. 复合体

【例句】He had not a particularly complex mind.

他的头脑并不十分复杂。

similar /ˈsimilə/ *a*. 相似的，类似的，相同，一样

例句 My new dress is similar to the one you have.

我的新衣服和你的那件相似。

resemble /ri'zembl/ *vt*. 相似，类似，像

【例句】My brother resembles me in looks.

我弟弟和我长得很像。

similarly /'similəli/ *ad*. 相似地，类似地

【例句】His brother was similarly threatened.

我兄弟也遭到同样的威胁。

给力短语

1. **be similar to** 与……相似，类似于……
2. **be the same as** 与……一样

混淆词语辨析

similarity/ **resemblance**/ **analogy** 都含“相似，类似”之意。

similarity 指不同的人或事物在外表、特征、程度或性质等方面有某些相似之处；

resemblance 指外观或性质有相似之处；

analogy 指外表或实质均不相同的事物对比之下的类似之处。

单词大考验

Q：Our bodies are strengthened by taking exercises. ________, our minds are developed by learning.

A. likely　　B. Similarly　　C. Probably　　D. Generally

答案：B

（做运动能够强化我们的身体，同样地，我们的思想是通过学习而发展的。）A“很可能地，合适地”；B“同样地”；C“可能地”；D“通常，一般地”。

S

S

slip /slip/ *vt*. 使滑动，滑过，摆脱 *vi*. 滑动，滑倒，失足，减退 *n*. 滑倒，小过失

例句 She slipped away without being seen. 她悄悄地溜走，没有被人发现。

slide

slim

slice

slender

slit

split

slip *vt*. 使滑动，滑过，摆脱 *vi*. 滑动，滑倒，失足，减退 *n*. 滑倒，小过失

— **slim** /slim/ *a*. 苗条的，纤细的，不足取的，无价值的，细长的

例句 A rigid diet will make you slim.

严格节食会使你身材苗条。

slide /slaid/ *v*. 滑落，滑行 *vi*. 跌落 *n*. 滑行，滑落，幻灯片

【例句】Be careful not to slide into a bad habit.

当心不要不知不觉地就染上坏习惯。

slender /'slendə/ *a*. 细长的，苗条的

【例句】She's got a beautiful slender figure. 她身材优美苗条。

— **slice** /slais/ *n*. 薄的切片，部分 *vt*. 切下，把分成部分，

切成薄片

例句 She sliced the onion and put it in the beef stew.

她将洋葱切片并放入炖牛肉中。

slit /slit/ *n*. 裂缝，口子 *vt*. 切开，撕开

【例句】His shirt has slit at one side. 他的衬衫一边裂开了。

split /split/ *vt*. 使裂开，使破裂

【例句】We split the wood into long thin pieces.

我们把木头劈成长长的薄片。

给力短语

1. **slip away** 悄悄溜走
2. **slide away** 溜掉
3. **slide into** 不自觉地陷入（某种状态）

混淆词语辨析

slip/ slide 均可表示“滑动”之意。

slip 指不自觉地、偶然地滑动；

slide 通常多指与光滑表面保持接触并且迅速地连续滑动。

单词大考验

Q：The manager urged his staff not to ________ the splendid opportunity.

A. drop B. miss C. escape D. slide

答案：B

（经理督促全体职员不要错过这个美好的机会。）A “下降，降落”；B “错过”；C “逃避，避免”；D “滑动，滑落”。

S

slap /slæp/ *v*. 拍击，轻拍，击掌　*n*. 掌击声，拍打声，打击

例句 He slapped her across the face. 他打了她一记耳光。

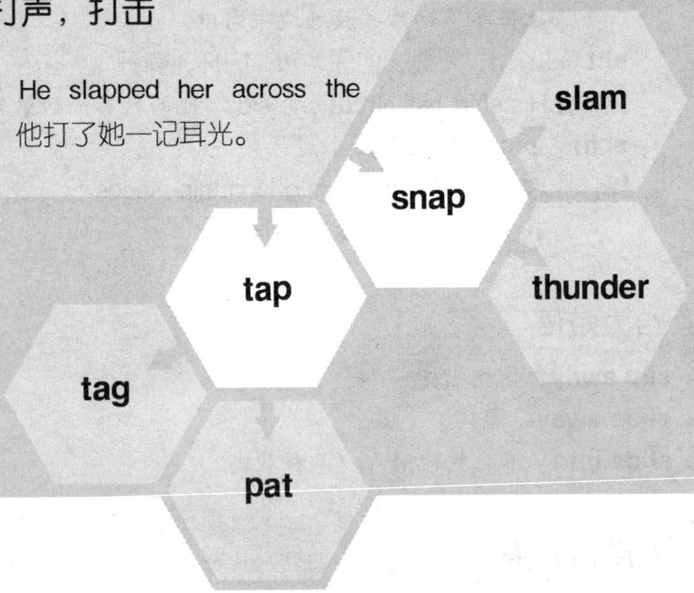

slam
snap
tap
thunder
tag
pat

slap *v*. 拍击，轻拍，击掌　*n*. 掌击声，拍打声，打击

snap /snæp/ *v*. **猛地咬住，突然折断，突然断裂，厉声的说**

例句 She snapped the door shut. 她啪地一声将门关上。

slam /slæm/ *v*. 砰地关上（门或窗）；猛力拉；猛力抨击 *n*. 砰的一声

【例句】The film was slammed by many reviewers.
这部电影受到许多评论者的猛烈抨击。

thunder /ˈθʌndə/ *n*. 雷声；擂鼓般的响声，轰隆声 *vi*. 打雷，轰隆响；大声喊

【例句】He bowed to the thunder of applause from the audience.
他鞠躬答谢观众席上发出的雷鸣般的掌声。

tap /tæp/ *v*. **轻打，轻敲**　*n*. **塞子；轻拍**

例句 She tapped him on the shoulder. 她轻轻拍了他的肩膀。

tag /tæg/ *n*. 标签，名称 *vt*. 尾随；加标签；附加

【例句】All his suitcases were tagged with his name and address. 他所有的手提箱都贴着有他名字和地址的标签。

pat /pæt/ *v*. 轻拍，拍，轻打 *n*. 轻拍

【例句】I gave the cute child a pat. 我轻轻拍了拍那个惹人喜爱的小孩。

给力短语

1. snap out of 迅速从……中摆脱出来

2. snap at 厉声斥责

混淆词语辨析

beat/ hit/ tap/pat 均可表示"拍打"之意。

beat 强调连续或反复地"打"，因此像心脏跳动、打鼓、打拍子等之类具有连续性或反复性的动作，一般要用 **beat**；

hit 指"打中"或"对准……来打"，表示有意或无意地打或撞等，往往含有重重一击或用力敲打等之意；

tap/pat 一般是"轻轻拍打"的意思。

单词大考验

Q：If tap water were as dangerous as some people think, ________ would be getting sick.

A. a lot of more us　　B. more a lot of us

C. a lot of us more　　D. a lot more of us

答案：D

（如果自来水像某些人想的那样危险，我们中的许多人都会得病了。）本题测试的是限定词的位置关系。用more来限定lot时，应置于lot之后，其他的说法都不符合习惯用法，故应选D项。

S

society /sə'saiəti/ *n*. 社会，社团，社交界

例句 She has joined the film society.
她加入了电影协会。

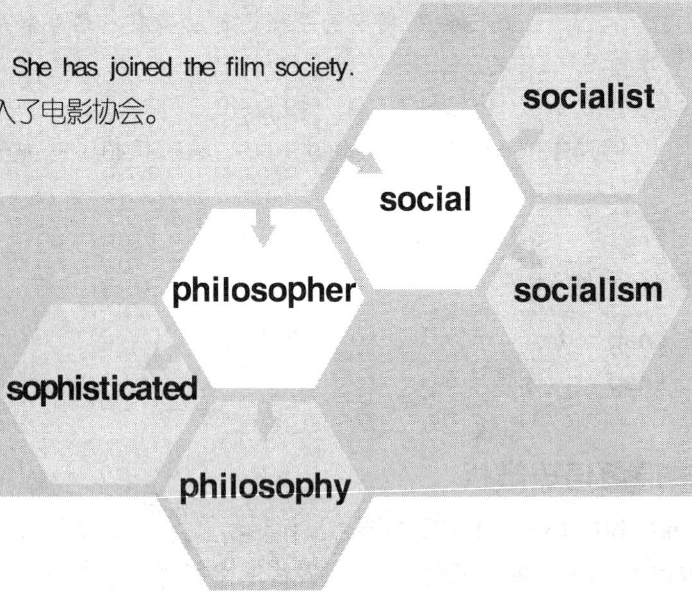

socialist

social

philosopher

socialism

sophisticated

philosophy

society *n*. 社会，社团，社交界

social /'səuʃəl/ *a*. 社会的，社交的

例句 Opinions on various social questions differ from person to person. 有关各种社会问题的意见因人而异。

socialist /'səuʃəlist/ *n*. 社会主义者

【例句】We take pride in the great achievements of our socialist construction.
我们为社会主义建设的伟大成就而自豪。

socialism /'səuʃəlizəm/ *n*. 社会主义

【例句】We work for the building of socialism.
我们为建设社会主义而工作。

philosopher /fi'lɔsəfə/ *n*. 哲学家

【例句】He represented himself as a philosopher.

他声称自己是哲学家。

sophisticated /sə'fistikeitid/ *a*. 老练的，老于世故的；精密的，高端的

【例句】She is a sophisticated woman.

她是一个老于世故的女人。

philosophy /fi'lɔsəfi/ *n*. 哲学，哲理

【例句】He majors in philosophy.

他主修哲学。

给力短语

1. **social welfare** 社会福利
2. **social security** 社会保险

单词大考验

Q：In a time of social reform, people's state of mind tends to keep ________ with the rapid changes of society.

A. step B. progress C. pace D. touch

答案：C

（在社会变革的时期，人们的思想状态趋向于和社会的迅速变化一起发展。）短语的辨析。keep pace with "跟……齐步前进，跟上……的发展"；keep step with "跟……步调一致"；keep in touch with "跟……保持联系"。

S

special /ˈspeʃəl/ *a*. 特别的，专门的 *n*. 特使，特刊，特色

例句 His special interest was archaeology and art history. 他对考古学和艺术史有特殊的兴趣。

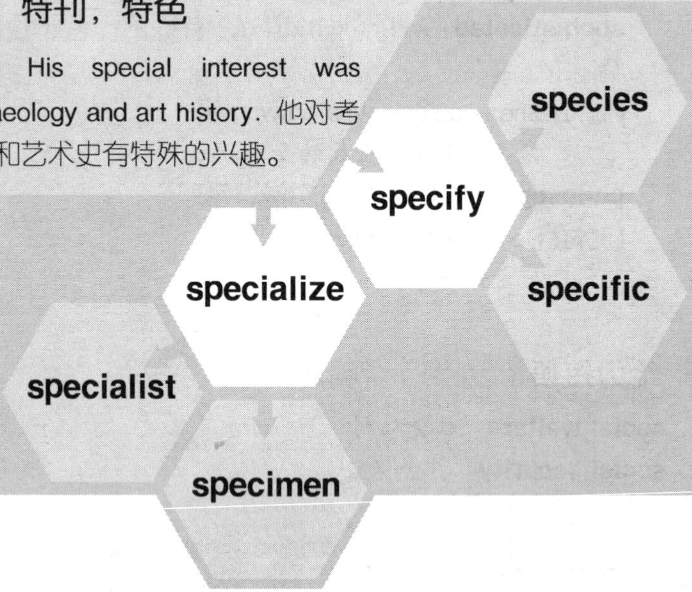

special *a*. 特别的，专门的 *n*. 特使，特刊，特色

— **specify** /ˈspesifai/ *v*. 明确说明，指定

例句 Please specify when you will be at home tomorrow.
请你具体说明一下你明天什么时候在家。

species /ˈspiːʃiz/ *n*. 物种，种类

【例句】There are many species of chrysanthemum.
菊花品种很多。

specific /spiˈsifik/ *a*. 明确的，具体的，特定的，特有的

【例句】He never had a specific aim in life.
他从未有过明确的人生目标。

— **specialize** /ˈspeʃəlaiz/ *vt*. 使特殊化，专门从事，专门研究

例句 That doctor specializes in women's illnesses.

那位医生专门研究妇科疾病。

specialist /ˈspeʃəlist/ *n*. 专家

【例句】You can request that he recommend you to another specialist. 你可以要求他为你推荐另一位专家。

specimen /ˈspesimin,-mən/ *n*. 样本，标本

【例句】His hobby is collecting butterfly specimens.
他的业余爱好是采集蝴蝶标本。

给力短语

many species of 许多关于……的种类

混淆词语辨析

special/ especial/ particular/ peculiar 这些形容词均含“特殊的，特别的”之意。

special 普通用词，指不同于一般、与众不同，着重事物的专门性，突出与一般不同；

especial 和 **special** 含义很接近，较正式，但侧重有特殊的意义或重要性；

particular 侧重不同于普遍性的个性或特殊性；

peculiar 常常用来表示“个体所独有而与同类其他事物相异”，可用来表示特有的兴趣，习惯，场合等。

单词大考验

Q：He was such a ________ speaker that he held our attention every minute of the three-hour lecture.

A. specific B. dynamic C. heroic D. diplomatic

答案：B
（他是一个很好的演讲人，他在三个多小时的讲座中时时刻刻都吸引着我们的注意力。）A“特殊的，特定的”；B“动态的”；C“英雄的”；D“外交的”。

S

S

spark /spɑːk/ *n*. 火花，火星；略微，一点点 *vi*. 发出火花

例句 We saw a spark of light through the trees. 我们透过树丛看到闪光。

twinkle

sparkle

flame

glitter

flare

flash

spark *n*. 火花，火星；略微，一点点 *vi*. 发出火花

sparkle /ˈspɑːkl/ *vi*. 闪耀，冒火花

例句 Her eyes sparkled with happiness.
她的双眼闪耀着幸福的光芒。

twinkle /ˈtwiŋkl/ *vi*. 闪烁，使闪耀 *n*. 闪烁

【例句】The diamond on her finger twinkled in the fire-light.
她手指上戴的钻石在火光下闪闪发亮。

glitter /ˈglitə/ *n*. 闪光；耀眼 *vi*. 闪闪发光，闪耀

【例句】The sky glittered with a myriad stars. 天空中繁星闪烁。

flame /fleim/ *n*. 火焰，热情 *v*. 燃烧，闪耀，发怒

例句 A flame of anger lighted in his heart.
他怒火中烧。

flare /flεə/ *n*. 闪光，闪耀　*v*. 闪耀，（女裙等）呈喇叭形张开，闪光，突然发怒

【例句】The breeze flared the candle.

微风吹得烛光闪动。

flash /flæʃ/ *n*. 闪光，一瞬间　*v*. 发出闪光，闪耀，闪现，短暂地显示或出示

【例句】She liked flashing her diamond necklace.

她喜欢炫耀自己的钻石项链。

给力短语

spark off　触发，引起

混淆词语辨析

flash/ glitter/ sparkle/ twinkle 都有“闪光，闪烁，闪亮”之意。

flash 指突然发出随即消失的闪光，如闪电的光；

glitter 指连续发出的闪烁不定的光，有时含贬义；

sparkle 指发出闪动的光或火星；

twinkle 指断断续续或摇晃不定的灿烂闪光。

单词大考验

Q：The leader of the expedition ________ everyone to follow his example.

A. promoted　B. reinforced　C. sparked　D. inspired

答案：D

（探险队的负责人激励了每个人以他为榜样。）A“促使，上升”；B“加强”；C“点燃”；D“鼓励”。

S

speculate /ˈspekjuˌleit/ *v*. 推测，推断，投机

例句 He did not speculate on who would come to his birthday party. 他没有猜测谁会参加他的生日聚会。

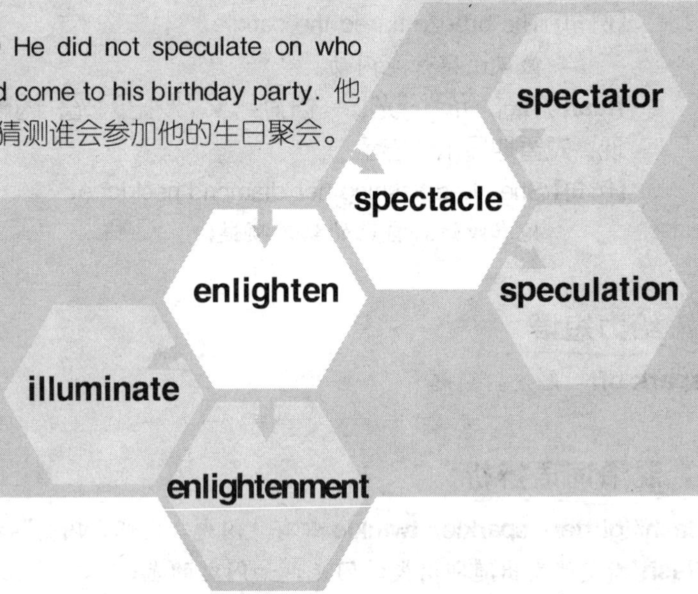

spectator

spectacle

speculation

enlighten

illuminate

enlightenment

speculate *v*. 推测，推断，投机

spectacle /ˈspektəkl/ *n*. 壮观的事物或景象

例句 The spectacle greatly excited us at the time.
当时那场面令我们十分激动。

spectator /spekˈteitəː/ *n*. 参观者，观众

【例句】Many spectators watched the baseball game.
许多观众都观看了棒球比赛。

speculation /ˈspekjuˌleitʃən/ *n*. 思考，推测，投机

【例句】He made his money in property speculation.
他靠房地产投机发了财。

enlighten /inˈlaitn/ *vt*. 启发，开导；启蒙

例句 Would you enlighten me on your plans for the future?

请给我解释一下你将来的计划好吗？

illuminate /iˈljuːmineit/ *vt*. 照明，照亮；阐明

【例句】Footnotes illuminated the difficult passages of the text. 脚注阐明了文中难解的段落。

enlightenment /inˈlaitənmənt/ *n*. 教化，启蒙运动

【例句】The following is my review of these cases by enlightenment.

以下就是我通过回顾这些案例得到的启发。

给力短语

speculate on/upon 思考；推测

混淆词语辨析

think/ deliberate/ reflect/ speculate 均有"思考、判断、思索"之意。

think 一般用词，指开动脑筋形成看法或得出结论的脑力活动，不着重结论是否正确，见解是否有用；

deliberate 指缓慢、按部就班地作仔细而认真的思考或判断；

reflect 指回想或回顾，侧重认真而冷静地反复地思考某个问题，尤指对已发生事情的思索；

speculate 指推论过程，隐含在证据不足的基础上作出推测或设想。

单词大考验

Q：It is difficult to ________ of a plan to end poverty.

A. speculate　　B. ponder　　C. conceive　　D. reckon

答案：C

（构思一个结束贫困的计划是很难的。）A "推测，设想"；B "考虑，沉思"；C "构思"；D "估计，测算"。

S

S

stable /ˈsteibl/ *a*. 稳定的，坚定的 *n*. 马厩，牛棚

例句 A stable government is essential to economic growth. 稳定的政府对经济增长是重要的。

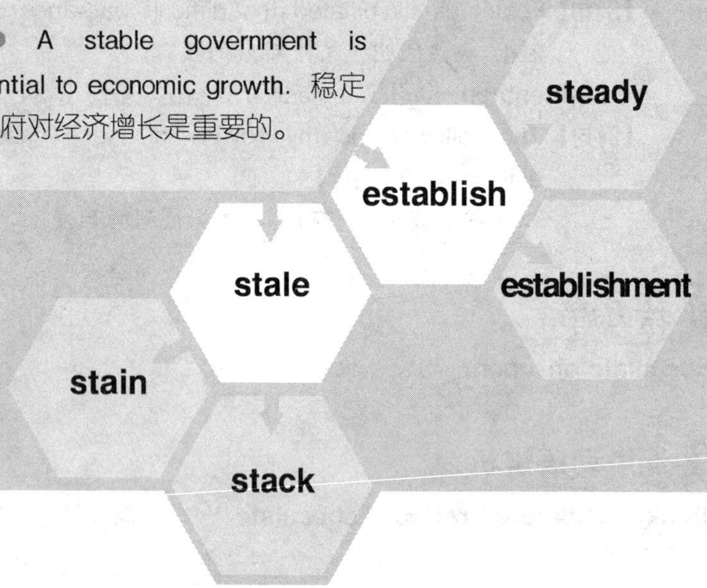

steady

establish

stale

establishment

stain

stack

stable *a*. 稳定的，坚定的 *n*. 马厩，牛棚

establish /isˈtæbliʃ/ *vt*. 建立；企业，机构

例句 We have established diplomatic relations with many countries. 我们已和许多国家建立了外交关系。

steady /ˈstedi/ *a*. 稳定的，稳固的

【例句】He is a steady young man.
他是一个稳重的年轻人。

establishment /isˈtæbliʃmənt/ *n*. 确立，制定，设施

【例句】The hotel is a well-run establishment.
这旅店是一家经营完善的企业。

stale /steil/ *a*. 不新鲜的，陈腐的，过时的

例句 She's get stale in her job and look for a change.

她厌倦了她的工作，正寻求改变。

stain /stein/ *n*. 瑕疵，污点 *v*. 使染色，褪色，玷污

【例句】The coffee stained his shirt brown.

咖啡把他的衬衫染上了棕色。

stack /stæk/ *n*. 堆，垛 *vt*. 堆积，堆放于

【例句】There's a whole stack of bills waiting to be paid.

有一大堆账要付呢。

给力短语

a stack of 一堆……

混淆词语辨析

stack/ pile/ heap 都有“堆起来”之意。

stack 指将同种类并且同样大小的东西整齐地堆在一起；

pile 指把同种类的东西比较整齐地堆起来；

heap 指按不同种类杂乱地堆放。

单词大考验

Q：In order to make things convenient for the people，the department is planning to set up some ________ shops in the residential area.

A. flowing B. drifting C. mobile D. unstable

答案：C

（为了方便人们的生活，该部门计划在居民区设立一些移动商店。）A “流动的”；B “飘动的”；C “机动的，易变的”；D “不稳定的”。

S

S

spray /sprei/ *v*. 喷 *n*. 浪花，飞沫；喷雾

例句 Water sprayed out all over me.
水喷出来浇了我一身。

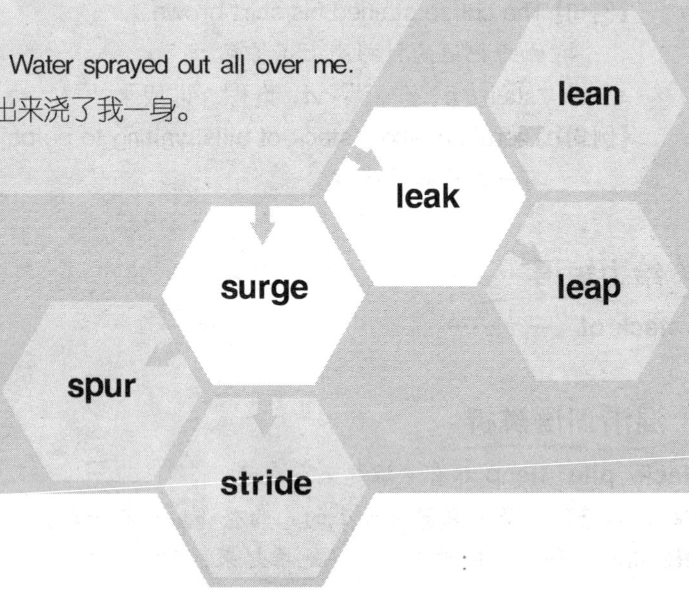

lean

leak

surge

leap

spur

stride

spray *v*. 喷 *n*. 浪花，飞沫；喷雾

— **leak** /liːk/ *n*. 漏洞，泄露 *vt*. 使泄露

例句 He leaked the news of the ambassador's visit.
他把大使来访的消息泄露出去了。

lean /liːn/ *vt*. 倚靠，倾斜，依赖 *a*. 瘦的，无脂肪的

【例句】She leaned against my shoulder. 她靠着我的肩膀。

leap /liːp/ *n*. 跳跃 *vi*. 跳跃 *vt*. 跳过，跃过

【例句】He took a leap over an obstacle. 他跃过障碍物。

— **surge** /səːdʒ/ *vi*. （人群等）蜂拥而至；（感情等）洋溢；（波涛等）汹涌 *n*. 大浪，波涛；（感情等）高涨；波涛汹涌

例句 The sea was rolling in immense surges.
大海上浪涛汹涌。

spur /spəː/ *vt*. 刺激，激励 *n*. 马刺；刺激，鞭策

【例句】This success will only serve to spur her on.

这个成绩只会鼓舞她继续前进。

stride /straid/ *n*. 大步，阔步 *v*. 大踏步走，跨过

【例句】The child could not keep up with his father's strides.
那个孩子跟不上他父亲的步子。

给力短语

1. **leak out** （水）漏出；（消息等）泄露出去
2. **lean against** 靠在……上
3. **by/in leaps and bounds** 极其迅速地
4. **take in stride** 轻而易举地应付
5. **on the spur of the moment** 一时冲动之下

混淆词语辨析

lean/ slender/ slim/ thin 均有“瘦的”之意。

lean 侧重缺少脂肪。既可能是因病而瘦，也可能因饥饿而消瘦。也指身体消瘦，但肌肉结实、身体健康；

slender 指身体细长、体态优美、苗条适中，多用于指女性；

slim 指身体细长、体重轻，不着重外形的优美，可用于不同的性别，常用于减轻体重的人；

thin 指身材又瘦又小。

单词大考验

Q：It seems oil ________ from this pipe for some time. We'll have to take the machine apart to put it right.

A. had leaked　　B. is leaking

C. leaked　　D. has been leaking

答案：D

（看起来这管子漏油已有一段时间了，我们必须把机器拆开修理一下。）语法测试题。完成进行时，因该句中有时间状语 for some time，故与之搭配须用完成进行时态，表示动作从过去某时开始一直延续到现在，并且有可能还要一直延续下去。

S

state /steit/ *n*. 州，国家，情形 *vt*. 陈述，声明，规定

例句 This company is run by the state. 这个公司是个国有企业。

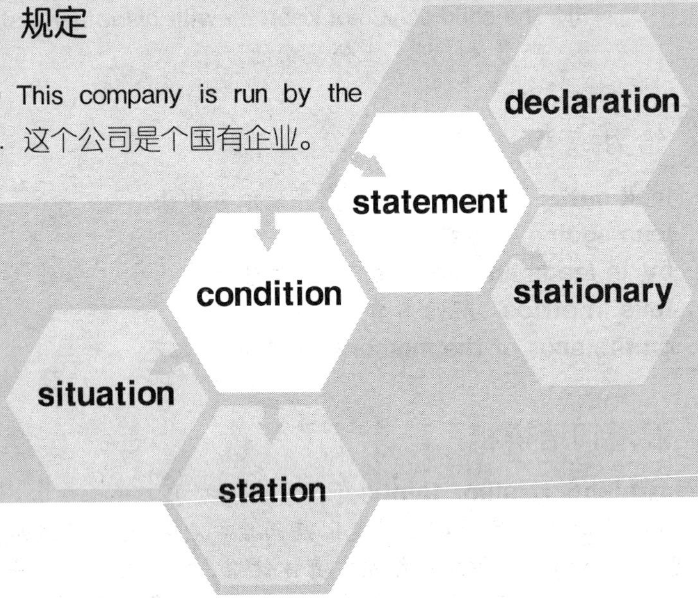

state *n*. 州，国家，情形 *vt*. 陈述，声明，规定

statement /ˈsteitmənt/ *n*. 声明，陈述

例句 The government issued a statement urging the public to cooperate in this inquiry. 政府发表声明要公众对这项调查给予合作。

declaration /ˌdekləˈreiʃən/ *n*. 宣布，宣言

【例句】We read the declaration posted on the bulletin board. 我们读了贴在布告板上的声明。

stationary /ˈsteiʃ(ə)nəri/ *a*. 固定的，不动的

【例句】Wait until the bus is stationary before you get off. 你要等公共汽车停稳了再下车。

condition /kənˈdiʃən/ *n*. 状况，条件，环境 *v*. 使适应，

限制，约束

【例句】My expenditure is conditioned by my income.

我的支出取决于我的收入。

situation /ˌsitjuˈeiʃən/ *n*. 位置，形势，局面，处境，职位

【例句】The house has a beautiful situation on a hill.

房子坐落在小山上，环境优美。

station /ˈsteiʃən/ *n*. 车站，（警察）局，位置

【例句】The railway station is some distance from the village.

火车站离这个村庄相当远。

给力短语

state of mind 心境，心情；思想（精神）状态

混淆词语辨析

state/ condition/ situation 都含“情况”的意思。

state 属于常用词，指“人或物存在或所处的状态”，但不着重强调“这种状态和具体原因或条件的关系”；

condition 指“由于一定的原因、条件或环境所产生的特定情况”；

situation 指“多种具体情况造成的综合状态”，主要强调“这种状态的影响或和处于该状态的事物的关系”。

单词大考验

Q：We can accept your order ________ payment is made in advance.

A. in the belief that

B. in order that

C. on the excuse that

D. on condition that

答案：D

（我们可以在您预先付款的情况下接受您的订单。）A“相信”；B“为了，以便”；D“如果，在……条件下”。

S

strap /stræp/ *vt*. 用皮带捆扎或抽打 *n*. 带，皮带，鞭打

例句 The two pieces of luggage were strapped together. 那两件行李捆扎在一起。

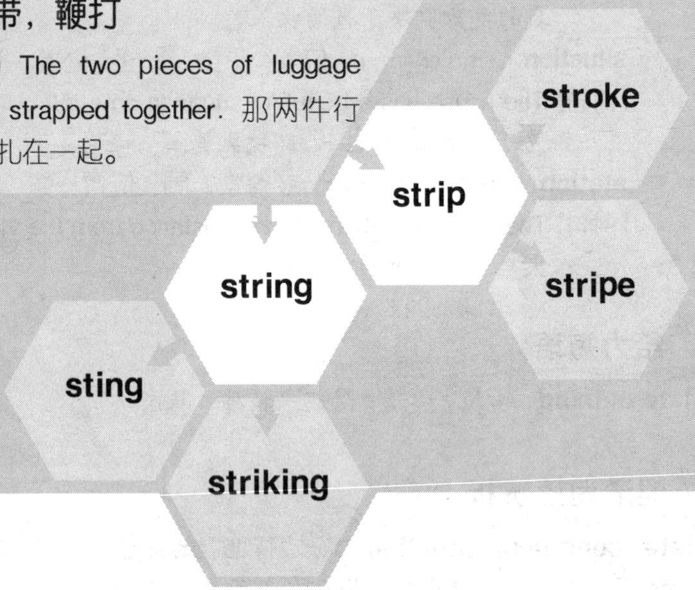

stroke

strip

string

stripe

sting

striking

strap *vt*. 用皮带捆扎或抽打 *n*. 带，皮带，鞭打

strip /strip/ *vi*. 脱光衣服 *vt*. 脱去，剥去 *n*. 带子，条状

例句 She stripped the children and put them in the bath.
她脱光孩子们的衣服并把他们放进浴缸。

stroke /strəuk/ *n*. 笔划；一击；钟的敲声；（游泳的）游法；划船划法 *vt*. 轻抚，抚摩

【例句】He broke the lock with one stroke of the hammer.
他一锤就把锁砸坏了。

stripe /straip/ *n*. （与底色不同的）条纹

【例句】Each white petal had a stripe of red.
每一片白色的花瓣上都有一条红色的条纹。

string /striŋ/ *n*. 线，细绳；一串，一行 *vt*. 用线扎，挂，串

起；使排成一行；伸展，拉直 *vi*. 连成一串，排成一行前进

例句 The youngsters set off string after string of firecrackers to mark Spring Festival.
孩子们放了一串又一串的鞭炮，以欢庆春节。

sting /stiŋ/ *v*. /n. 刺，蛰；刺痛；激怒

【例句】Does a bee die when it loses its sting?
蜜蜂失去蛰针会死吗？

striking /ˈstraikiŋ/ *a*. 引人注目的，显著的

【例句】There is a striking difference between Jane and Mary. 简和玛丽之间有显著的差异。

给力短语

1. **string out** 使成行地展开
2. **string with** 跟随

混淆词语辨析

string/ rope/ line/ wire 均含"线"之意。

string 普通用词，指捆绑小件物品的细绳或细带子；

rope 指用于捆绑大物件的粗壮而坚固的绳子，一般用棉、毛、麻、金属或其他材料制成；

line 普通用词，含义广泛，指任何一种线，常作引申用；

wire 专指用金属制成的线。

单词大考验

Q：Because Edgar was convinced of the accuracy of this fact, he ________ his opinion.

A. struck at　　B. strove for　　C. stuck to　　D. stood for

答案：C
（因为爱德加坚信这一事实的准确性，所以他坚持自己的观点。）词义辨析题。strike at 表示"敲击，打击"等；strive for 表示"努力去做……"；stick to 意为"坚持"等；stand for 意为"代表"等。

S

staff /stɑːf/ *n*. 全体工作人员；参谋 *vt*. 为……配备人员

例句 The school's teaching staff is excellent. 该校的教师队伍是优秀的。

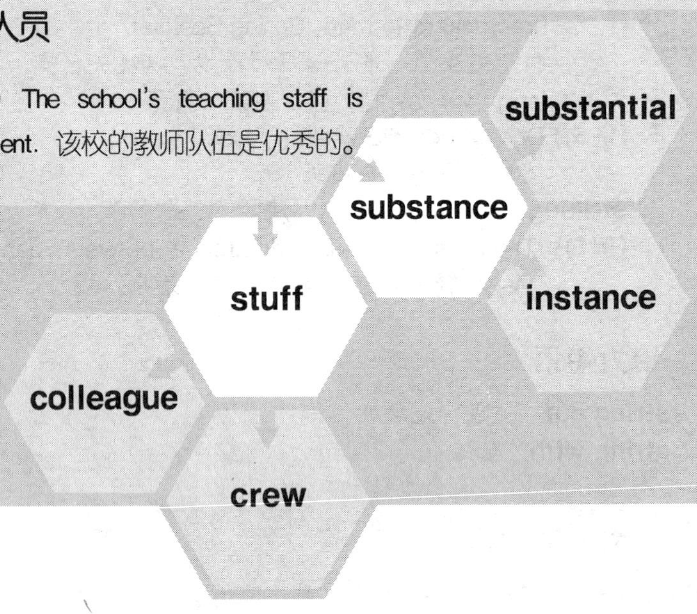

substantial
substance
stuff
instance
colleague
crew

staff *n*. 全体工作人员；参谋 *vt*. 为……配备人员

substance /ˈsʌbstəns/ *n*. 物质，实质，基本内容，本体

例句 Soil consists of various chemical substances.

土壤由各种化学物质组成。

substantial /səbˈstænʃəl/ *a*. 大量的，实质上的，坚固的

【例句】The country bought a substantial number of weapons.

这个国家购买了大量武器。

instance /ˈinstəns/ *n*. 例子，情况，场合 *v*. 举例说明

【例句】I won't give in in any instance.

在任何情况下我都不会妥协。

stuff /stʌf/ *n*. 材料，东西 *vt*. 填满，塞满

例句 She stuffed her clothes in the wardrobe.

她把衣服塞进衣橱。

colleague /ˈkɔliːg/ *n*. 同事

【例句】He is a colleague of mine. 他是我的同事。

crew /kruː/ *n*. 队，组；全体人员

【例句】They are the stage crews for the new play.

他们是这台新戏的舞台工作人员。

给力短语

1. **for instance** 例如
2. **in the first instance** 首先，起初

混淆词语辨析

staff/ personnel/ crew 均含“工作人员”之意。

staff 主要是指商务、教育、机关等的工作人员；

personnel 指军职或公职人员；

crew 特指飞机、轮船、列车等交通工具上的全体工作人员。

单词大考验

Q：Vitamins are complex ________ that the body requires in very small amounts.

A. matters B. materials

C. particles D. substances

答案：D

（维生素是的复杂物质身体需要极少量即可。）A“事件”；B“材料”；D“微粒”；D“物质”。

S

suffer /ˈsʌfə/ *vt*. 遭受，忍受，容忍 *vi*. 使痛苦

例句 He suffered from poverty all his life. 他一生受贫穷之苦。

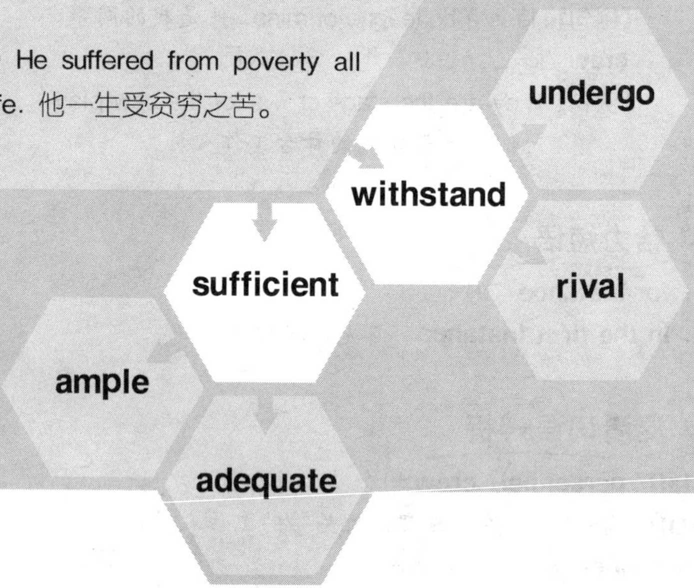

undergo

withstand

sufficient

rival

ample

adequate

suffer *vt*. 遭受，忍受，容忍 *vi*. 使痛苦

— **withstand** /wiðˈstænd/ *vt*. 抵抗，对抗，经得起

例句 The bridge withstands the flood. 那座桥经得起洪水。

undergo /ˌʌndəˈgəu/ *vt*. 遭受，经历，忍受

【例句】The explorers had to undergo much suffering.
探险者不得不忍受很多困苦。

rival /ˈraivəl/ *n*. 竞争者，对手 *v*. 竞争，对抗，相匹敌

【例句】The sunset rivalled the sunrise in beauty.
日落与日出的景色一样美。

— **sufficient** /səˈfiʃənt/ *a*. 足够的，充分的

例句 We have gained sufficient experience to tackle this problem. 我们已经有了足够的经验来处理这个问题。

ample /ˈæmpl/ *a*. 充足的，丰富的，足够的；宽敞的

【例句】We have ample food for the party.

对于聚会我们有足够的食物。

adequate /ˈædikwit/ *a*. 足够的，充足的，适当的，能胜任的

【例句】There was adequate rain and snow last winter.

去年冬天雨雪充足。

给力短语

1. **be adequate for sth.** 足够，适量
2. **be adequate to sth.** 胜任……的

混淆词语辨析

enough/ sufficient/ adequate 都含“充分的”、“足够的”的意思。

enough 常可与 **sufficient** 互换，它除表示“足以满足需要的”外，还含有“数量很多使人感到心满意足的”的意思；

sufficient 用于正式文体中，指“分量或数量足以满足需要的”；

adequate 指“足够符合特定（有时可指最低）的资格、分量、才能等”，着重指“符合一个客观要求或标准的”。

单词大考验

Q：The European Union countries were once worried that they would not have ________ supplies of petroleum.

A. proficient B. efficient C. potential D. sufficient

答案：D

（欧盟国家曾经担心他们不会有足够的石油供应。）A “熟练的，精通的”；B “有功效的，有能力的”；C “有潜力的”；D “足够的，充分的”。

S

sum /sʌm/ *n.* 总数，总和 *v.* 合计，总结，归纳

例句 Contributions summed into several thousand dollars. 捐款总数达数千美元。

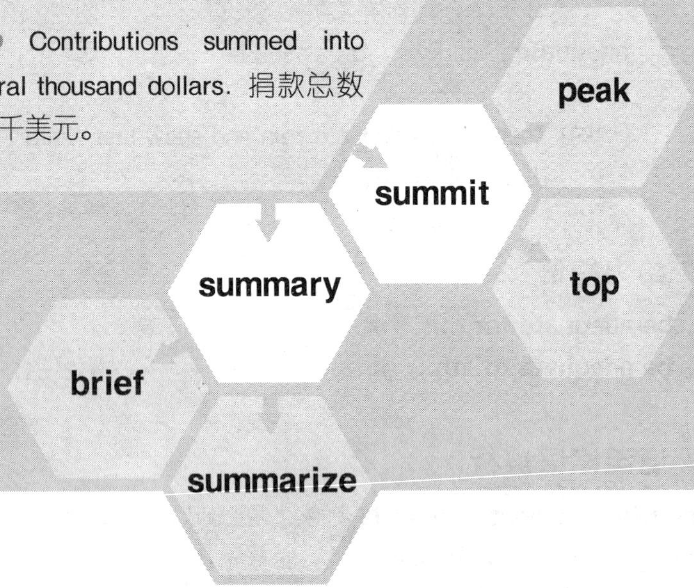

peak
summit
summary
top
brief
summarize

sum *n.* 总数，总和 *v.* 合计，总结，归纳

summit /ˈsʌmit/ *n.* 顶点，最高点；峰会

例句 A Western European summit was held in Bonn.
在波恩举行了西欧各国首脑会议。

peak /piːk/ *n.* 山顶；尖端；最高点，高峰 *vi.* 达到高峰（最大值）

【例句】Traffic reaches a peak between 8 and 9 in the morning.
早晨八九点钟是交通的高峰。

top /tɔp/ *n.* 顶部，上部，首位，最高位 *a.* 最上面的，最主要的

【例句】They agreed to give the matter top priority.
他们同意优先考虑这件事。

summary /ˈsʌməri/ *n.* 摘要，概要 *a.* 简明的，简略的

例句 He made a summary of what had been done.
他总结了所做的事情。

brief /briːf/ *n*. 摘要，大纲 *a*. 简短的，短暂的

【例句】She had time to give a brief report.
她有时间做一个简短的报告。

summarize /ˈsʌməraiz/ *vt*. 总结，概括

【例句】He summarized the book in ten pages.
他用 10 页篇幅概述了这本书。

给力短语

1. **in brief** 简言之，以简洁的形式
2. **sum up** 总计；概括；总结
3. **on top** 处于优势
4. **on top of** 除……之外

混淆词语辨析

summit/ climax/ peak/ top 均含“顶点”之意。

summit 书面用词，指山的最顶峰部分，也指通过努力可以达到的最高水平，还指最重要的、国家间的首脑最高级会谈；

climax 指戏剧等的高潮，也指事物发展中的极点，因此多含其后由盛而衰的意味；

peak 指山峰的全部或上部；

top 普通用词，可指包括人或物或其他任何的最高点或顶点。

单词大考验

Q：Mr. Lee's new book is about his ________ of the daily life of tribal people in East Africa.

A. summaries　　B. observations

C. assurances　　D. brief

答案：B
（李先生的新书是关于他对东非部落族人每天生活的观察。）
A “摘要”；B “观察”；C “保证，信心”；D “简要”。

S

S

super /ˈsjuːpə/ *a*. 超级的，极好的

例句 You look super in your new clothes. 你穿着这套新衣服漂亮极了。

glorious
superb
splendid
superior
inferior
supreme

super *a*. 超级的，极好的

superb /sjuːˈpəːb/ *a*. 极好的；卓越的；华丽的

例句 The actor gave a superb performance.
这位演员表演极佳。

glorious /ˈglɔːriəs/ *a*. 光荣的，辉煌的，令人愉快的

【例句】We had a glorious time at the seaside.
我们在海边度过了愉快的时光。

splendid /ˈsplendid/ *a*. 壮丽的；显著的

【例句】The splendid hall dazzled the young man.
富丽堂皇的大厅使那年轻人眼花缭乱。

superior /sjuːˈpiəriə/ *a*. （级别、地位）较高的；品质较好的；上等的；高傲的　*n*. 上级，长官；优胜者，较好的人或者事

【例句】This western restaurant is superior to the one we went to yesterday. 这家西餐厅比我们昨天去的那家好。

inferior /inˈfiəriə/ *a*. 次等的，较低的 n. 部下，属下

【例句】A good leader should get on well with inferiors.
一个好的领导应当与部下相处融洽。

supreme /sjuːˈpriːm/ *a*. 最高的，至上的；最重要的

【例句】It was the supreme moment in his life.
那是他一生中最重要的时刻。

给力短语

1. **be superior to** 胜过，比……好
2. **be inferior to** 在……之下；次于

混淆词语辨析

splendid/ gorgeous/ glorious/ superb/ magnificent 均含“华丽的，宏传的，辉煌的”之意。

splendid 侧重指给观察者留下壮丽辉煌或灿烂夺目的印象；

gorgeous 指色彩的富丽和豪华，有时含炫耀和卖弄意味；

glorious 指光芒四射的绚丽，也指值得称颂、赞美或扬名的壮丽辉煌；

superb 指壮丽辉煌、宏伟等的极点；

magnificent 侧重指建筑物、宝石等的华丽堂皇。

单词大考验

Q：All the arrangements should be completed ________ your departure.

A. prior to　　B. superior to

C. contrary to　　D. parallel to

答案：A（在你离开之前，所有的准备工作都必须完成。）A“在……之前”；B“优于”；C“相反”；D“与……平行”。

S

S

surrender /sə'rendə/ *v*. 投降，放弃，屈服

例句 He voluntarily surrendered himself to the police. 他自愿向警察自首。

surround

surrounding

triumph

environment

victory

trumpet

surrender *v*. 投降，放弃，屈服

surrounding /sə'raundiŋ/ *n*. 周围的事物，环境

例句 He didn't pay much attention to his surroundings.
他没有多注意他周围的环境。

surround /sə'raund/ *vt*. 包围，环绕

【例句】The original builders surrounded the city by a wall.
最初的建设者们在该城的周围修起了城墙。

environment /in'vaiərənmənt/ *n*. 环境，外界

【例句】It's our duty to protect environment.
保护环境是我们的责任。

triumph /'traiəmf/ *n*. 凯旋，成功；巨大的成就 *vt*. 获胜；克服

【例句】The victorious army returned in triumph.

获胜的部队凯旋而归。

victory /ˈviktəri/ *n*. 胜利，成功

【例句】At last they experienced the joy of victory.

最终他们尝到了胜利的欢乐。

trumpet /ˈtrʌmpit/ *n*. 喇叭，喇叭声

【例句】She played a tune on her trumpet.

她用小号吹了一支乐曲。

给力短语

1. **be surrounded with /by** 被……环绕着，周围都是……
2. **triumph over** 战胜，击败

混淆词语辨析

surroundings/ environment 均含“环境”之意。

surroundings 指人所在的周围地区或事物；

environment 侧重指对人的感情、品德思想等产生影响的环境。

单词大考验

Q：Once environmental damage ________, it takes many years for the system to recover.

A. has done B. is to do C. does D. is done

答案：D

（生态环境一旦被破坏，其系统要多年才能恢复。）根据本句句意，我们可知本句陈述的是一般真理，故应用一般现在时，从结构来看，主语为物，谓语应用被动结构，故我们选D项。

S

S

sympathy /ˈsimpəθi/ *n*. 同情，慰问

例句 I have much sympathy for you.
我很同情你。

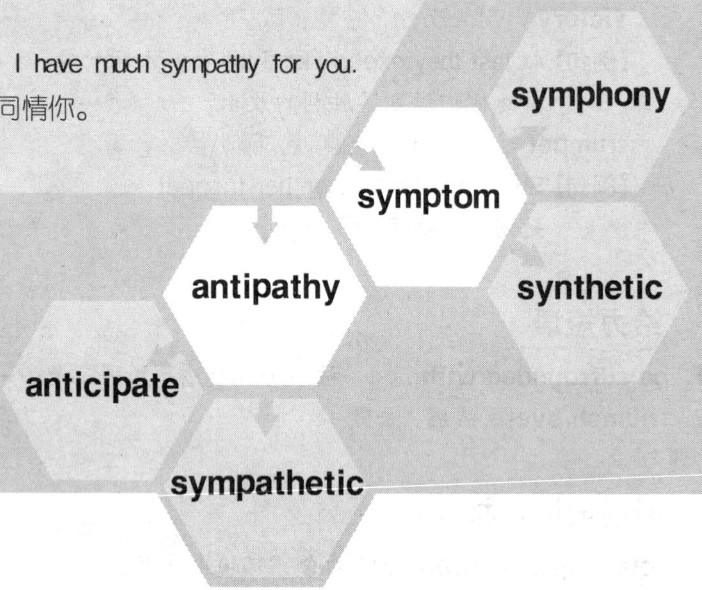

symphony
symptom
antipathy
synthetic
anticipate
sympathetic

sympathy *n*. 同情，慰问

symptom /ˈsimptəm/ *n*. 症状，征候，征兆

例句 The doctor told her to watch out for symptoms of measles. 医生叫她注意麻疹出现的症状。

symphony /ˈsimfəni/ *n*. 交响乐，交响乐团

【例句】They play over the whole symphony.
他们把整个交响乐重新演奏了一遍。

synthetic /sinˈθetic/ *a*. 合成的，人造的　*n*. 合成物

【例句】Nylon is a synthetic; it is not from nature.
尼龙是一种合成纤维，不是天然物质。

antipathy /ænˈtipəθi/ *n*. 憎恶，反感

例句 I feel an antipathy against their behaviour.

我对他们的行为很反感。

anticipate /æn'tisipeit/ *vt*. 预期，期待；抢……之先

【例句】I anticipate deriving much instruction from the lecture.

我期望从这演讲中获得很多教益。

sympathetic /ˌsimpə'θetik/ *a*. 同情的；赞同的，支持的

【例句】They were quite sympathetic to our proposals.

他们很赞同我们的建议。

给力短语

be /feel sympathetic to/towards... 对……表示同情；持赞同态度

混淆词语辨析

pity/ mercy/ sympathy/ compassion 均有"同情、怜悯"之意。

pity 指对弱者、不幸者所表示的怜惜之情；

mercy 侧重指对应受惩罚或地位卑下者的慈悲或怜悯；

sympathy 普通常用词，含义广。指志趣、看法上的一致，也指感情相投、带有深深的恻隐之心的亲切之情；

compassion 较正式较庄重用词，指对同等人的同情与理解，常含急切愿意帮忙的意味。

S

单词大考验

Q：Many people like white color as it is a ________ of purity.

A. symbol　B. sign　C. signal　D. symptom

答案：A

（很多人喜欢白色，因为它是纯洁的象征。）A"象征，符号"；B"迹象，符号"；C"信号"；D"症状"。

T

technical /ˈteknikəl/ *a*. 工艺的，技术的

例句 He advised us on technical matters. 在技术问题上，他给我们提供了咨询。

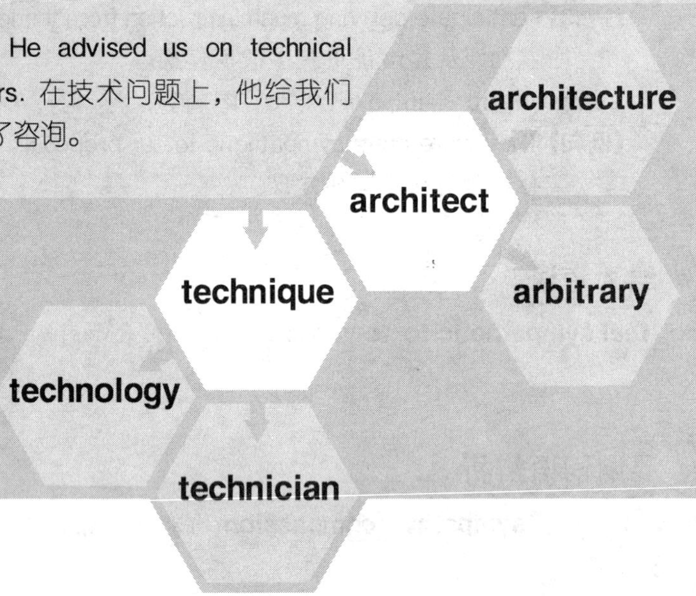

architecture
architect
technique
arbitrary
technology
technician

technical *a*. 工艺的，技术的

architect /ˈɑːkitekt/ *n*. 建筑师

例句 The new building was built from the design of a famous architect.

这座新楼是根据一位著名建筑师的设计建成的。

architecture /ˈɑːkitektʃə/ *n*. 建筑学

【例句】She studied architecture and art history at the university. 她在大学里学习建筑和艺术史。

arbitrary /ˈɑːbitrəri/ *a*. 任意的，恣意的，专制的

【例句】A good judge does not make arbitrary decisions.

一个优秀的法官不会作武断的判决。

technique /tekˈniːk/ *n*. 技术

【例句】Modern medical techniques refine on those of the past. 现代医疗技术比过去的医疗技术要优越。

technology /tekˈnɔlədʒi/ *n*. 技术，工艺

【例句】Many people call the age we live in the age of technology. 许多人把我们生活的时代叫做工业技术时代。

technician /tekˈniʃ(ə)n/ *n*. 技术员，技师

【例句】The technician is busy repairing the machine. 技师正忙于修理那台机器。

给力短语

information technology 信息技术

混淆词语辨析

technique/ **technology** 均有“技术”之意。

technique 多指具体的某种技术和技巧；

technology 含义比 **technique** 广泛，泛指生产工艺、科学技术。

单词大考验

Q：My brother's plans are very ________; he wants to master English, French and Spanish before he is sixteen.

A. arbitrary　　B. aggressive

C. ambitious　　D. abundant

答案：C

（我哥哥的计划雄心勃勃，他想在十六岁之前精通英语、法语和西班牙语。）形容词辨析。ambitious “雄心勃勃的，有抱负的”；A “武断的”；B “积极进取的，挑衅的”；D “丰富的，富有的”。

T

T

tense /tens/ *a*. 紧张的，拉紧的 *vt*. 使变得紧张

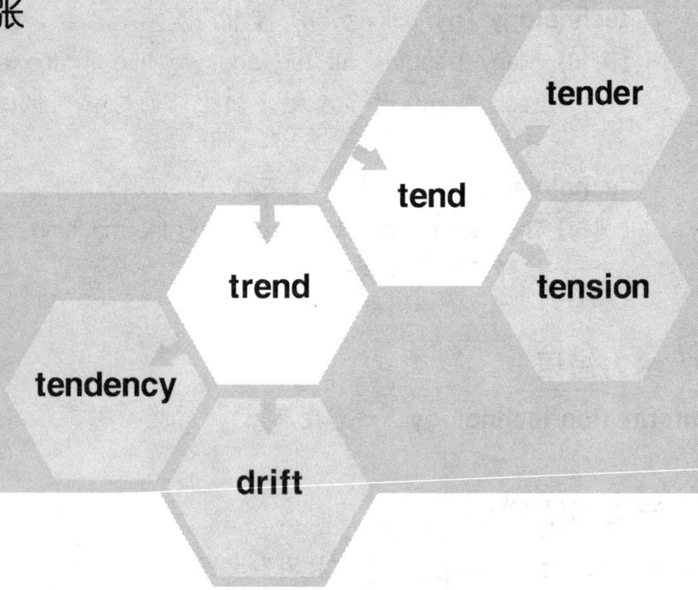

tender
tend
trend
tension
tendency
drift

tense *a*. 紧张的，拉紧的 *vt*. 使变得紧张

— **tend** /tend/ *vt*. 照料，照顾 *vi*. 朝向；易于

例句 Prices tend to go up recently especially for the meat.

最近，物价有上涨的趋势，尤其是肉类。

tender /ˈtendə/ *a*. 脆弱的，嫩的；温柔的 *vt*. 提出

【例句】She spoke tender words to the child.

她对那孩子说了些亲切的话。

tension /ˈtenʃən/ *n*. 紧张，张力，拉力

【例句】The tension was so great that the rope broke.

绳子拉得太紧绷断了。

— **trend** /trend/ *n*. 趋势，倾向；流行

例句 Can anything be done to reverse this trend?

有什么办法扭转这种倾向吗？

tendency /ˈtendənsi/ *n*. 趋势，倾向

【例句】Prices continue to show an upward tendency.

物价呈继续上升的趋势。

drift /drift/ *v*. 漂移，漂流，漂泊　*n*. 漂移；堆积物；倾向

【例句】The piece of wood was drifting down the river.

这块木头在顺水漂流。

给力短语

1. **tender for**　投标
2. **tend to**　易于……

混淆词语辨析

tendency/ **trend**/ **drift** 都含"倾向"、"趋势"的意思。

tendency 指"向某一方向移动或在确定的趋向中行动"；

trend 指"总的趋向或倾向"；

drift 指"事情进行的动向"。

单词大考验

Q：She cooked the meat for a long time so as to make it ________ enough to eat.

A. mild　B. slight　C. light　D. tender

答案：D

（她把肉煮的时间长一些，使肉变得嫩一点。）词义辨析。A温和的，温柔的；B苗条的，细微的；C轻的；D嫩的，柔软的，如：a tender beefsteak（嫩牛排）。

T

territory /ˈteritəri/ *n*. 领土，地区；管区；领域，范围

例句 This island was once French territory. 这个岛一度是法国的领地。

telescope

scope

rank

category

sphere

span

territory *n*. 领土，地区；管区；领域，范围

scope /skəup/ *n*. 范围，范畴，领域

例句 Such subjects are not within the scope of this book.
这样的问题不在本书的讨论范围内。

telescope /ˈteliskəup/ *n*. 望远镜

【例句】She resolved to make a telescope.
她决心做一架望远镜。

category /ˈkætigəri/ *n*. 种类，类别

【例句】These form an independent category.
这些形成了一个独立的种类。

rank /ræŋk/ *n*. 军衔；地位；社会阶层；排，行列 *v*. 给……评定等级；列入

【例句】The captain was promoted to the rank of major.
那上尉被提升为少校。

sphere /sfiə/ *n*. 球体；范围

【例句】The earth is not a perfect sphere.
地球并不是一个完全的球体。

span /spæn/ *n*. 跨度，跨距，范围　*vt*. 横跨

【例句】Over a short span of three years, he has attained remarkable achievements. 在短短三年时间里，他已经取得了惊人的成绩。

给力短语

the rank and file　普通士兵，普通成员

混淆词语辨析

sphere/ domain/ territory 均含“范围，领域”之意。

sphere 指有明显分界线的范围或领域，强调彼此不会干扰、跨越，各不相关；

domain 指知识艺术、兴趣或人类活动的领域；

territory 指科学知识、活动等的领域或范围。

单词大考验

Q：John says that his present job does not provide him with enough ________ for his organizing ability.

A. scope　　B. space　　C. capacity　　D. range

答案：A
（约翰说他现在的工作没有给他提供一个他组织能力的施展空间。）
A“施展机会，发展余地”；是不可数名词，B“空间”；C“能力，容量”；range意指“变动范围，视听范围，理解范围”。

T

theory /ˈθiəri/ *n*. 理论，原理，学说

例句 There are many theories about the origin of life. 关于生命起源的学说有很多。

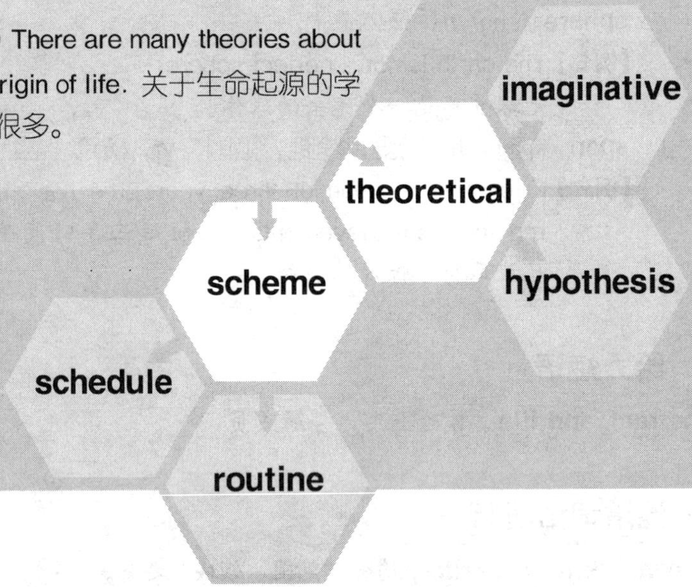

imaginative
theoretical
scheme
hypothesis
schedule
routine

theory *n*. 理论，原理，学说

— **theoretical** /θiəˈretik(ə)l/ *a*. 理论上的，推想的，假设的

例句 It's a theoretical matter as well as a practical one.
这不仅是个实践问题，也是个理论问题。

imaginative /iˈmædʒinətiv/ *a*. 富有想象力的，爱想象的

【例句】The imaginative child made up fairy stories.
这个想象力丰富的孩子自己编神话故事。

hypothesis /haiˈpɔθisis/ *n*. 假设

【例句】The theory is based on the hypothesis that all men are born equal. 这个理论基于人人平等的前提。

— **scheme** /skiːm/ *vt*. 计划，设计，图谋 *n*. 安排，计划，阴谋，方案

例句 They schemed out a new method of bridge building. 他们设计了一种新的造桥方法。

schedule /ˈskedʒjul/ *n*. 时间表，进度表

【例句】The secretary is trying to schedule the month's appointments. 秘书正在设法安排这个月的约会。

routine /ruːˈtiːn/ *a*. 常规的，例行的 *n*. 例行公事，常规

【例句】We must introduce some system into our office routine. 我们须在我们的日常公务中建立些制度。

给力短语

in theory 理论上（= **in practice**）

混淆词语辨析

catalog（**ue**）/ **register**/ **roll**/ **schedule** 均含"名单、目录、表格"之意。

catalog（**ue**）指列出有全部队名、物名或项目等的目录，有时附有简要说明的分类名单或一览表；

register 多指官方对人或事作出的正式书面记录或详细清单；

roll 多指人员的姓名名单，尤指属于团体或军事单位的全体人员名单；

schedule 既可指时间或计划的安排表，又可指详细列出的所有分类项的清单或细表。

单词大考验

Q：The growth of part time and flexible working patterns, and of training and retraining schemes, ________ more women to take advantage of employment opportunities.

A. allow B. allows C. allowing D. have allowed

答案：B

（业余和灵活工作模式的增多，以及培训和再培训计划的增多使得更多的妇女就业。）主谓一致的问题。本题的主语是 growth，所以谓语动词用第三人称单数。

T

threat /θret/ *n*. 威胁，恐吓

例句 The use of nuclear weapons is a horrible threat to the species. 核武器对人类是一个严重威胁。

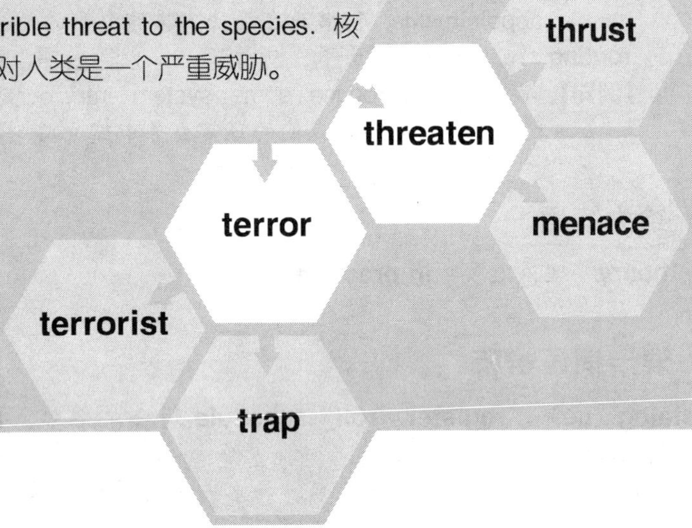

threaten
thrust
menace
terror
terrorist
trap

threat *n*. 威胁，恐吓

— **threaten** /ˈθretn/ *v*. 恐吓，威胁；预示（某事）

例句 Don't try to threaten me. I won't compromise with you. 不要威胁我，我不会和你妥协的。

thrust /θrʌst/ *v*. 猛推；刺，戳

【例句】They thrust him into the back room and tied him up. 他们将他推入后房并把他捆了起来。

menace /ˈmenəs/ *v*. 威胁，恐吓 *n*. 威胁，危险物

【例句】The people are being menaced by the threat of war. 人民正受到战争的威胁。

— **terror** /ˈterə/ *n*. 恐怖，引起恐怖的人或事

例句 Those rebels are a terror to the entire town.

那些反叛者使全城的人感到恐惧。

terrorist /ˈterərist/ *n*. 恐怖主义分子

【例句】Many countries united to fight the terrorists.

很多国家联合起来打击恐怖分子。

trap /træp/ *n*. 圈套；陷阱，轨迹；困境 *vt*. 设陷阱捕捉；诱骗

【例句】Thirty miners were trapped underground after the fire. 起火后有三十名矿工被困在地底下。

给力短语

1. **thrust at** 戳，刺
2. **have**（或 **hold**）**no terrors for someone** 不使某人害怕（或担心）

混淆词语辨析

threaten/ **menace** 均有"威胁、恐吓"之意。

threaten 侧重扬言要对不服从者给予惩罚，有时指某种情况所预示的恶兆；

menace 系正式用词，着重以脸色或某种意志给以威胁，而不用语言明白表示出来。

单词大考验

Q：We love peace，yet we are not the kind of people to yield ________ any military threat.

A. up B. to C. in D. at

答案：B

（我们爱好和平，但我们不是那种屈从于武力威胁的人。）本题测试动词和介词的搭配。yield to sb. / sth. 是习惯用法，意思为"屈服，让步"，而yield up sth. 表示"放弃"，根据题意，我们应选择B。

T

T

thorough /ˈθʌrə/ *a*. 彻底的，完全的，考虑周全的

例句 Give the room a thorough clean.

把房间彻底打扫一下。

throughout

through

thought

tough

thinking

thoughtful

thorough *a*. 彻底的，完全的，考虑周全的

through /θruː/ *prep*. 遍及；在……期间，从一端到另一端；经历；凭借；（原因）因为；通过 *ad*. 彻底

例句 We travelled through France and England on our holidays. 我们假期里是在法国和英国一带旅行的。

throughout /θru(ː)ˈaut/ *prep*. 遍及，贯穿；在……期间

【例句】It poured with rain throughout the night.

大雨下了整整一夜。

tough /tʌf/ *a*. 强硬的，艰苦的，棘手的，严厉的，坚韧的

【例句】They are very tough on drunk drivers.

他们对酒后驾车者十分严格。

thought /θɔːt/ *n*. 想法，思想

【例句】His thought is beyond the reach of my imagination.
他的思想不是我所能想像得到的。

thinking /ˈθiŋkiŋ/ *n*. 思考，思想，想法，见解 *a*. 深思的，有理性的

【例句】An accident was averted by his quick thinking.
由于他思路敏捷，避免了一场事故的发生。

thoughtful /ˈθɔːtful/ *a*. 深思的，体贴的

【例句】She is thoughtful for her friends. 她很体贴她的朋友们。

给力短语

through and through　完全，彻底

混淆词语辨析

though/ although/ as 均可表示"虽然，尽管"之意。

though 和 **although** 在意义上几乎毫无区别，但文体上后者是较正式用词，语气比 **though** 强。此外，在习惯用法上这两个词仍有以下一些差异。

1. **though** 可引出倒装语序的让步状语从句，**although** 则不能。
2. **though** 可与 **even** 连用，**although** 则不能；在 **as though** 结构中，只用 **though**，不能用 **although**。
3. **though** 可以置于从句末，而 **although** 则不能。
4. 引出省略句时，通常用 **though**。**as** 引出让步状语从句只用于倒装语序结构中，语气强于上述两个连词。

单词大考验

Q：A person's calorie requirements vary ________ his life.

A. across　　B. throughout　　C. over　　D. within

答案：B
（一个人整个一生对热量的需求有所不同。）介词辨析。throughout 作为介词有"在整个期间"之意。

T

T

tight /tait/ *a*. 紧的；牢固的，紧贴的，紧密的，不透的

例句 I am sorry, I can't stop, time's tight. 很抱歉，我不能停，时间太紧了。

loosen
loose
lose
firm
confirm
affirm

tight *a*. 紧的；牢固的，紧贴的，紧密的，不透的

loose /luːs/ *a*. 宽松的，不牢固的，不精确的

例句 That word has many loose meanings.
那个词有很多不确切的含义。

loosen /'luːsn/ *v*. 放松，松开，解除

【例句】You ought to loosen up a bit during holidays.
逢年过节，你应该放松点。

lose /luːz/ *v*. 遗失，损失，失败

【例句】We shouldn't lose heart. We may have another try.
我们不应该灰心，我们可以再试一次。

firm /fəːm/ *a*. 坚定的，坚固的，结实的 *ad*. 稳固地，坚定地 *n*. 商行，公司 *v*.（使）变得坚实

【例句】I'm a firm believer in always telling the truth.

我坚信应该总说真话。

confirm /kən'fɜːm/ *vt*. 确定，批准，证实

【例句】The President confirmed him as Secretary of State.

总统任命他为国务卿。

affirm /ə'fɜːm/ *v*. 断言，证实

【例句】They affirmed that the girls did quite a bit of reading.

他们断言这些女孩子读了不少书。

给力短语

lose oneself in = be lost in 沉浸于，沉醉于

混淆词语辨析

tight/ close/ compact 均表示"紧密的"之意。

tight 表示紧的、绷紧的，不漏水或不透气；

close 靠近的、紧密的，强调"紧挨着"，可以指位置、时间、次序和感情上的接近；

compact 紧凑的，紧密的，简洁的。

单词大考验

Q：The patient's health failed to such an extent that he was put into ________ care.

A. tense B. rigid C. intensive D. tight

答案：C

（这位病人的身体状况恶化到了如此程度，因此被加以精心护理。）tense 意为"拉紧的、紧张的"等；rigid 意为"硬的、严厉的"等；tight 意为"紧的、紧密的"等；intensive 意为"集中的、加强的、精心的"等。

T

tolerate /ˈtɔləreit/ *vt*. 容忍，忍受，容许

例句 The teacher cannot tolerate eating on the class. 老师不容许在课堂上吃东西。

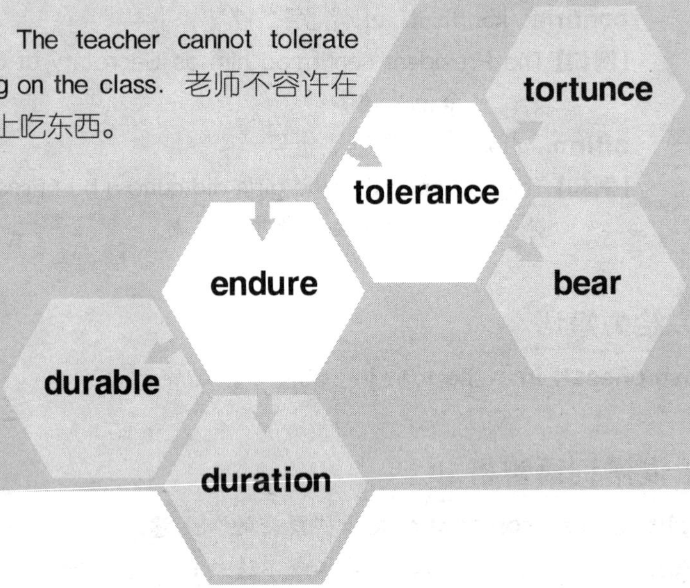

tortunce

tolerance

endure

bear

durable

duration

tolerate *vt*. 容忍，忍受，容许

tolerance /ˈtɔlərəns/ *n*. 宽容，容忍

例句 He has a sense of humour plus tolerance and patience. 他具有幽默感又能宽容和忍耐。

torture /ˈtɔːtʃə/ *n*. /*vt*. 拷问，折磨

【例句】They tortured the man to make him confess his crime. 他们拷打那个人，使他招认他的罪行。

bear /beə/ *v*. 承担，负担；忍受；结果实

【例句】He could not bear that his friends should laugh at him. 他受不了朋友们的嘲笑。

endure /inˈdjuə/ *vt*. 耐久，忍耐，容忍，持久，持续

例句 I cannot endure you should say that.

你竟然说出那种话真让人受不了。

durable /ˈdjuərəbl/ *a*. 耐用的，持久的

【例句】This varnish provides a durable finish.

这种清漆可作耐久的罩面漆。

duration /djuəˈreiʃən/ *n*. 持续，持久

【例句】The duration of the examination is three hours.

考试时间为三个小时。

给力短语

1. **bear with** 容忍；忍耐
2. **bear down** 击败；竭尽全力
3. **bear on** 依靠；与……有关，对……有影响
4. **bear up** 打起精神，鼓起勇气

混淆词语辨析

bear/ tolerate/ endure 均可表示“忍受”之意。

bear 对悲痛和苦难的忍受，有忍受的能力；

tolerate 容许、容忍，强制自己忍受；

endure 长期地不屈不挠地忍受苦难与不幸。

单词大考验

Q：Some old people don't like pop songs because they can't ________ so much noise.

A. resist B. sustain C. tolerate D. undergo

答案：A

（一些年纪大点的人不喜欢流行音乐，因为他们不能忍受这么吵的声音。）A“忍受，忍耐”；B“维持，支撑”；C“容忍”；D“经历，经受”。

T

T

transfer /træns'fəː/ *vt*. 转移，转让 *n*. 转移，转让；中转

例句 You can take the subway and then transfer to a bus. 你可先乘地铁然后换乘公共汽车。

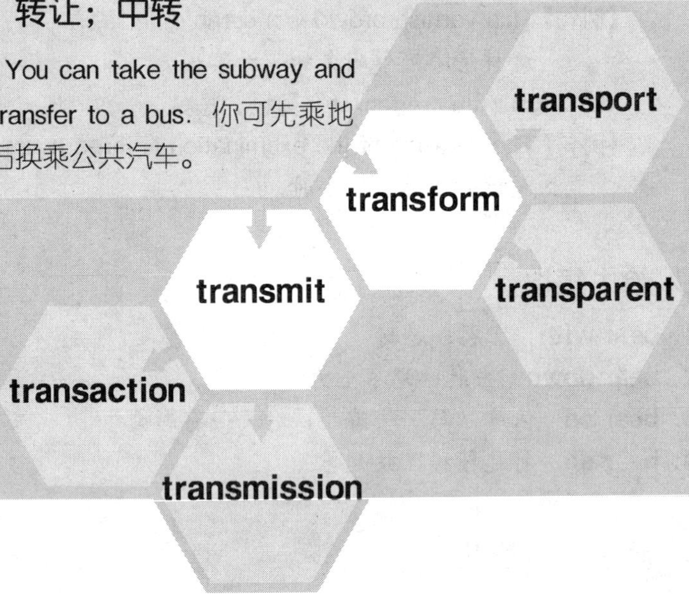

transport

transform

transmit

transparent

transaction

transmission

transfer *vt*. 转移，转让 *n*. 转移，转让；中转

— **transform** /træns'fɔːm/ *v*. 改变

例句 The sofa can transform for use as a bed.

这个沙发可改作床用。

transport /træns'pɔːt/ *n*. 运输、运输工具 *vt*. 运送，流放

【例句】The transport of goods by air is very expensive.

空运货物费用十分昂贵。

transparent /træns'peərənt/ *a*. 透明的，显而易见的

【例句】The meaning of this passage seems quite transparent.

这一段的意思看来是相当清楚的。

— **transmit** /træz'mit/ *vt*. 发射，播送；传播，传染；传导

例句 This infection is transmitted by mosquitoes.

这个疾病是由蚊子传染的。

transaction /træn'zækʃən/ *n*. 办理，执行；事务，交易

【例句】He left the transaction of the matter to his secretary. 他把这件事交给秘书办理。

transmission /trænz'miʃən/ *n*. 传输，传送，变速器

【例句】We interrupt our normal transmissions to bring you a piece of special news. 我们中断正常节目，播送一条特别新闻。

给力短语

transfer to 迁移，调任

混淆词语辨析

transparent/ clear 均可表示“透明的”之意。

transparent 指某物完全透明的状态，通过它能清楚看到其他东西；**clear** 指视力不受阻碍，强调清晰透澈。

单词大考验

Q：American football and baseball are becoming known to the British public through televised ________ from the United States.

A. deliveries　　C. transfer

B. transmissions　　D. transportation

答案：B

（美式足球和棒球通过美国电视传播而为英国公众所了解。）

名词近义词辨析。A “递送”；B “转播”；C “转移，转让”；D “运输”。

T

tremble /ˈtrembl/ *n*. 战栗，颤抖 *vi*. 发抖，颤抖；焦虑

例句 The whole house trembled as the train went by. 火车开过时，整幢房子都晃动。

immense

tremendous

gigantic

enormous

huge

vast

tremble *n*. 战栗，颤抖 *vi*. 发抖，颤抖；焦虑

tremendous /triˈmendəs/ *a*. 巨大的，惊人的

例句 There is a tremendous difference between them.
他们之间有着极大的差别。

immense /iˈmens/ *a*. 巨大的，广大的

【例句】They made an immense improvement in English.
在英语方面他们取得了巨大的进步。

enormous /iˈnɔːməs/ *a*. 巨大的，极大的

【例句】Their sitting room was enormous. 他们的起居室很大。

gigantic /dʒaiˈgæntik/ *a*. 巨大的，庞大的

例句 He has a gigantic appetite and eats gigantic meals.
他有很大的食量，能吃很多的食物。

huge /hjuːdʒ/ *a*. 庞大的，无限的

【例句】He stood tongue-tied before the huge audience.

在大批听众面前他站着说不出话来。

vast /vaːst/ *a*. 广阔的，巨大的，浩瀚的

【例句】The snowstorm swept the vast expanse of grassland.

暴风雪袭击了辽阔的草原。

给力短语

tremble with anger/ cold 因为生气/寒冷而打颤

混淆词语辨析

huge/ enormous/ immense/ tremendous 都含“巨大的”意思。

huge 用于具体事物或人时，指“数量大得超过一般情况”；用于抽象事物时，作“巨大的”、“无限的”；

enormous 指“数量或程度超过正常大小”；

immense 指“体积、数量、程度等都极大，一般衡量标准难以度量”；

tremendous 为非正式用语，用来强调数量、质量、成就等极其巨大或伟大。

单词大考验

Q：Purchasing the new production line will be a ________ deal for the company.

A. forceful　　C. favorite

B. tremendous　　D. profitable

答案：D

（购置新的生产线对公司将是一笔有利的交易。）形容词近义词辨析。A“强有力的”；B“巨大的，了不起的”；C“钟爱的”；D“有利可图的”。根据句意应选D。

T

T

type /taip/ *n*. 类型，种类，模范，典型 *v*. 打字

例句 He is a fine type of the youth.
他是青年人的一个典范。

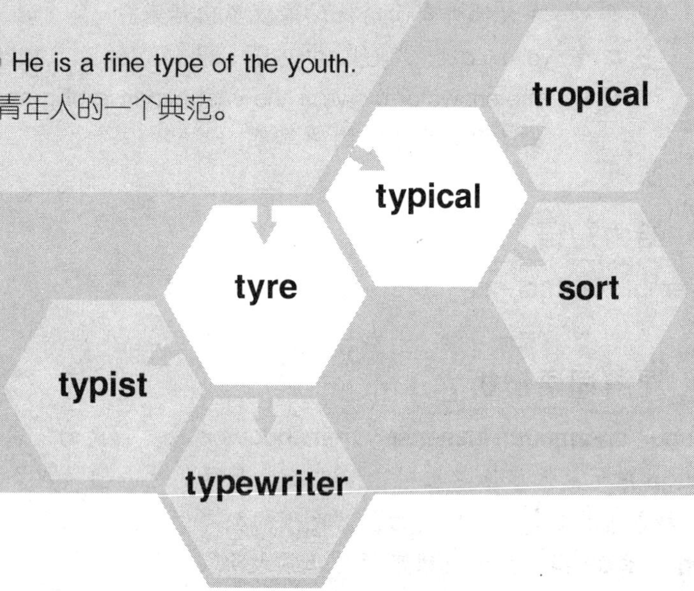

type *n*. 类型，种类，模范，典型 *v*. 打字

— **typical** /ˈtipikəl/ *a*. 典型的，独特的

例句 Snow is typical of winter in the north.
雪是冬天北方典型的特征。

tropical /ˈtrɔpikl/ *a*. 热带的；炎热的

【例句】He has bought some tropical fruits.
他买了一些热带水果。

sort /sɔːt/ *n*. 种类，方式 *v*. 分类，排序，挑选

【例句】The salesman sorted his new consignment of stockings. 推销员把新到的一批长袜清理分类。

— **tyre** /ˈtaiə/ *n*. 轮胎

例句 The tyres of the earliest cars were solid.

最早的汽车轮胎是实心的。

typist /ˈtaipist/ *n*. 打字员

【例句】Many women applied for the post of typist.

在许多妇女应征这个打字员的职位。

typewriter /ˈtaipraitə/ *n*. 打字机

【例句】She rolled a sheet of paper into her typewriter.

她将一页白纸卷入打字机内。

给力短语

1. **typical of** 是……的典型特征
2. **of sorts** 马马虎虎的
3. **sort of** 有那么点
4. **sort out** 整理，分类；弄清楚

混淆词语辨析

kind/ sort/ type/ category/ variety 均有“种，类，类型”之意。

kind 指性质相同而且特征很相似，可以归为一类的人或东西；

sort 普通用词，文体较 **kind** 随便，指对人或对事物进行的大概分类，有时含贬义；

type 指客观界限比较清楚，有相同本质特点的同类事物，或指大致相似的同类事物；

category 书面用词，特指有确切定义的群体；

variety 强调有各自的特点，形式不同、品质不同的种类。

单词大考验

Q：Jack is late again. It is ________ of him to keep others waiting.

A. normal B. ordinary C. common D. typical

答案：D

（杰克又迟到了，他是典型的让大家等他的人。）A “正常的，标准的”；B “普通的，平凡的”；C “共同的，普通的”；D “典型的”。

U

undergraduate /ˌʌndəˈgrædjuit/ *n*.（未获学位的）大学生，本科生

例句 He is a Yale undergraduate.
他是耶鲁大学的大学生。

undoubtedly
underline
underneath
outline
beneath
undo

undergraduate *n*.（未获学位的）大学生，本科生

underline /ˌʌndəˈlain/ *vt*. 在……下面划线，加强，强调

例句 In his speech he underlined several points.
他在讲话中强调了几点。

undoubtedly /ʌnˈdautidli/ *ad*. 无疑地，必定地

【例句】This is undoubtedly logical. 这显然是顺理成章的。

outline /ˈəutlain/ *n*. 大纲，轮廓，概要

【例句】Make an outline before trying to write a composition.
写作文之前先写个提纲。

underneath /ˌʌndəˈniːθ/ *prep*. 在……下面 *ad*. 在下面 *n*. 下部，底部

例句 She sat underneath the tree in the shade. 她坐在树荫下。

beneath /bi'niːθ/ *prep*. 在……之下；不及；在……影响下 *ad*. 在下方

【例句】Her careful make-up hid the signs of age beneath. 她的精心化妆掩饰了岁月留下的痕迹。

undo /'ʌn'duː/ *vt*. 解开，松开；毁灭

【例句】He undid my whole day's work in five minutes.
他五分钟就把我花一整天做成的事做完了。

给力短语

in outline 大致地，大概地

混淆词语辨析

below/ **beneath**/ **under**/ **underneath** 均可表示位置"在……下面"之意。

below 指位置低于某物或在某物下方，但不一定在正下方，所指范围较宽；

beneath 书面用词，指"紧挨……之下"，其反义词是 **on**；

under 普通用词，与 **over** 相对，指在某物的正下方，含垂直在下的意思；

underneath 书面、口语均用，也常与 **beneath** 和 **under** 换用，但更含"遮蔽"的意味。

单词大考验

Q：The hours ________ the children spend in their one-way relationship with television people undoubtedly affect their relationships with real-life people.

A. when　　B. on which　　C. that　　D. in which

答案：C
（孩子们把许多时间花在与电视中人物的单向关系中时，无疑他们与现实生活中人的关系会受到影响。）关系词辨析。选项中只有that可以在从句中作宾语。

U

union /ˈjuːnjən/ *n*. 联盟，和睦

例句 Union between the two countries would be impossible. 这两个国家的联合是不可能的。

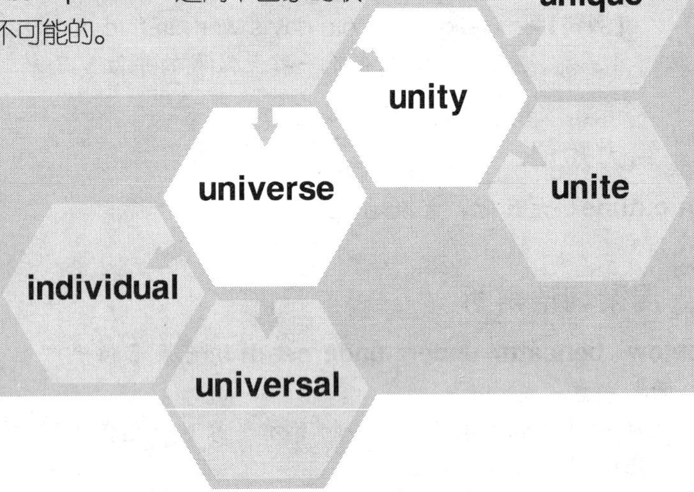

unique

unity

unite

universe

individual

universal

union *n*. 联盟，和睦

unity /ˈjuːniti/ *n*. 团结，一致，联合

例句 There is a need for greater unity in the party.

党内有必要加强团结。

unique /juːˈniːk/ *a*. 独一无二的，独特的，稀罕的

【例句】The tranquil beauty of the village scenery is unique.

这乡村景色的宁静是绝无仅有的。

unite /juˈnait/ *vi*. 团结，联合，混合 *vt*. 使混合，使联合

【例句】They should be able to unite students.

他们应该能团结同学。

universe /ˈjuːnivəːs/ *n*. 宇宙；星系，银河系

【例句】Our world is but a small part of the universe.

我们的地球只是宇宙的一小部分。

individual /ˌindiˈvidjuəl/ *a*. 个别的；独特的，个人的

n. 个人

【例句】Students can apply for individual tuition.

学生可以申请个别指导。

universal /ˌjuːniˈvəːsəl/ *a*. 普遍的，通用的，宇宙的

【例句】Climate change is a universal problem.

气候变化是个世界性的问题。

给力短语

individual economy 个体经济

混淆词语辨析

only/ single/ sole/ unique 均可表示“唯一的”之意。

only 普通用词，常可与 **sole** 换用，但侧重仅限于指定的人或物，而不需要更多；

single 语气较强，强调仅此一个，再无第二个；

sole 语气强于 **only**，指仅有一个或一群，只考虑这一个或这一群；

unique 非正式用词，侧重在一类中唯一无可匹敌、无与伦比的特征。

单词大考验

Q：He is always here. It's ________ you've never met him.

A. unique B. strange C. rare D. peculiar

答案：B

（他经常在这个地方的，好奇怪你从来没看见过他。）A “独一无二的”；B “奇怪的”；C “稀少的”；D “特别的”。

version /ˈvəːʃən/ *n*. 版本，翻译

例句 These books are Chinese versions of Shakespeare. 这些书籍是莎士比亚作品的中译本。

virtual

vision

vertical

visual

virtue

upright

version *n*. 版本，翻译

vision /ˈviʒən/ *n*. 视觉，视力，景象，想象力，幻觉

例句 A mental vision of success would help produce real success. 头脑中对于成功的想像会有助于取得实际的成功。

virtual /ˈvəːtjuəl/ *a*. 事实上的，实质的

【例句】This reply is a virtual acceptance of our offer. 这一回答实质上是接受了我们的建议。

visual /ˈvizjuəl/ *a*. 视觉的，看得见的

【例句】His designs have a strong visual appeal. 他的设计在视觉上很有感染力。

vertical /ˈvəːtikəl/ *a*. 垂直的

例句 The northern side of the mountain is almost vertical.

这座山的北坡几乎是垂直的。

virtue /ˈvəːtjuː/ *n*. 美德，优点

【例句】The chair has the virtue of being adjustable.

这种椅子具有可调节的优点。

upright /ˈʌpˈrait/ *a*. 正直的，诚实的，合乎正道的

【例句】An upright man is respectable.

诚实的人是值得尊敬的。

给力短语

by virtue of 借助，由于

混淆词语辨析

vertical/ **upright**/ **erect** 均有“垂直的、竖式的”之意。

vertical 指与平面、水平线或基线成直角或几乎成直角向上延伸至顶点的物体，也可指呈直线上升或下降的；

upright 普通用词，指竖立、笔直而不是倾斜、倒塌的；

erect 指笔直挺拔，而非倾斜、佝偻、弯曲或倒塌的。

单词大考验

Q：The rapid development of communications technology is transforming the ________ in which people communicate across time and space.

A. route B. transmission C. vision D. manner

答案：D

（通信技术的飞速发展将改变人们在时间和空间上的沟通方式。）A“路线，航线”；B“传递，传送”；C“视力，景象”；D“方式，习惯”。

V

vital /ˈvaitl/ *a*. 至关重要的，必不可少的，有活力的，充满生机的

例句 We must try to ensure that vital food supplies are maintained. 我们必须确保维持生命所必需的食物供应。

energetic

vivid

volunteer

vigorous

reluctant

voluntary

vital *a*. 至关重要的，必不可少的，有活力的，充满生机的

vivid /ˈvivid/ *a*. 生动的，栩栩如生的，鲜艳的

例句 It is still vivid in my memory. 这事我还记得很清楚。

energetic /ˌenəˈdʒetik/ *a*. 精力旺盛的

【例句】I don't feel energetic enough to rush about. 我感到没有力气东奔西跑。

vigorous /ˈvigərəs/ *a*. 精力充沛的，有活力的

【例句】The old man is still vigorous and lively. 那老人依然精力充沛。

volunteer /vɔlənˈtiə(r)/ *n*. 志愿者 *v*. 自愿提供

例句 They appealed to the young men to volunteer for service. 他们呼吁青年人主动服兵役。

reluctant /ri'lʌktənt/ *a*. 不情愿的，勉强的

【例句】He gave me a reluctant assistance.

他很不情愿地给了我帮助。

voluntary /'vɔləntəri/ *a*. 自愿的，志愿的；义务的，无偿的

【例句】He made a voluntary statement to the police.

他自动向警方供出一切。

给力短语

be reluctant to do sth.　不愿做某事

混淆词语辨析

vigorous/ **energetic** 都含有“精力充沛的”意思。

vigorous 是指人精力充沛的，运动强度大的，讲话、写作、语言强有力的；

energetic 是指人体力充沛、精力旺盛、充满干劲的。

单词大考验

Q：William Penn，the founder of Pennsylvania，________ defended the right of every citizen to freedom of choice in religion.

A. peculiarly　　B. indifferently

C. vigorously　　D. inevitably

答案：C

（William Penn 是宾夕法尼亚州的开拓者，不知疲倦地捍卫着每个公民宗教信仰自由的权力。）副词词义辨析。A“特有地，特别地”，奇特地；B“漠然地，漠不关心地”；C“精力充沛地，强有力地”；D “不可避免地”。

W

wise /waiz/ *a*. 明智的，有学问的，有智慧的，聪明的

例句 Wise men learn by other men's mistakes. 聪明人能从别人的错误中吸取教训。

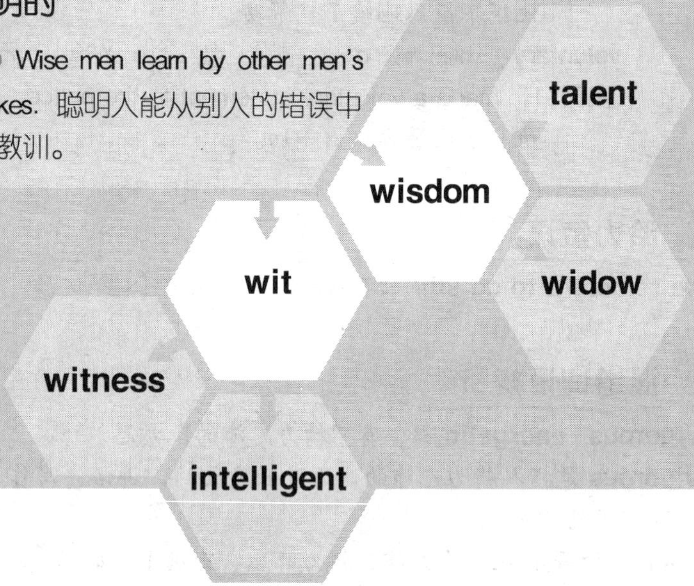

talent

wisdom

wit

widow

witness

intelligent

wise *a*. 明智的，有学问的，有智慧的，聪明的

— **wisdom** /ˈwizdəm/ *n*. 智慧

例句 Experience is the mother of wisdom. 经验是智慧之母。

talent /ˈtælənt/ *n*. 天才，人才

【例句】He was a man of many talents. 他是一个多才多艺的人。

widow /ˈwidəu/ *n*. 寡妇

【例句】Martha was a very rich young widow.

玛莎是个很有钱的年轻寡妇。

— **wit** /wit/ *n*. 智力，才智

例句 Our teacher is full of wit when he has a lesson.

我们的老师只要讲课就很风趣。

witness /ˈwitnis/ *n*. 目击者，证人 *vt*. 目击，作证

【例句】She witnessed tremendous changes in the city.

她目睹了这个城市惊人的变化。

intelligent /inˈtelidʒənt/ *a*. 聪明的，智能的

【例句】I have not arrived at a very intelligent opinion on that matter. 我对那件事还没有高见。

给力短语

1. **in witness of** 作为……的证明，为……作证
2. **at one's wit's end** 绞尽脑汁

混淆词语辨析

wise/ brilliant/ intelligent 均含有"聪明的"之意。

wise 侧重不是一般的聪明伶俐，而是有远见、有智慧，能明智地处理问题；

brilliant 指人的才华出众、思路敏捷，常令人赞叹不已；

intelligent 正式用词，指在理解新的、抽象东西或处理问题时，智力超过一般常人。

单词大考验

Q：The last half of the nineteenth century ________ the steady improvement in the means of travel.

A. has witnessed　　B. was witnessed

C. witnessed　　D. is witnessed

答案：C

（十九世纪后半期交通不断改进。）语法考查题。根据句意，谓语动词应用主动过去式，故我们选C项。

W

W

whatever /wɔt'evə/ *pron*. 无论什么，不管什么 *a*. 无论怎么样的

例句 We will never give up working, whatever happens. 无论发生什么事，我们都不会放弃工作。

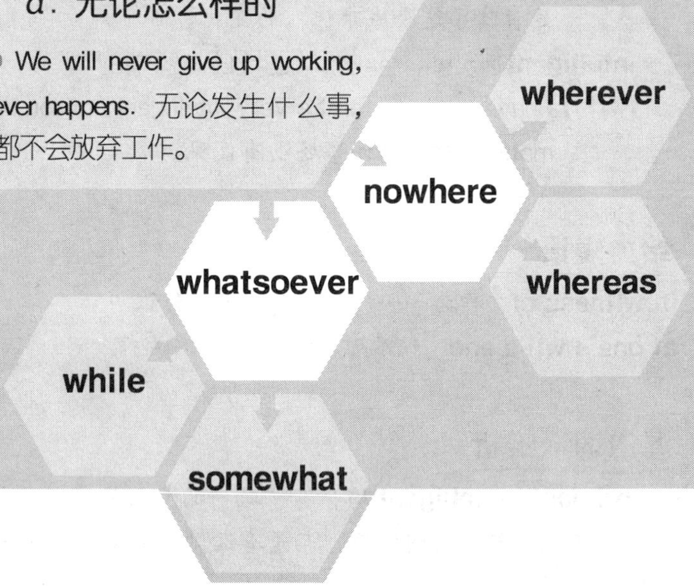

wherever

nowhere

whatsoever

whereas

while

somewhat

whatever *pron*. 无论什么，不管什么 *a*. 无论怎么样的

nowhere /'nəuhweə/ *ad*. 任何地方都不

例句 There's nowhere else I really want to go.

没有别的地方是我真正想去的。

wherever /(h)weər'evə/ *conj*. 无论在哪里 *ad*. 究竟在哪儿

【例句】I will find him wherever he may be.

无论他在哪儿，我都要找到他。

whereas /weər'æz/ *conj*. 然而，却

【例句】Some praise him, whereas others condemn him.

有些人赞扬他，而有些人都谴责他。

whatsoever /wɔtsəu'evə(r)/ *pron*. 无论什么

例句 All things whatsoever ye would that men should do to

you，do ye even so to them.

你想别人对你怎样，你就怎样对人。

while /(h)wail/ *conj*. 当……的时候，在……期间；尽管；然而 *n*. 一段时间

【例句】While I understand what you say，I can't agree with you. 虽然我理解你的意思，但我还是不同意。

somewhat /ˈsʌm(h)wɔt/ *ad*. 稍微，有点

【例句】He is somewhat of a writer. 他可算是个作家。

给力短语

after a while 不久，过一会儿

单词大考验

Q：We agreed to accept ________ they thought was the best tourist guide.

A. whatever B. whomever

C. whichever D. whoever

答案：D

（任何他们认为是最好的导游的人，我们都同意接受。）根据句子结构，所需要的连接代词在从句中应作主语，表示任何人，而 they thought 是插入成分。

W

wonder /ˈwʌndə/ *n*. 奇迹，惊奇，惊讶，惊异 *v*. 对……感到疑惑；想知道

例句 No wonder the Chinese are said to be hospitable. 怪不得人们说中国人很好客。

miracle

wonderful

confuse

marvelous

puzzle

complicate

wonder *n*. 奇迹，惊奇，惊讶，惊异 *v*. 对……感到疑惑；想知道

wonderful /ˈwʌndəful/ *a*. 极好的，精彩的

例句 It's wonderful to see you again. 再次见到你真是太好了。

miracle /ˈmirəkl/ *n*. 奇迹；奇事，奇人

【例句】The doctors said that his recovery was a miracle. 医生们说他的复原是件奇事。

marvelous /mɑːviləs/ *a*. 奇迹般的，了不起的

【例句】I think you're going to have a marvelous time. 我相信你会度过一段美好的时光。

confuse /kənˈfjuːz/ *vt*. 混乱，狼狈，困惑

例句 They asked so many questions that they confused me.

他们问了许多问题，都把我弄糊涂了。

puzzle /ˈpʌzl/ *n*. /*v*. 困扰，迷惑，伤脑筋

【例句】He puzzled his brains to find an answer.

他冥思苦想寻求答案。

complicate /ˈkɔmplikeit/ *v*. 使复杂

【例句】There is no need to complicate matters.

没有必要使问题复杂化。

给力短语

1. **no wonder（that...）** 难怪……
2. **be/become/get confused with** 因……而困惑
3. **wonder at** 对……感到惊奇

混淆词语辨析

confuse/ puzzle 均含有“困惑”之意。

confuse 指由于混乱、混淆而感到糊涂；

puzzle 的语气较强，指复杂的情况或问题，使人难以理解而感到伤脑筋。

单词大考验

Q：However, at times this balance in nature is ________, resulting in a number of possibly unforeseen effects.

A. troubled B. disturbed C. confused D. puzz1ed

答案：B

（然而，自然界的这种平衡往往会被打破，从而导致了大量可能无法预见的后果。）词汇辨析题。trouble 意为“麻烦、打扰”等；disturb 意为“扰乱、妨碍、打扰、打破”等；confuse 意为“混淆、搞乱、使混乱”等；puzzle 意为“使迷惑”等。

W

widespread /ˈwaidspred/ *a*. 分布（或散布）广的，普遍的

例句 There is a widespread dissatisfaction among the students with the food on campus. 学生们普遍对学校的饭菜不太满意。

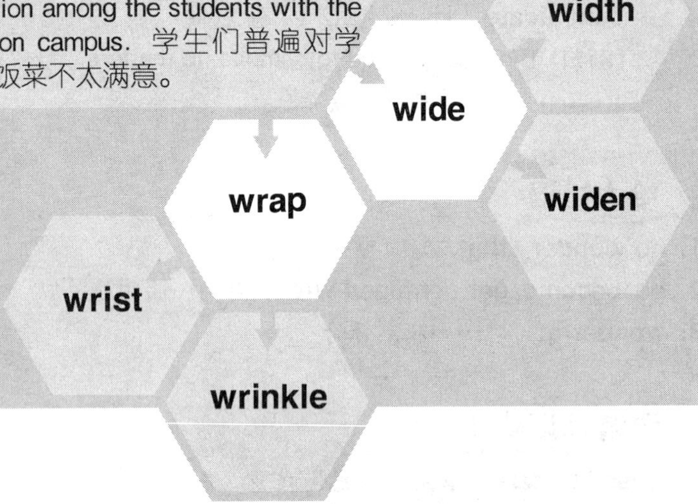

width

wide

wrap

widen

wrist

wrinkle

widespread *a*. 分布（或散布）广的，普遍的

wide /waid/ *a*. 广泛的，宽阔的；充分的，完全的

例句 His interests spanned a wide range of subjects.
他的兴趣涉及广泛的学科。

width /widθ/ *n*. 宽度，广度

【例句】We can't get it through the door because of its width.
我们无法使它通过这道门，因为它太宽。

widen /ˈwaidn/ *v*. 放宽，加宽，使变宽

【例句】Her outlook gradually widens. 她的眼光渐渐开阔了。

wrap /ræp/ *vt*. 覆盖，包围，裹，包，卷

例句 The assistant wrapped the present up for her as quickly as possible.

这个店员以最快的速度为她把礼物包好。

wrist /rist/ *n*. 腕，腕关节

【例句】They took her by the wrist. 他们握住她的手腕。

wrinkle /ˈriŋkl/ *n*. 皱纹 *vt*. 使起皱纹

【例句】The old man's face is covered with wrinkles.
老人的脸上布满皱纹。

给力短语

1. be wrapped up in 包在……里，被……掩蔽，被……笼罩

2. wrap up 包起来，裹起来

混淆词语辨析

wide/ widely 这些形容词均含有"风"之意。

wide 着重于"宽"，尤其是指使开闭之物的开口放宽，从而"安全、充分地"敞开；

widely 着重于"广"。

单词大考验

Q：Mr. Smith says："The media are very good at sensing a mood and then ________ it."

A. overtaking B. enlarging

C. widening D. exaggerating

答案：D

（史密斯先生说："媒体很善于发现一种情绪然后夸大它。"）A "超越，赶上"；B "扩大，放大"；C "拓宽，扩展"；D "夸大"。

W